中国对外贸易隐含能与隐含碳研究

章 辉 ◎ 著

中国社会科学出版社

图书在版编目（CIP）数据

中国对外贸易隐含能与隐含碳研究/章辉著.—北京：中国社会科学出版社，2016.11
ISBN 978-7-5161-9397-6

Ⅰ.①中… Ⅱ.①章… Ⅲ.①对外贸易—二氧化碳—排气—研究—中国 Ⅳ.①F752

中国版本图书馆 CIP 数据核字（2016）第 290749 号

出 版 人	赵剑英
责任编辑	卢小生
责任校对	周晓东
责任印制	王 超
出 版	中国社会科学出版社
社 址	北京鼓楼西大街甲 158 号
邮 编	100720
网 址	http://www.csspw.cn
发 行 部	010－84083685
门 市 部	010－84029450
经 销	新华书店及其他书店
印 刷	北京明恒达印务有限公司
装 订	廊坊市广阳区广增装订厂
版 次	2016 年 11 月第 1 版
印 次	2016 年 11 月第 1 次印刷
开 本	710×1000 1/16
印 张	17.25
插 页	2
字 数	261 千字
定 价	66.00 元

凡购买中国社会科学出版社图书，如有质量问题请与本社营销中心联系调换
电话：010－84083683
版权所有 侵权必究

前　言

　　伴随着世界经济的发展和全球化进程的不断加速，国际贸易对一国经济发展的影响也愈发明显。但在当前由对外贸易所引发的环境问题日益引起更多关注的背景下，与传统国际贸易理论强调贸易基础、贸易条件和贸易得益的研究不同，如何更好地分析、理解和优化贸易与环境的关系，就成为当前国际贸易研究领域新的热点。1978年以来，中国经济日新月异的变化与对外开放和国际贸易的飞速发展是紧密相连的，但随之而来的是近年来国际社会对中国大量进口能源和排放二氧化碳的指责。从中国的角度来看，中国进口的能源难道没有用于出口商品的生产吗？中国排放二氧化碳中的一部分难道不应该由消费中国商品的外国消费者来承担吗？中国到底应该为世界能源消费和二氧化碳排放承担多大的责任？有关隐含能与隐含碳的研究正好可以准确地回答这些问题。

　　与一国一定时期内生产最终产品时所消耗的能源与二氧化碳排放问题的传统研究不同，"隐含"研究的不仅是各个生产过程中的直接消耗和排放，而且重点强调对包含所有中间投入品在内的完整生产阶段的能源消耗和二氧化碳排放问题的研究。有关贸易的"隐含"研究更是将目标聚焦于一国由于对外贸易而产生的隐含能源消耗和隐含二氧化碳排放问题上。贸易隐含能与隐含碳的相互关系好像一枚硬币的两面：一方面，隐含能的研究是隐含碳研究的基础，两者之间紧密相连；另一方面，本国隐含能的节省意味着外部隐含能生产的增加和引发更多的世界隐含碳排放，两者之间又互相对立。为了使对外贸易发展能够同时实现中国经济增长与环境保护的目标，本书尝试将有关中国对外贸易中隐含能与隐含碳问题的研究结合在一起，通过具体测算框架和研究方法的创新，从维护中国国家利益的角度出发，对中国在对外贸易中真实的隐含能与隐含碳水平进行测算，并对其影响因素进行研究。希望通过本书的努力，不仅可以保障中国在国际环境问题谈判与合作过程中的政治利益，而且可以更好地维护中国在对外贸易中的经济利益。作为发展中国家中的一员，使中国在经济发展过程中所必然拥有的、合理的能源消耗和碳排放权得以更好地实现。而且本书在充分研究和测算中国的贸易隐含能和隐含碳的基础上，还为中国各行业在今后对外贸易的发展过程中如何进行具体调整给出了相应的建议。

本书主要包括以下方面的内容：

第一，为中国隐含能的测算建立了一个较为全面的框架。本书在总结已有隐含问题研究框架的基础上，根据测算所需的 IO 表、贸易数据和能源数据的来源，以及对进口中间产品的处理方法的差异，构建了一个包含有三个层次的中国隐含能测算框架。这个框架中的三个层次具体包括：层次一：在测算进出口时全部使用来自中国的 IO 表、贸易数据和能源数据，并在测算出口隐含能时，假设中国出口中使用的中间产品全部由本国生产，且进口国技术水平与中国一致。层次二：在测算出口隐含能时，假设中国出口中使用的部分中间产品由本国生产，其余来自进口；具体进口中间产品在中间品投入中所占的比例根据"按固定比例进行分配"假设进行确定。而在测算进口隐含能时，将中国来自世界的进口分为对来自于发达国家的进口隐含能测算使用日本的投入产出表及相关能耗系数替代；对来自其他发展中国家的进口隐含能测算使用中国的投入产出表和相关能耗系数替代。层次三：在测算中国贸易隐含能时，所使用的数据全部来自 WIOD 公布的相关 IO 表数据、贸易数据和 EA 数据库提供能源消耗数据。通过这个包含三个测算层次的框架，基本解决了不同测算方法得到的中国隐含能结果和彼此之间进行比较的问题，特别是对源于国内数据和源于国际数据的比较尤为便利。

第二，改进了中国进口隐含能的测算方法。本书通过对数据的研究发现，以 OECD 成员国为代表的发达国家在中国进口总额中所占比例近年来呈持续下降的趋势，而来自发展中国家的进口比例则上升到

50%以上的水平。据此，本书在测算中国的进口隐含能时，将中国的进口分解为来自发达国家和来自发展中国家两部分，并选择能源使用效率最高的日本作为发达国家的代表，选取中国作为发展中国家的代表。通过这种方法，一方面解决了使用单一替代国或几个替代国不能全面反映中国进口隐含能来源国存在差异的问题，另一方面还可以借此对中国的进口根据不同的来源开展进一步分析，使测算的结果能够在分析中国与发达国家或发展中国家的不同情况时灵活运用。并且还为分析和解决中国与发达国家和发展中国家的隐含碳问题以及其他贸易和环境问题提供了新的思路。

第三，本书从进出口总量、进出口差额和具体行业的角度对隐含能和隐含碳的规模进行了测算，并对不同方法下的结论进行了比较。层次一的测算虽然由于其假设的不合理之处而导致结果存在明显的"高估"，但意味着如果中国全部由本国自己生产时所需要耗费的隐含能源水平。层次二的测算发现，中国的出口和进口隐含能水平均保持持续增长的趋势，在2013年年末分别达到84471.45万吨标准煤和79570.65万吨标准煤的水平；且最终贸易隐含能的净值为顺差。虽然层次三测算结果的实际作用受到其能源数据时效性的制约，但测算得到的中国出口与进口隐含能的变化趋势与层次二的结果趋于一致，且更为平滑。但层次三测算的2006年以后出口与进口隐含能和隐含碳的结果都高于层次二的结果，说明当学者使用不同来源的数据时就会出现国外学者的结果偏大而国内学者的结果偏小的情况。造成这种情况主要是由于两种方法IO表数据、能源数据和贸易数据的差异造成的，其中起主要作用的是IO表数据的差异。同时，层次三得出的中国贸易隐含能净值也是顺差，发现中国传统优势出口部门如纺织业、制造业都是造成隐含能"净输出"的主要行业。这种将不同方法的结论进行比较的思路为全面分析中国的贸易隐含能与隐含碳问题提供了新的视角。

第四，在隐含能与隐含碳之间建立起简单、直接的联系。本书研究发现，将中国各出口行业的能源消耗统一用标准煤表示时，其出口隐含碳的大小就是出口隐含能转化为二氧化碳排放量与生产过程二氧化碳排放量的合计。考虑到中国钢铁和水泥与贸易相关的生产过程二氧化碳排放在中国出口隐含碳排放量中仅占3.1%的水平，所以中国的贸易隐含碳水平几乎就是中国贸易隐含能与其二氧化碳排放系数的乘积，隐含碳的水平直接受隐含能水平大小的影响。因此本书在测算贸易隐含碳时，在贸易隐含能二氧化碳排放量的基础上，直接增加钢铁和水泥生产过程二氧化碳排放量就得出了要测算的中国贸易隐含碳的最终结果。通过在隐含能与隐含碳之间建立起这种简单、直接的联系，为只需要简单掌握两者之间关系的研究提供了一种便捷的方法。

第五，使用对数LMDI方法对出口隐含碳的影响因素进行分解。将影响出口隐含碳的因素分解为规模效应、技术效应和结构效应。从规模效应的角度来看，使用两种方法得到的结果在全部行业的规模效应为正值，说明中国对外贸易不断扩大的规模对隐含碳排放的增加有积极的促进作用。其中：其他行业，金属冶炼制品业，化学工业，纺织业，电气、通信、计算机及其他电子设备制造业等以规模效应表示的增长量都超过1亿吨，其中其他工业都是规模效应最大的行业。从技术效应角度看，除层次三中的电子设备制造业外，技术效应对各行业都是负值，说明中国整体生产技术的改进对出口隐含碳的减少发挥了明显的抑制作用。其他行业，采掘和加工业，纺织业，化学工业，金属冶炼制品业，通用、专用设备制造业都是技术效应作用显著的行业，其中，其他行业在出口隐含碳总量减少的过程中发挥了最为明显的作用。从结构效应角度看，对于具体行业则有不同的影响。其中，食品制造业、纺织业、木材和造纸业农业、采掘和加工业、非金属矿物制品业、木材和造纸业、其他行业在两种方法中测得的结果都为负值；但对化工产品和金属冶炼制品业来说情况比较特殊，这两个行业在层次三的结果中是结构效应为负的行业，而在层次二中的结果为正，其余行业在两种方法中的结构效应都统一为正。

第六，本书对中国各行业今后的调整给出了具体的建议。实现能源进口与出口的平衡是今后处理隐含能问题的基本出发点。对进口隐含能而言，既要努力扩大对煤炭、石油、天然气等初级能源的进口，还要扩大对包含较高贸易隐含能的能源密集型商品的进口。同时，对于能源进口而言，还要注意能源安全问题，不仅要适当调整进口能源的地区来源，扩大对西非、北非和中南美洲地区的能源进口；而且要合理优化具体进口能源结构。对出口隐含能而言，对所有行业今后的调整都应该放在如何进一步提高能源使用效率和降低能耗上。对来自发达国家的进口隐含能而言，服务行业、采掘和加工业、化学工业、金属冶炼制品业和其他工业是优先发展行业。对于来自发展中国家的进口隐含能而言，优先发展采掘和加工业、其他行业和其他工业。其中，采掘和加工业的进口应该予以鼓励。对于贸易隐含碳而言，"共同承担责任制"是在兼顾生产者与消费者利益的基础上对中国最佳的选择。对于规模效应最为突出的是其他行业，通用、专用设备制造业，电气、通信、计算机及其他电子设备制造业，建筑业给予重点关注。技术效应对隐含碳总量减排的作用最为明显的行业是采掘业和加工业，其他行业，金属冶炼制品业，化学工业，纺织业，通用、专用设备制造业。继续发挥结构效应对于食品制造业、纺织业、农业、采掘和加工业、非金属矿物制品业、木材和造纸业、其他行业的减排作用。从中国各行业出口隐含碳完全排放系数的变化看，对于仪器仪表及文化办公用机械制造业、建筑业、金属冶炼制品业、采掘和加工业、其他工业、化学工业、非金属矿物制品业和其他行业来说，要帮助这些行业加快实现完全排放系数下降的目标。

对外贸易是推动经济发展的主要方式之一，如何在这个过程中处理贸易与环境的关系不仅是一个复杂的经济问题，而且还是一个受全世界关注的可持续发展问题，试图把这个问题研究清楚的确是一件非常困难的事情。尽管笔者为此付出了艰辛的努力，并且有所收获，但由于能力有限，错误和不当之处在所难免，敬请专家、同行和读者批评指正，并提出宝贵意见。

在本书出版之际，我衷心感谢西北民族大学对本书出版的资助，感谢中国社会科学出版社以及卢小生先生为本书出版所付出的努力。

西北民族大学　章辉
2016 年 9 月

目 录

第一章 导言 …………………………………………………… 1

 第一节 选题背景和意义 ………………………………… 1
  一 选题背景 …………………………………………… 1
  二 选题意义 …………………………………………… 2
 第二节 研究思路 ………………………………………… 4
  一 理论思路 …………………………………………… 4
  二 实证思路 …………………………………………… 4
 第三节 研究框架和内容安排 …………………………… 5
  一 研究框架 …………………………………………… 5
  二 内容安排 …………………………………………… 5
 第四节 研究方法和创新之处 …………………………… 7
  一 研究方法 …………………………………………… 7
  二 创新之处 …………………………………………… 8

第二章 贸易与环境关系的理论基础 …………………………… 10

 第一节 贸易与环境关系的理论研究 …………………… 11
  一 贸易对环境关系研究的开端 ……………………… 11
  二 贸易对环境影响的争论 …………………………… 12
 第二节 中国对贸易与环境关系的研究 ………………… 16
  一 中国对贸易与环境关系研究的开端 ……………… 16
  二 中国对环境库兹涅茨曲线的研究 ………………… 17
  三 中国对污染天堂假说和向底线赛跑假说的研究 …… 19

四　中国对外贸易环境效应的分析框架……………………… 20
　第三节　贸易环境理论研究的不足………………………………… 24

第三章　中国对外贸易隐含能与隐含碳研究现状及存在问题 …… 26
　第一节　隐含能与隐含碳研究的兴起及本书的定义……………… 26
　　一　隐含能与隐含碳研究的兴起…………………………… 26
　　二　对隐含能与隐含碳的定义……………………………… 28
　第二节　隐含能与隐含碳的国际研究现状………………………… 29
　　一　隐含能研究状况………………………………………… 29
　　二　隐含碳研究状况………………………………………… 31
　　三　研究隐含能与隐含碳的方法…………………………… 33
　　四　分解隐含能与隐含碳影响因素的方法………………… 37
　　五　对国际研究现状的小结………………………………… 39
　第三节　隐含能与隐含碳在中国的研究现状……………………… 40
　　一　中国贸易隐含能研究现状……………………………… 41
　　二　中国贸易隐含碳研究现状……………………………… 43
　　三　关于隐含碳影响因素的分解研究……………………… 46
　第四节　隐含能与隐含碳研究中存在的问题……………………… 48
　　一　缺乏对隐含能与隐含碳之间关系的深入研究………… 48
　　二　研究方法不够规范，处理过程相对比较随意………… 49
　　三　缺乏对不同研究成果的比较…………………………… 49

第四章　中国对外贸易中的隐含能问题………………………… 50
　第一节　中国的能源贸易与隐含能问题的提出…………………… 50
　　一　中国经济增长与能源生产和消费趋势………………… 50
　　二　中国的能源生产和能源消费之间存在缺口…………… 50
　　三　中国的能源贸易以进口为主…………………………… 52
　　四　中国的能源贸易与隐含能问题的提出………………… 53
　第二节　贸易隐含能的基本计算方法……………………………… 57
　　一　隐含能计算方法的选择………………………………… 57

	二	隐含能计算的基础——投入产出表	59
	三	基于投入产出表的贸易隐含能计算方法	65
第三节	隐含能计算中需要注意的问题	70
	一	进口隐含能计算中能耗系数的确定	70
	二	出口隐含能计算中中间产品对其影响与处理	74
	三	IO 表数据与贸易数据的匹配对隐含能计算的影响	85
	四	技术水平、价格水平和汇率对隐含能计算的影响	90

第五章 中国对外贸易隐含能测算方法的改进与结果 …… 92

第一节 本书设计的新隐含能测算框架 …… 92
    一 测算框架的基本思路 …… 92
    二 中国贸易隐含能的具体测算公式 …… 92

第二节 数据来源与处理 …… 97
    一 IO 表数据来源与处理 …… 97
    二 能源消耗数据来源与处理 …… 98
    三 贸易来源数据与处理 …… 99
    四 技术指数、汇率和价格指数说明 …… 101

第三节 测算结果与分析 …… 103
    一 根据层次一计算得出的中国贸易隐含能 …… 103
    二 根据层次二计算得出的中国贸易隐含能 …… 113
    三 根据层次三计算得出的中国贸易隐含能 …… 129

第四节 三个层次中国隐含能数据的比较 …… 137
    一 三个层次中国出口隐含能的比较 …… 138
    二 三个层次中国进口隐含能的比较 …… 139
    三 三个层次中国贸易隐含能净值的比较 …… 140
    四 中国贸易隐含能计算结果的总结 …… 141

第六章 中国对外贸易隐含碳测算及影响因素分解 …… 145

第一节 中国对外贸易中隐含能与隐含碳的关系 …… 145
    一 中国对外贸易隐含碳 …… 145

二　中国对外贸易中隐含能与隐含碳的关系 …………… 150
第二节　中国对外贸易隐含碳的测算结果与分析 ………… 156
　　一　层次二测算的中国贸易隐含碳结果与分析 ………… 156
　　二　层次二测算的中国出口行业贸易隐含碳
　　　　结果与分析 …………………………………………… 159
　　三　层次三测算的中国贸易隐含碳结果与分析 ………… 162
　　四　不同层次测算的中国贸易隐含碳比较 ……………… 166
第三节　中国出口隐含碳的影响因素分解 ………………… 170
　　一　对中国出口隐含碳进行影响因素分解的原因 ……… 170
　　二　隐含碳影响因素分解研究的要求 …………………… 171
　　三　本书采取的研究方法 ………………………………… 175
第四节　中国出口隐含碳影响因素分解结果与分析 ……… 177
　　一　层次二出口隐含碳分解结果与分析 ………………… 177
　　二　层次三出口隐含碳分解结果与分析 ………………… 185
　　三　两种分解结果比较 …………………………………… 192

第七章　基于隐含能与隐含碳研究的中国对外贸易调整 ……… 195

第一节　隐含能测算结果对中国贸易的影响与调整 ……… 195
　　一　对测算结果的基本判断 ……………………………… 195
　　二　进口隐含能与扩大能源密集型产品进口 …………… 196
　　三　进口隐含能与能源供应安全 ………………………… 198
　　四　出口隐含能与能源使用效率改进 …………………… 200
　　五　对具体行业的影响与调整 …………………………… 202
第二节　隐含碳测算结果对中国贸易的影响与调整 ……… 205
　　一　国际碳排放责任与中国的选择 ……………………… 205
　　二　隐含碳分解结果对中国贸易的影响与调整 ………… 207
　　三　对出口行业的影响与调整 …………………………… 209

第八章　结论与展望 ……………………………………………… 210

第一节　主要观点与结论 …………………………………… 210

一　IO方法对进口中间产品和数据匹配的处理更为
　　　　准确 ……………………………………………… 211
　　二　设计新的隐含能核算框架并对不同测算结果
　　　　进行比较 ………………………………………… 213
　　三　将生产过程二氧化碳排放纳入出口隐含碳
　　　　测算中 …………………………………………… 215
　　四　中国贸易隐含碳以"净输出"的形式持续增长 …… 216
　　五　规模效应与技术效应对中国出口隐含碳减排
　　　　的副作用 ………………………………………… 218
　　六　基于隐含能与隐含碳分析的中国外贸调整建议 …… 221
　第二节　主要创新点 …………………………………………… 223
　　一　尝试构建一个较为全面的隐含问题测算框架 ……… 223
　　二　在测算中国进口隐含能时改进了具体测算方法 …… 224
　　三　对不同来源的中国隐含能与隐含碳测算结果
　　　　进行全面比较 …………………………………… 224
　　四　在隐含能与隐含碳之间建立起简单、
　　　　直接的联系 ……………………………………… 225
　第三节　研究不足与展望 ……………………………………… 226
　　一　对隐含能与隐含碳问题的研究还不够全面 ………… 226
　　二　对进口隐含能与隐含碳问题的研究有待
　　　　深化与简化 ……………………………………… 226
　　三　没有考虑具体能源结构变化的影响 ………………… 226
　　四　没有使用MRIO测算中国的贸易隐含能与隐含碳
　　　　问题 ……………………………………………… 226
　　五　对服务业的分析不够深入 …………………………… 227

附录 …………………………………………………………… 228
　附表4-1　各种能源折标准煤参考系数 ……………………… 228
　附表5-1　中国IO表行业合并处理方法 …………………… 229
　附表5-2　对行业合并中各行业名称变化的说明 …………… 230

附表 5-3 中日两国 IO 表各行业合并后对照 ………………… 231
附表 5-4 WIOD 行业合并对照 ……………………………… 232
附表 5-5 IO 表行业与能源数据中相关行业对照关系 …… 232
附表 5-6 投入产出表与海关 HS 编码行业合并对照 ……… 234
附表 5-7 其他行业中具体行业构成与数据来源 …………… 235
附表 5-8 层次二与层次三行业名称对照 …………………… 236

参考文献 ……………………………………………………… 237

第一章 导言

第一节 选题背景和意义

一 选题背景

根据 EIA 公布的数据，中国作为世界第二大经济体，2010 年 GDP 为 59515 亿美元，日均石油消费量为 933 万桶。考虑到 2010 年美国 GDP 为 144196 亿美元，中国的石油消费仅为美国日均消费量 1890 万桶的一半，与中美两国经济总量现实发展的差距一致。但如果按照这个速度，中国在 2034 年将达到美国日均消费石油 1848 万桶的规模。[1] 与此同时，中国 2010 年 7.14 亿吨的二氧化碳排放量已经超过美国 5.36 亿吨的二氧化碳排放量，成为二氧化碳排放世界第一大国。[2] 西方国家以这些数字为依据，要求中国对世界能源消耗的节约承担更大的责任和对二氧化碳的减排履行更多的义务。但从中国的角度来看，中国进口能源中相当大比例是用于出口商品的生产，排放大量二氧化碳所生产出来的商品中也有很大一部分被国外消费者所消费。在这种情况下，一味地要求中国独自承担节能和减排的代价是不合理和不公平的。那么中国到底有多少能源消耗和二氧化碳排放是由

---

[1] U. S. Energy Information Administration Office of Integrated and International Energy Analysis U. S. Department of Energy, *International Energy Outlook* 2014, DOE/EIA-0484（2014），September 2014.

[2] IEA, "Key Word Energy Statistics", http：//www.iea.org/publications/freepublications/publication/KeyWorld_ Statistics_ 2015. pdf.

对外贸易导致的呢？中国应该承担多大比例的责任和履行多大的义务？对这些疑问的回答也就成为本书选题的出发点。而面对这种节能与减排的约束，在新形势下如何促进各行业与部门在对外贸易过程中实现利益最大化的调整与转变也就成为需要进一步思考的问题。为了解决上述这些问题，就需要以隐含能和隐含碳作为分析工具，深入研究进出口贸易的发展与能源消耗和二氧化碳排放之间的内在联系以及各种影响因素，从而为实现节能减排约束下国际气候合作与外贸增长方式的转变提供坚实的依据。

二　选题意义

（一）对更好地参与国际贸易和国际环境问题合作具有重要意义

随着经济全球化和国际贸易的发展，每个国家都能够轻松地享受来自世界各地的各种商品和服务，但各国在享受自由的国际贸易所带来巨大利益和便利的同时，又不得不面对由于经济发展而引发的众多环境问题。由于环境问题所特有的外部性使任何一个国家在全球性环境问题面前都不能独善其身，特别是由于温室气体排放过量而造成的气候变化及其带来的各种环境问题已经成为全球关注的焦点。在对由国际贸易引发的相关环境问题的讨论和解决过程中，发达国家发挥着主导作用，发达国家一方面在国际上积极组织国际环境合作，通过诸如《联合国气候变化框架公约》《京都议定书》《巴厘路线图》《哥本哈根协议》等国际协定来限制温室气体的排放，减缓全球气候变暖的进程，协调贸易与环境的良性互动；另一方面又以加强环境保护为名，实施"绿色"贸易保护，借机制定和通过一系列专门针对进口产品的苛刻的环境标准，以碳标签、碳足迹、碳税等看似保护环境的名义来实现贸易保护之实。与此同时，当前关于中国在国际碳排放过程中从排放数量到排放责任的确立都有很多争论，而解决这些争论的出发点就是对中国隐含能消耗和隐含碳排放水平的准确认识。因此在这种国际背景之下，从不仅要维护中国在国际环境问题谈判与合作过程中的政治利益，而且要保护自己在国际贸易过程中的经济利益的角度出发，选择中国对外贸易的隐含能与隐含碳问题进行研究，对更好地参与国际贸易和国际环境问题合作具有重要的意义。

（二）对转变国内经济增长方式和调整贸易结构具有重要的意义

改革开放以来，中国的对外贸易就成为经济发展的重要推动力之一，对于促进经济社会发展、提高人民群众的生活水平、解决就业等重大的经济问题都发挥了重要的作用。但进入 21 世纪之后，中国外贸的发展也遭遇了一系列新的问题：一方面，从加入世界贸易组织开始，特别是在美国次贷危机和欧洲国家主权债务危机之后，中国外贸的国际环境发生了重大变化，外贸对经济发展的贡献和影响力不断弱化，尤其在西方国家日益强烈的环境保护措施的压力下，中国的外贸发展遇到以往不曾面对的困难。另一方面，伴随着国内生活水平和收入的不断提高，环境状况的变化也日益引起公众的重视，以一定的环境代价来换取经济增长的传统贸易模式也受到越来越多的批评和质疑，而环境友好型的贸易和增长模式已经成为普通大众的共识。面对国内外的这种情况，如何在对外贸易发展和保护环境之间找到一种兼顾各方利益的模式，同时又能够实现对外贸易的合理调整就显得尤为迫切。因此，选择中国对外贸易的隐含能与隐含碳问题进行研究，对促进中国经济增长方式的转变和对外贸易的结构性调整也具有重要的意义。

（三）对提高中国的国际地位具有重要的意义

随着中国改革开放以来焕发的社会活力和释放出的巨大经济发展潜力，中国已经摆脱了历史上贫穷落后的形象，而是以一种更加积极、更加开放、更加自信和充满活力的形象展现在世界面前。但是，伴随着中国的和平崛起，国际上对中国的不利言论也一直没有停息过，各种版本的"中国威胁论"层出不穷。从当初的"中国军事威胁论"到现在的"中国经济威胁论""中国环境威胁论"和"中国能源威胁论"等，各种不利的声音此起彼伏，这些噪声都对中国在海外的经贸活动、能源投资和国际事务合作造成了相当大的不利影响。要摆脱这种不利的言论和负面影响，不仅要中国自己清楚，更是要使世界理解中国为国际贸易所付出能源与环境代价，以及中国继续向世界提供各种优质产品所需要的能源、环境要求。因此，从提高中国国际地位的角度来说，选择中国对外贸易的隐含能与隐含碳问题进行研究具有重要的意义。

第二节 研究思路

经济发展必然会对环境产生影响这已经被理论和现实所证明。但当生产的产品用于国际贸易时，此时对环境的影响有多大？主要在哪些方面反映这种影响？这些影响具体受什么因素的制约等一系列问题就成为所有参与国际贸易的国家必须要分析和解决的难点问题。本书就是要通过对这些问题的分析，为中国在参与国际贸易的过程中更好地实现对外贸易与环境的协调、可持续发展，确保兼顾经济、环境与社会各方的效益提供有益的思路。本书具体的研究思路如下。

一　理论思路

首先，从介绍贸易与环境关系的传统理论和相关文献入手，从对环境库兹涅茨曲线的讨论、"污染天堂假说"和"向底线赛跑假说"的验证中引出对贸易与环境问题的思考。

其次，介绍当前国际上对由贸易引发的隐含能与隐含碳的研究成果，从而提出中国在积极发展对外贸易的过程中，也同样存在如何准确认识、科学评价隐含能与隐含碳的规模、影响因素以及做出相应调整的问题。

再次，通过构建一个关于中国贸易隐含能与隐含碳测算的完整框架和对影响因素的分解，为研究中国的贸易隐含能与隐含碳问题提供有利的条件。

最后，根据研究的结论给出中国调整对外贸易的相关建议。

二　实证思路

在理论研究的基础上，首先，使用 IO 方法对中国的贸易隐含能和隐含碳进行分层次的测算，测算中的重点是对 1997—2013 年来源于中国国内的数据和对 1997—2009 年来源于国际数据的隐含能总量和行业水平的测算。而难点则是对进口中间产品的处理过程，并在此基础上对不同层次的结果进行对比。其次，在隐含能计算结果的基础上，在充分考虑生产过程二氧化碳排放的前提下，将钢铁和水泥的二氧化碳排放量引入到对中国隐含碳的测算中去，从而使中国的贸易隐含碳总量和行业水平的测算结果更加准确。最后，使用 LMDI 方法对中国的出口隐含碳的影响因素进行了分解，从而为全书在结尾部分针对中国的对外贸易提出相应的调整建议打下坚实的实证基础。

第三节 研究框架和内容安排

一 研究框架

根据研究思路，本书研究的技术路线大致如图 1-1 所示。

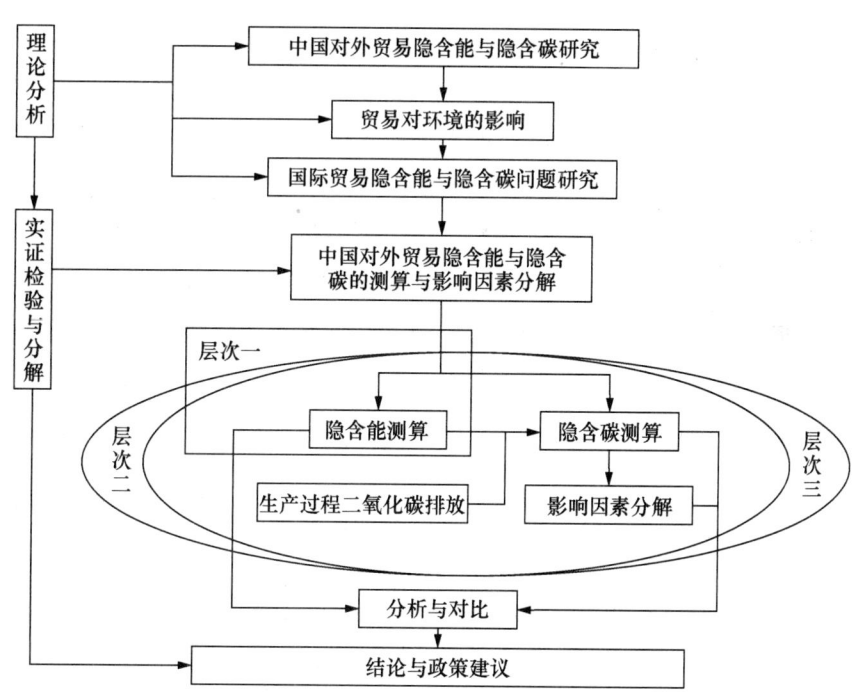

图 1-1 本书研究的技术路线

二 内容安排

本书共分为 8 章，具体内容安排如下：

第一章指出，对外贸易在对中国经济发展做出重要贡献的同时也面临着众多的环境问题和巨大的污染压力。当今世界对贸易与环境之间关系的研究已经不再是对最后生产过程直接造成的能源消耗和污染物排放的研究，而是转向对产品全部生产过程中的能源消耗和污染物排放的研究。而这正是本书要研究的隐含能与隐含碳问题的内容。在第一章中还对研究思路、研究框架、研究方法和可能的创新之处予以简单介绍。

第二章从贸易与环境关系的理论基础出发，介绍其中最能够反映贸易与环境关系的主要理论和研究成果。主要对环境库兹涅茨曲线（EKC）、"污染天堂假说"和"向底线赛跑假说"几方面进行介绍。环境库兹涅茨曲线是指污染物的排放量在某种临界值的水平之下时会随着收入的增长而提高，一旦超过这个临界值则污染物的排放水平会与收入呈现倒U形关系。对于这个理论在发展中国家是否成立虽然存在着争议，但却反映出经济发展水平与环境污染之间存在着一定的关联。"污染天堂假说"和"向底线赛跑假说"是对发展中国家在面对经济发展和环境污染之间进行如何选择的理论，发展中国家为了实现经济发展就会放弃对环境的保护，从而成为发达国家转移污染和生产高污染、高能耗商品的目的地。在第二章中还对中国学者对这两方面内容在中国是否成立的文献进行了介绍。

第三章对中国对外贸易隐含能与隐含碳研究现状及存在问题进行介绍。首先，对本书研究的隐含能与隐含碳问题做出具体的界定，即主要研究隐含能与隐含碳。其次，对有关隐含能与隐含碳的国际研究现状进行概括和总结，不仅对隐含能和隐含碳的研究状况分别做出概括，还对研究隐含能与隐含碳问题时所使用的主要方法和分解影响因素时所使用的方法进行概括和总结。通过对这些文献的概括和总结为后文测算中国的隐含能与隐含碳提供坚实的理论支持。最后，对国内有关中国贸易隐含能与隐含碳的文献进行了概括，指出已经取得的成果和存在的问题。

第四章对中国对外贸易中的隐含能问题进行研究，重点介绍有关隐含能计算的基本方法——IO法的内容和具体要求。并从隐含能的计算公式入手，对出口和进口隐含能在不同情况下的计算方法分别进行了讨论，重点对在进口隐含能计算过程中最常用的处理进口中间产品的方法进行了对比和分析，并对实际测算过程中可能遇到的不同年度 IO 表之间的调整问题以及 IO 表同贸易数据之间的匹配问题进行了总结。

第五章根据第四章的内容，首先设计出一个全新的测算中国对外贸易隐含能的框架，并根据具体测算方法的差异分为三个层次；其中第二个层次的测算是本书提出的具有首创性的方法。接着，本书要根据这三个层次的具体要求对中国的贸易隐含能从总量、净值和行业的角度进行测算和分析，最后还将对这三种结果进行分析和对比。希望通过这些研究实现对中国贸易隐含能的全面了解。

第六章将已经测算得出的隐含能转换为隐含二氧化碳排放，并增加了水泥和钢铁生产过程中的二氧化碳排放，在此基础上最终得到有关中国贸易隐含碳排放量的真实数据。接着，对按照不同方法测算得到的中国出口隐含碳的影响因素从总量和行业的角度进行分解，最后还对不同影响因素的分解结果进行对比和分析。通过这些研究希望能够对中国的贸易隐含碳有一个较为准确的认识。

第七章根据前几章测算的结果，分别从隐含能与隐含碳的角度介绍两者是如何影响中国对外贸易的，并通过对总量和行业的分析后给出具体的调整建议。

第八章是本书的主要结论和创新之处，并指出本书研究存在的不足和研究方向。

第四节 研究方法和创新之处

一 研究方法

本书的具体研究方法主要包括以下两种：

（一）投入产出方法

由于投入产出表具有概括某个经济系统中所有部门各种投入的来

源和所有各类产出去向的作用，所以，作为衡量和测算国民经济各部门、各产业之间内在联系的具体方法，可以使用投入产出方法对宏观经济各部门间的平衡关系进行研究。要准确测算国际贸易产品的完整能源耗费——隐含能，不仅要包括最终生产环节的能耗还应该包括其上游所有环节的能源消耗，这种思路同样适用于对隐含碳的分析。而要完成这种对完整生产过程的分析则必须借助于投入产出表和相应的投入产出方法。本书通过对 IO 方法的分析，选择最适用于中国贸易隐含能与隐含碳问题分析的投入产出表和相应的分析方法，使中国的贸易隐含能和隐含碳能够得到准确的测算。

(二) 对数平均迪氏法

在隐含能与隐含碳问题的研究过程中，有关判断具体影响因素的分析是另一个重点和难点。目前学术界既有基于连续数据的指数分析（IDA）框架，也有基于 IO 表数据的结构分析（SDA）框架。虽然分析的框架不同但具体分解的方法基本一致，即具体包括拉氏法、帕氏法、迪氏法、广义费雪法、D&L 法、S/S 法等多种方法。这些方法由于具体假设、分解过程、分解结果等方面都存在较大差异，从而使每一种分解方法都有其特定的优势和不足。因此本书从分解方法的数据要求、方法论的适用性、数据分解的深度和最终结论运用的便利性等方面综合考虑，最终选择使用对数平均迪氏法（LMDI method）的加法形式对中国的贸易隐含碳问题的影响因素进行分解。

二 创新之处

本书的创新之处有以下四点：

第一，尝试构建一个较为全面的隐含能与隐含碳问题测算框架。已有研究根据测算隐含能与隐含碳问题所需的 IO 表、贸易数据和能源数据的来源，对隐含能与隐含碳的测算使用不同的方法。这些方法往往只能对有关国家或地区某一方面的隐含能与隐含碳问题作出分析，缺乏一个整体上研究和分析的框架。本书试图通过构建一个完整的研究框架对隐含能与隐含碳问题的研究能够得出一个较为全面的结论和认识。

第二，在测算中国进口隐含能时改进了具体的测算方法。以往的文献在测算中国进口隐含能时，为了避免由于进口来源国相关数据不足的缺陷，往往采取用某个或几个主要贸易伙伴国来代替所有进口来源国的方法。这种方法虽然较为常用，但却忽视了不同来源国家实际存在的技术水平和经济发展的差距，从而使最终的结果不是十分准确。本书希望能够对来自发达国家和发展中国家的进口进行不同的处理，从而使最终的结果最大限度地接近中国实际隐含能与隐含碳问题的真实结论，从而为分析和解决中国与发达国家、发展中国家间贸易与环境问题提供新的思路。

第三，对不同来源国家的中国隐含能与隐含碳测算结果进行了全面比较。在现有的文献中虽然分析对象是中国，但最终的结论既有来自中国数据的测算结果也有来自国际数据的测算结果。而两种来源的数据在时间序列的长短、是否提供进口中间产品数据、使用单区域投入产出表和多区域投入产出表上存在较大差异。因此，本书希望通过对两种不同来源的隐含能与隐含碳测算结果的比较，来发现和揭示两种方法的区别与共同之处。最终希望通过比较能够为全面分析中国的贸易隐含能与隐含碳问题提供一种新的思路。

第四，希望能够在隐含能与隐含碳之间建立起有机的联系。以往的研究中往往对隐含能与隐含碳各自进行研究并分别予以讨论，但就隐含碳的测算来说，最重要的是要测算出贸易过程中所消耗能源的二氧化碳排放量。那么在隐含能与隐含碳之间是否存在一定的联系？如何根据这种联系来简要判断隐含能与隐含碳的发展趋势与变化水平？这也是本书试图要努力解决并有所突破的问题。

第二章　贸易与环境关系的理论基础

国际贸易的蓬勃发展能够推动一国经济更快发展是已经被发达国家的经济实践所证明的成功经验，因此如何更好地学习发达国家的成功经验、发挥国际贸易的优势来谋求经济实现跨越式发展也就成为众多发展中国家争相实践的模式。但是现实经济在借助对外贸易获得发展的同时也对环境产生了复杂的双向关系：一方面对外贸易的发展使发展中国家换取更多的外汇，能够引进更加先进的技术从而提高本国的能源利用效率和推动本国的环境保护；另一方面对外贸易的发展不仅需要消耗更多的能源和排放更多的二氧化碳，而且对本国的环境还产生了许多其他的新问题，诸如对资源的过度开发、更多工业固体和气体污染物的排放、生态环境受到破坏等新的环境问题。以中国为例，改革开放之初全国上下都以谋求 GDP 的增长为目标，经济发展的主要目标之一就是希望谋求对外贸易作为中国经济发展"三驾马车之首"能够发挥更大的作用，在这个过程中则有意无意地忽视了对国际贸易与环境问题之间关系的关注，而改革开放以来中国的相关经济指标也证明对外贸易的确做到了这一点。但是，进入 21 世纪之后，全球变暖、温室气体排放、厄尔尼诺现象、海平面上升等一系列以往被忽视的全球性环境问题似乎突然出现在中国人关注的话题之中，环境问题在中国以日益严重的雾霾问题开始不断挑战人们的传统观念。在这种背景之下的确需要对贸易与环境之间的关系重新进行审视，找寻实现经济发展、能源效率改进与二氧化碳排放降低三者之间最佳关系的路径。有鉴于此，本书需要首先对有关贸易与环境之间关系的理论进行梳理。

第一节 贸易与环境关系的理论研究

一般而言，国际学术界对贸易与环境之间关系的研究已经形成了两种截然相反的观点。其中，一方认为贸易的发展不是众多环境问题的根源，经济全球化进程的加速和生产过程的国际化不仅提高了生产效率，而且带动了能源利用效率的改进和二氧化碳排放水平的整体下降；特别是环境友好型技术的国际扩散和清洁能源的快速推广，贸易自由化实际上对全球环境保护发挥了越来越大的积极作用。另一方则认为，自由贸易一方面加速了不可再生资源从低价的发展中国家向高价的发达国家的流动，另一方面使处在国际生产链条低段的发展中国家为了获取贸易得益又不得不为发达国家生产大量高能耗、高污染排放的中间产品。事实证明，这种加剧了环境污染和资源消耗的对外贸易和经济发展模式都是不可持续的，因此有必要先对这种贸易与环境关系的争论予以介绍。

一 贸易对环境关系研究的开端

有关对贸易与环境关系研究的第一次浪潮主要出现在20世纪70年代，早期的相关文献将研究的目标主要集中于贸易的得益或最佳贸易和环境政策的选择上。如沃尔特（Walter，1973）对美国贸易的含污量进行了研究，检验了美国产业环境管制模式和对主要贸易国家的环境政策。马库森（Markusen，1975）建立了一个两国模型来讨论如何建立一个最佳税制的问题，并指出对进口和出口那个得益更大的判断对结果有重要的影响。佩西格（Pethig，1976）通过一个简单的两部门一般均衡模型讨论了新古典贸易理论如何在国际贸易中对一国产生污染的行业发挥作用，发现不论是未采取严格环境政策的国家还是有环境价格和体系的国家都适用这些理论，而在有些情况下如环境的稀缺性、贸易中的损失和排放量的变化会影响均衡分析的结论。还有许多其他的早期研究为次优政策理论提供了许多关键性的结论：如果环境成本不能实现内部化将会使自由贸易无法实现对福利的改善；贸易政策可以作为环境政策的替代品；以及有关自由贸易的承诺可能会创造次级机制以扭曲环境政策。更重要的是，由于次优选择政策的结果对市场结构、技术假设和实证检验都非常敏感，所以，从整体来看，早期研究在许多方面提出的问题远比答案更多。尽管如此，还是可以根据这些早期研究成果构建一个关于贸易与环境政策目标的广泛框架。

二　贸易对环境影响的争论

20世纪90年代以来，对环境政策的关注又成为经济问题的研究热点，其中最为重要的文献主要集中于检验有关贸易和经济增长的假设是如何影响环境产出的。其中，最具有代表性的文献是格罗斯曼和克鲁格（Grossman and Krueger，1993）对NAFTA（北美自由贸易区）的分析，他们发现，降低关税壁垒会对环境在三个方面产生影响：一是会带来贸易规模的扩大，二是会带来经济结构的调整，三是会带来产品生产技术的改进；并通过实证研究证明由降低关税壁垒所带来的这三方面积极作用会提高墨西哥的贸易自由化程度。以此书发表为开端，大量文献开始关注人均收入与环境质量之间的关系，也由此在学术界引发了一系列关于贸易与环境之间关系的热烈讨论。

（一）对环境库兹涅茨曲线（EKC）的争论

1955年诺贝尔经济学奖获得者西蒙·库兹涅茨（Simon Kruznets，1955）提出，在经济发展初期，特别是在人均国民收入从最低上升到中等水平时收入分配状况先趋于恶化，继而随着经济发展逐步改善，最后达到比较公平的收入分配状况。如果用横轴表示经济发展的某些指标（通常为GDP），纵轴表示收入分配不平等程度的指标，则这一假说所揭示的关系呈倒U形，因而被命名为库兹涅茨倒U假说或称作库兹涅茨曲线。格罗斯曼和克鲁格（1991）对NAFTA的研究发现二氧化硫和烟雾的排放量在某种临界值的水平之下时会随着收入的增长而提高；一旦超过这个临界值则污染物的排放水平会与收入呈现倒U形关系。由Selden和Song（1994）将格罗斯曼和克鲁格研究中揭示的人均收入与环境指标之间的倒U形关系称作环境库兹涅茨曲线（EKC），并且在他们的研究中也验证了这种倒U形关系的确存在。自此许多经济学家开始用不同国家、不同时间、不同污染物来验证这条倒 U 形曲线是否存在。

自从 EKC 提出以后，对其的研究主要集中于二氧化硫和氮氧化合物、废水和工业粉尘领域，且研究结果基本认为，由于二氧化硫等气体的污染一般都局限于生产企业附近，所以其与收入之间存在这种倒 U 形关系。弗兰克尔和罗斯（Frankel and Rose，2005）发现贸易可以减少主要污染物的排放，特别证明了二氧化硫和二氧化氮的排放满足环境库兹涅茨曲线的描述。沙巴斯等（Shahbaz et al.，2013）对南非 1965—2008 年数据经过计量处理后发现，经济增长和煤炭消费增加了能源消耗和碳排放，金融发展和贸易开放度的作用则正好相反，南非的情况符合 EKC 的结论。但是由于二氧化碳具有较强的流动性与扩散性，所以其与 EKC 之间是否存在倒 U 形关系还存在争论。

EKC 的核心是指在环境改善之前，伴随着经济发展和人均收入的提高，环境可能会经历一个痛苦的下降过程。对发达国家的研究和实践也证明了这一点。随着收入的增加，人们对更好环境质量的要求导致个体、企业和国家对环境的投入都相应地增加；而随着人们对环境偏好的增加，政府也会出台更为严厉的环境标准和环境管制，环境质量会伴随着清洁能源使用的扩大、污染治理的规模效应日益明显而得到明显的改善。比克曼（Beekerman，1992）认为，从长期看，实现环境改善的关键在于提高收入。Panayotou（1993）对此的描述是环境质量的改善是伴随着经济增长而出现的经济结构变动和个体行为变化不可避免的结果。Shafik 和 Bandyopadhyay（1992）、克罗珀和格里菲思（Cropper and Griffith，1994）、霍尔茨·埃金和塞尔登（Holtz - Eakin and Selden，1995）等都通过实证研究证明了这种倒 U 字形关系的存在。概括地说，对 EKC 合理性的解释主要来源于四个方面，每种解释都因为对偏好和技术做出约束而使得污染物能够均衡地作用于人均收入，只有这样才能产生所需要的人均收入与污染之间的形状和关系。这四种解释是：经济增长的源泉、收入效应、阈值效应、收入增加的多少。正是因为这些解释的假设十分严格，现实经济中往往无法实现而使 EKC 的合理性受到越来越多的质疑。洛佩兹（Lopez，

1994)指出，正是由于假设存在污染和清洁要素间的高技术替代弹性和对高风险偏好的厌恶，EKC 才得以成立。阿罗等（Arrow et al.，1995）指出，倒 U 形的 EKC 虽然在发展中国家不成立，但国际贸易却使污染产业在发展中国家与发达国家之间重新配置，最终使污染物向发展中国家和贫困地区转移，结果是发达国家能够轻易越过环境库兹涅茨曲线的顶点而使发展中国家试图越过顶点变得更加困难。Lantz 和 Feng（2006）使用五区域的面板模型对加拿大化石能源燃烧产生的二氧化碳排放的情况进行了检验，发现二氧化碳的排放与人均 GDP 之间并不存在明显的相关性，但在人口、技术变化与二氧化碳之间存在倒 U 形关系。Huang 等（2008）通过对单一国家时间序列数据和国内生产总值数据的分析表明，对于大多数国家的检测数据并不支持温室气体排放符合环境库兹涅茨曲线的假设。

（二）污染天堂假说和向底线赛跑假说

污染天堂假说（Pullution Haven Hypothesis）也被称为污染避难所或污染产业转移假说。该假说是指因为收入水平的高低会影响到环境需求偏好，所以，发达国家往往会制定比发展中国家更高的环境标准。如果把环境也当作一种生产要素投入生产过程，则发展中国家就是环境资源相对充裕的国家；同时由于采取较低的环境标准，所以发展中国家在生产资源与污染密集型产品时具有比发达国家更为明显的比较优势。正是由于这种在环境标准上的差异，一方面，发展中国家希望通过吸引外资促进本国经济发展；另一方面，来自发达国家的跨国公司为了减少成本和实现利润最大化，在两方面作用的影响下许多高污染、高能耗的企业从发达国家转移到发展中国家。发达国家的环境得到保护，而发展中国家的环境则不断恶化，并且成为世界污染的"天堂"。正因为如此，发展中国家会主动降低对环境的管制以创造和维持国际竞争力，从而出现向底线赛跑假说（Race to the bottom）。

科普兰和泰勒（Copeland and Taylor，1994）借助一般均衡模型，对南方低收入国家和北方高收入国家间贸易自由化是如何影响跨越国境的污染问题进行了研究，发现由于北方国家制定了比南方国家更为严格的环境标准，因此，南方国家为了充分利用自己的环境优势，一方面专门生产和出口高污染产品，另一方面又从北方国家进口清洁产品。污染天堂假说在南北贸易中得到验证。Ratnayake（1998）发现新西兰1980年进口的高污染产品中96%来自OECD成员国，但到1993年这一数据已经降低到86%。与此同时，其从发展中国家进口的高污染产品的比重从3%上升到11%，同时新西兰对发展中国家出口的高污染产品也从59%下降到46%。马尼和惠勒（Mani and Wheeler, 1998）通过对比发现，在1960—1975年OECD成员国清洁产业在内部的比重在提高，污染产业进口相对于出口的比重也在提高；而亚洲和拉美国家的情况则正好相反，表现为污染产业的出口比重上升和清洁产业进口的扩大。埃德林顿等（Ederington et al., 2005）发现美国以降低污染运营成本（PAOCs）衡量的382个工业部门产品的净进口是来自环境规制水平更低国家的进口，污染天堂假说得到了验证。莱文森和泰勒（Levinson and Taylor, 2008）发现以降低污染运营成本（PAOCs）衡量的美国与加拿大和墨西哥的贸易中美国处于净进口的地位。

但是，污染天堂假说的成立也必须满足一系列严格的假设，诸如，严厉的环境政策会使污染产业的成本增加，进而使这些产业被迫减少投资，受到影响的产业会向环境规制相对松懈的国家转移生产过程等。但实际上环境规制较弱的国家往往生产水平较低，无法给转移到本国的这些企业提供相应的配套技术、资本和劳动者，甚至可能会使这些转移而来的企业的生产成本不仅没有下降反而会趋于上涨。因此，污染天堂假说和向底线赛跑假说也就受到了许多学者的质疑。

卢卡斯等（Lucas et al., 1992）通过对56个国家污染物数据的分析后发现，发展中国家在1970—1980年有害污染物的排放总量的确在快速增长，但这种增长的趋势在封闭经济下表现得更为明显。从而证明污染产业的发展与转移同国际贸易之间并无必然联系，污染天堂假说没有得到证明。Beghin和Potier（1997）以化工行业、电力行业、金属加工业、汽车工业、纺织和服装业为例，通过研究后发现无论是OECD国家还是非OECD国家，贸易自由化并没有引起发展中国家出口更多的"肮脏"产品。Xu（1999）使用1965—1995年34个国家的数据来检验严格的环境标准是否影响 ESGs（环境敏感性商品）的国际竞争力。结果发现：20 世纪 60—90 年代世界上多数国家 ESGs 的出口没有发生变化，而多数发达国家在七八十年代期间，即使采取了严格的环境标准也没有使 ESGs 的出口发生明显变化。惠勒（2001）为了验证向底线赛跑假说是否存在而选取经济发展水平最高的美国和巴西、中国、墨西哥这三个吸引外资最多的发展中国家作为研究对象，结果发现"向底线赛跑假说"的缺陷在于其所设计的场景没有能够准确地反映发展中国家控制污染的政治经济状况，国际援助要比适得其反的制裁和标准不统一的贸易制裁能够更好地改善环境质量。

第二节 中国对贸易与环境关系的研究

随着世界经济一体化进程的不断推进，对外贸易在经济发展中的作用日益凸显。与国际贸易飞速发展随之而来的不仅有收入水平的提高和就业的增加，还有日益引起公众关注的各种环境问题。中国学术界的研究中心也逐渐从最初的如何促进经济发展转向对经济与环境之间协调发展的研究。

一 中国对贸易与环境关系研究的开端

中国学者对贸易与环境关系的研究起步较晚，基本上开始于 20 世纪 90 年代初，当时国内对于贸易与环境问题的研究主要处在了解与从国外向国内引入的阶段，形式多以介绍国外研究成果和对国内状况进行定性分析为主。

李斌（1990）认为，协调经济、社会、生态发展的基本点，就是社会总资源的优化配置。厉以宁（1990）对环境在经济研究中假设和基本框架进行了详细的介绍。

潘家华（1994）从市场机理和经验验证两方面对市场和环境的关系进行了详细介绍。

夏友富（1996）对 GATT 和 WTO 受到环境问题的影响予以全面

的分析。

张晓（1999）通过对中国宏观经济增长和主要污染物排放情况进行比较分析后指出，改革开放以来中国经济的高速增长虽然也为此付出了沉重的环境代价，但由于中国政府实施的环境政策使得中国的状况与环境库兹涅茨曲线所描述的阶段性特征不一致，技术进步为解决环境问题提供了较好的基础和条件。

潘家华（1997）出版的《持续发展途径的经济学分析》、张坤民（1997）编著的《可持续发展论》以及张帆（1998）出版的《环境与自然资源经济学》是这一时期的代表作。[①]

陈迎（2000）则对中国经济学在环境问题领域的研究现状、主要成果和前沿性研究课题做了较为全面的归纳和概括，并对以后的研究热点进行了总结。

二 中国对环境库兹涅茨曲线的研究

李慧明、卜欣欣（2003）指出，虽然中国处于环境与经济两难的区间，但可以利用发展中国家的后发优势，在明确环境库兹涅茨曲线（EKC）的作用机理和条件的基础上突破该曲线。

陈华文、刘康兵（2004）借助上海市1990—2001年有关空气质量的环境指标数据构建了一个简化的回归分析模型，发现对于多数指标，环境库兹涅茨曲线假说都能够成立；虽然经济增长最终将会改善环境质量，但对上海来说解决环境问题还需要依靠经济增长和政府政策两方面的配合才能够实现。

赵细康等（2005）的研究发现，虽然主要污染物排放的增长趋势有所减缓，但多数污染物的排放并不符合环境库兹涅茨曲线的特征；中国当前污染物排放与人均GDP的关系正处于EKC的上升阶段，只有当时间序列足够长以后，EKC曲线所反映的下降趋势才会显现出来。

胡亮、潘厉（2007）通过梳理国内外关于环境库兹涅茨曲线（EKC）的研究成果后发现，虽然研究成果众多，但不同学者在EKC

[①] 陈迎：《环境经济学与可持续发展问题研究综述》，《世界经济》2000年第3期。

方法本身的指标选取、经济分析和计量方法等方面存在诸多差异，因此使研究的结论也存在明显差异。

符淼（2008）使用非参数方法分析我国环境库兹涅茨曲线后发现，废水、废气、固体废物 EKC 曲线各有差异，东部、中部、西部地区的差异与不同产业也会对 EKC 曲线的形态产生影响。

蔡昉等（2008）拟合了以二氧化硫为例的中国环境库兹涅茨曲线，证明了在中国收入提高与改善环境之间存在必然联系。林伯强、蒋竺均（2009）通过对数平均迪式分解法（LMDI）和 STIRPA 模型对环境库兹涅茨曲线进行了全面研究，并指出，人均收入、能源强度、产业结构和能源消费结构都对中国的二氧化碳排放有显著影响。

许广月、宋德勇（2010）选用 1990—2007 年中国省域面板数据对中国碳排放环境库兹涅茨曲线的研究结果表明：中国及其东部地区和中部地区存在人均碳排放环境库兹涅茨曲线，但是西部地区不存在该曲线。

张晨栋、宋德勇（2011）考察了发达国家 1850—2005 年工业化以及碳排放的历史数据和演变趋势，指出了工业发展中碳排放倒 U 形发展模式。

卢晓彤等（2012）在环境库兹涅茨曲线框架下对我国经济增长与环境质量的检验后发现，以 2998 元和 9092 元为转折点，在经济发展的不同阶段和时期我国经济增长对环境负面影响的大小和作用机制不同。

邹庆等（2014）使用包含人力资本积累在内的中国（不包括西藏）1995—2011 年省级面板数据，通过建立污染排放综合指标和运用 FGLS 法对 EKC 假说是否成立进行了计量检验，发现当消费者跨期替代弹性、自然资源偏好系数小于 1 和人力资本积累效率大于时间贴现率时 EKC 在中国成立，但现阶段还未达到 EKC 曲线的转折点。

郝宇等（2014）在充分考虑空间效应和严格假设的基础上选取中国省级人均能源消费量、人均电力消费量对 EKC 进行实证研究，发现中国经济增长与人均能源或电力消费之间存在"倒 N 形"的 EKC 关系。

就中国实际情况检验的结果来看，环境库兹涅茨曲线在中国是基本成立的，主要原因是中国经济还处于上升阶段，人均收入水平还没有达到能够对环境产生正面影响的水平，所以中国经济还处在EKC曲线拐点的左侧。

三　中国对污染天堂假说和向底线赛跑假说的研究

傅京燕（2008）以制造业为研究对象，利用时间序列分析和RCA指数分析发现，中国并没有成为发达国家的"污染避难所"，并且相对于资本积累、劳动力投入而言，环境规制的松紧程度对产业竞争力的影响非常有限。

邓柏盛、宋德勇（2008）通过面板数据的分析发现，FDI有利于我国环境质量的改善但对外贸易则恶化了我国环境；不仅污染避难所假说在我国得到证实，而且中国的环境污染与人均GDP之间呈现出U形关系，环境库兹涅茨曲线假说也被推翻。

李小平、卢现祥（2010）运用中国20个工业行业与G7和OECD等发达国家的贸易数据，得出的结论是国际贸易能够减少工业行业的二氧化碳排放总量和单位产出的二氧化碳排放量，因此，中国并没有通过国际贸易成为发达国家的"污染产业天堂"。

许广月、宋德勇（2010）经过实证分析出口贸易与碳排放量之间的动态关系后得出的结论是出口贸易是碳排放和经济增长的格兰杰原因，出口贸易在促进经济增长和经济发展的同时也带来了碳排放的增加，表明我国成为碳污染的天堂和转移排放的对象。

傅京燕、周浩（2010）检验贸易开放和经济增长是否不利于环境质量的改进，结论是从污染强度的角度来看污染避难所假说（PHH）成立，但"要素禀赋假说"（FEH）不成立，而人均污染排放量的回归结果既不支持PHH也不支持FEH。

曹慧平、陈清萍（2011）对中国和34个主要贸易伙伴国1992—2007年污染密集型产品的出口进行面板数据分析，结果证明要素禀赋学说和污染天堂假说在中国是成立的。

李锴、齐绍洲（2011）基于静态和动态面板模型，估算1997—2008年中国30个省（市、自治区）的二氧化碳排放量和评价对外贸易与二氧化碳排放量之间的关系。研究结果显示，在引入人均收入和其他控制变量之后对外贸易增加了中国各省区二氧化碳排放量和碳强度，国际贸易对中国环境的影响是消极的，向底线赛跑假说的效应大于贸易的环境收益效应。

孔淑红、周甜甜（2012）通过对中国各工业行业以及各地区出口生产对环境污染的影响以及环境污染对我国经济可持续发展带来的负面效应等方面的分析，指出，由于外贸带来的日益严重的环境污染问题使其对经济发展的积极作用打了折扣，并据此提出了降低出口贸易对环境污染影响的相关政策建议。

赵忠秀等（2013）通过对中美高碳行业与低碳行业 NETXC 指数的分析发现，中国正在成为美国转移机械、交通运输制造业等高碳行业的"污染天堂"；中国的贸易与消费是造成人均碳排放增加的主要原因，而对外投资并未对中国的"碳环境"造成压力。

董琨、白彬（2015）将作为区域特征的环境规制和作为产业特征的污染排放密度加入到区域特征与产业特征交互作用模型中，通过研究环境规制对我国产业区位选择的影响来检验中国区域间的"污染天堂"效应。结果表明，"污染天堂"效应在中国的地区间作用明显，东部的污染密集型产业向环境规制强度较弱的中西部地区进行了转移。

对污染天堂假说和向底线赛跑假说的验证虽然学者们最终的成果有一定差异，但基本上都认可这两个假说在中国也得到验证，即对外贸易在促进中国经济发展的同时，对中国的环境的确产生了一定的不利影响，这种影响会以东西部地区差异或具体产业形式表现出来。

四　中国对外贸易环境效应的分析框架

国内对于贸易与环境关系的研究根据研究数据来源和手段的差异主要分为两类。

（一）以非连续投入产出数据为主要手段的分析

刘燕鹏（2001）使用投入产出模型计算了我国进出口产品完全占用耕地资源的数量，从耕地资源方面揭示了我国存在着的资源国际贸易逆差。

沈利生（2007）使用投入产出模型测算了我国 2002—2005 年货物进出口对能源消费的影响，认为从发展趋势看由于外贸对能源消耗的影响不断加大，使我国进出口产品的结构趋于恶化，同时对外贸易的质量也在下降。

张友国（2009）以 1987—2006 年的可比价格投入产出表为基础测算了贸易对中国能源消耗和二氧化硫排放的影响，结果表明，虽然技术变动有效抑制了规模效应，但规模效应的增加还是主导了中国的贸易含污量提高和贸易条件的恶化，而结构效应对中国能耗和二氧化硫排放的影响不大。

许冬兰（2012）使用投入产出法估算了 1997 年、2000 年、2002 年、2005 年、2007 年我国对外贸易中的隐含碳和隐含能情况，得出了中国不仅是典型的隐含碳和隐含能净出口国，而且随着贸易顺差的增大，我国生态环境逆差现象越发严重的结论。

黄敏（2012）采用（进口）非竞争型投入产出模型测算了 2002—2009 年中国二氧化碳的生产排放、消费排放、出口排放及进口排放，并采用投入产出结构分解方法对消费排放与出口排放的影响因素进行了分解，结果显示国内最终需求规模和进口规模的扩张是消费排放增长的主要原因，出口规模扩大是出口排放增长的主要原因；中间投入技术的改进虽然使能源效率得到较大的改善，但能源结构和出口结构仍不够理想。

闫云凤（2013）建立非竞争进口型投入产出模型来研究国际贸易对我国二氧化碳排放的影响，发现 2007 年中国是隐含碳净出口国家，其中，化学工业，金属冶炼及压延加工业，通信设备、计算机及其他电子设备制造业，既是进口隐含碳较多的部门也是出口隐含碳较多的部门。

谢建国、姜珮珊（2014）使用能源投入产出模型测算了中国分行业的进口能源消耗、出口能源消耗、贸易净能源消耗和基于能耗的贸易条件，发现中国的能源消耗效率虽然不断提高，但中国仍然是一个能源的净出口国，且基于能耗的贸易条件有恶化的趋势。

彭水军等（2015）基于 WIOD 提供的世界投入产出表数据采用

MRIO 模型测算和比较分析了 1995—2009 年中国生产侧和消费侧碳排放量，发现两者均出现大幅的增长，但生产侧排放明显高于消费侧排放，中国大量的生产碳排放服务于美国、欧盟、日本等发达经济体，而消费侧排放主要发生在国内。

(二) 以连续数据为基础进行的分析

张连众等 (2003) 借助一般均衡理论模型，将贸易自由化对我国环境污染的规模效应、结构效应和技术效应进行了定量分析。计量结果显示规模效应加剧了我国的环境污染水平，而结构效应和技术效应则降低了环境污染程度，并得出要素禀赋和自由贸易有利于我国环境保护的结论。

李刚 (2004) 采用物质流分析方法研究 1995—2002 年我国经济系统的物质输入和输出等相关指标，指出我国近十年来对外经济贸易虽然持续保持顺差，但从生态环境的角度看，我国对外贸易却处于不利的地位。

吴蕾、吴国蔚 (2007) 则从环境成本转移的概念出发，利用统计数据分析了贸易对环境的影响。指出污染密集型产业的产品出口增长加重了对环境的污染。

罗堃 (2007) 对我国污染密集型工业品的贸易展开实证研究，发现我国此类产品的进出口贸易在实现正向技术效应的条件下有利于国内环境改善，但出口比进口实现正向净效应不仅难度更大而且正向净效应也较小。

谢来辉、陈迎 (2007) 对碳泄漏的相关问题进行了分析，并在此基础上重点分析了全球能源密集型产业转移对中国的影响。

党玉婷、万能 (2007) 使用中国 1994—2003 年贸易环境数据对中国对外贸易的环境效应进行了研究，结果表明，我国对外贸易对环境影响的技术效应和结构效应为正，但由于规模效应为较大的负数，所以总效应仍为负，即现阶段的进出口贸易从总体上说恶化了我国的生态环境。

朱启荣 (2007) 对我国出口贸易与环境污染、环境规制之间的关系进行了实证分析，并对东中西部的出口贸易环境效应进行了比较。

结论表明，我国出口贸易规模变化是导致工业污染物排放量变化的原因，同时，出口贸易规模与工业排放量呈正相关，所以，我国出口贸易规模的迅速扩大对环境造成了一定的负面影响；就地区的情况看，东部地区出口贸易额对工业污染物排放量的弹性明显低于中部和西部地区。

刘林奇（2009）运用面板数据模型对我国 30 个省（市、自治区）2000—2006 年工业污水排放数据，从规模、结构、技术、市场效率和环境政策五个方面对我国对外贸易环境效应进行了考察。结果表明，我国的对外贸易环境效应对东部有积极的影响，对中部和西部则有负面影响。

陈首丽、马立平（2010）认为，虽然能源在中国的经济增长中是不可替代的必要的要素投入，但与劳动力、资本要素投入相比，能源的产出弹性是最低的，能源使用效率和对经济增长的促进作用还有待继续提高。

林伯强等（2010）通过建立优化模型和可计算一般均衡模型分析发现，对于二氧化碳排放的约束在改变能源结构的同时促使能源成本增加，这将对宏观经济具有一定的负面影响。

杨子晖（2010）对中国、印度等多个发展中国家的经济增长与二氧化碳排放的关系展开研究，分析表明随着中国、印度等主要发展中国家工业化、城市化进程的不断加快，经济对能源的刚性需求使二氧化碳排放量持续增加，从而使由经济增长与二氧化碳排放的因果关系日益凸显。

刁鹏等（2013）根据因素分解法检验辽宁省碳排放量与出口贸易之间的动态关系后发现两个变量间长期存在协整关系，不仅碳排放对出口贸易的影响持续为正，而且出口贸易对碳排放具有持续的正效应。

李湘梅、姚智爽（2014）使用向量自回归（VAR）模型的研究表明城市化水平对碳排放有反向驱动作用，能源消费总量对碳排放的影响则相反，同时由于人均 GDP 与碳排放互为因果可以作为降低碳排放的主要手段。

从数据来源和研究方法的分类可以看出，对中国的环境问题使用以投入产出表数据为基础的结构分解法（SDA）研究相对集中，其他研究方法中虽然数据来源和方法相对比较分散，但其中使用因素分解法（IDA）进行研究的文献相对较为集中。

第三节　贸易环境理论研究的不足

前文中对研究贸易与环境关系的国内外研究成果做了简单的总结，从中可以看出：

第一，对贸易与环境相关问题的研究以国际研究为主，来自外部的研究成果基本上确立了研究所需的理论支持、研究框架和基本方法，而中国的研究处于从属地位，主要是对国际研究的"中国化"，即国内学者的研究更多的是验证或检验相关理论在中国是否成立或适用，国内对贸易与环境关系的研究还处在模仿和学习的阶段。

第二，从研究的成果来看，以对EKC假说的检验为例，不论国内外的研究都没有得出一个统一的结论，而且在涉及中国的检验时该假说的结论会更加复杂。这说明在学习和模仿国际上有关贸易与环境关系研究的理论和方法时，一定要注意理论的适用性问题，即要根据中国的具体国情对相关问题从研究的理论基础、研究的假设约束、研究的使用方法和研究的具体结论等方面做出相应的调整，这样，才能得出适用于中国真实情况的客观和准确的结论。从经济发展的一般规律而言，不同背景、不同条件、不同方法下对同一研究对象的结论是应该有所差异的，所以，如何在具体研究中更好地符合中国的国情才是贸易与环境关系研究中最重要的核心问题。

就国内相关贸易与环境关系的研究来看，目前，在以下方面还存在不足：

第一，研究对象众多，缺乏相对集中的研究焦点。目前的研究涉及不同污染物的排放量核算、污染物排放与整体经济或地区和部门间经济的关系、贸易的环境政策选择、国际气候问题谈判与合作等多方面内容，研究对象相对分散，在相对有限的研究能力下没有形成具有一定国际影响力的团队。因此如何将研究的重点予以明确，有针对性地选择几个问题进行深入的研究也是一个重要的议题。

第二，研究的数据来源和方法不够规范。就研究数据来源而言，国内和国际来源的数据在研究中交替出现，对数据间的内在逻辑关系和计量关系的梳理不够，加之对具体问题研究方法存在各种各样的调整，使得最终结论的有效性大打折扣。因此，对于这方面的问题也要予以重视。

第三，研究成果的适用性有待加强。虽然国内已经就贸易与环境的相关研究取得了一定的成果，但对实体经济的影响有限，对具体地区和行业今后发展的引导作用也没有体现出来。因此，如何加强研究成果转化为具体的经济效益或政策主张也是一个必须要关注的问题。

综上所述，虽然国内对贸易与环境问题的研究已经取得一定的成果，但依然存在相当多的问题。有鉴于此，本书试图在后续的研究中将研究的对象明确为隐含能和隐含碳，将研究数据来源分为国际和国内两个方面，将研究的方法约束在投入产出分析和结构分解的框架之下，将研究的结论予以规范和明确。希望通过在这些方面的努力，能够为中国涉及贸易与环境关系的研究做出一些有益的贡献。

第三章 中国对外贸易隐含能与隐含碳研究现状及存在问题

伴随着对外贸易与环境关系研究的日益深入，相关研究对象的分类也越来越具体。煤炭、石油、天然气等能源不仅是环境中的重要组成部分，而且也是生产与生活过程中动力的主要来源。因此，有关能源与贸易关系的研究就逐渐成为环境与贸易关系研究中的一个重要分支，并由此引申出由能源消耗引发的二氧化碳排放与贸易之间关系的探讨。下文将主要围绕隐含能源、隐含二氧化碳排放展开介绍。

第一节 隐含能与隐含碳研究的兴起及本书的定义

一 隐含能与隐含碳研究的兴起

传统意义的环境（能源消耗、污染物排放）与贸易问题关系研究只是简单地涉及由国际贸易所引发的具体生产过程中的能源消耗量和污染排放量测算、能源消耗和污染排放与经济和贸易发展的关系、能源消耗和污染排放对环境的影响等方面的问题，研究所侧重的往往是最终的生产环节。但随着经济发展和国际分工合作的日益深化，任何一件最终产品的生产都不可能完全在一国独立生产，而需要多个国家甚至是全球合作才能够得以实现。于是在有关环境与贸易关系的研究中，对产品的生产过程中所产生的有关能源消费与污染物排放的准确界定和全面测算问题就成为研究的新重点。以汽车生产过程为例，从最初的煤炭和铁矿石开采的排放,到钢铁生产与加工中的排放,再到发动机、其他部件生产过程中的排放,最后还要包括整车装配过程中的排放,"每单位销售的产出都需要明确在各个生产过程中所消耗的各种隐含消耗,不仅是直接消耗,还包括所有的中间投入品在内的每个生产阶段的消耗。而且这种隐含消耗和排放还要从一国内部生产延续到整个世界"。[1] 因此,科学、准确地明确最终贸易商品完整生产过程中的隐含消耗和排放就是一个非常重要的问题。

1974年的国际高级研究机构联合会(IFIAS)首次提出了"隐含流"概念,这个词具有包含、表现、象征、包括的意思。布朗(Brown,1996)提出在"Embodied"后面加上不同资源或污染排放物的名称就可以用来分析产品生产过程中具体污染的排放及对资源的消耗,如二氧化碳、石油、土地等。奥德姆等(Odum et al.,1983;1996;1998)为了衡量各种生态产品生产过程中直接和间接消耗的太阳能的量提出了"Emergy"(国内译为"能值")的概念;艾伦(Allan,1997)将embodied概念用到了水资源研究当中提出了"虚拟水"(virtual water)的概念;威廉(Wiliam)提出了"生态足迹"(Ecological footprint),其含义为人类生活直接或间接占用的各种生态产品(如化石能源地、可耕地、牧草地、森林、建成地、海洋)的面积。[2] "本质上讲,从'能值'概念到'虚拟水'、'生态足迹'都是 embodied 概念的发展"。[3] 隐含能(Embodied Energy)的概念源自对商品或服务生产过程中全部直接和间接能源消耗的研究,也被称为"内涵能"、"内含能"或"虚拟能"。由于能源消耗过程中会造成大量温室气体的排放,而二氧化碳又是温室气体中的主要构成部分[4],所以,从隐含能

---

[1] Nadim Ahmad and Andrew Wyckoff, *Carbon Dioxied Emissions Embodied in International Trade of Good*, OECD Publications, November 3, 2003.
[2] 杨开忠等:《生态足迹分析理论与方法》,《地球科学进展》2000年第6期。
[3] 齐晔等:《中国进出口贸易中的隐含碳估算》,《中国人口·资源与环境》2008年第3期。
[4] IPCC 的第三次气候变化科学评估中提出各温室气体对全球气候变暖的贡献比例分别是:二氧化碳为60%,CH_4 为20%,N_2O 为6%,CF_{11}、CFC_{12} 等为14%。WMO, UNEP, "Climate Change 2001 – IPCC Third Assesment Report", http://www.ipcc.ch/publications_and_data/publications_and_data_reports.shtml.

研究派生出了对隐含碳（Embodied Carbon Dioxide）的研究，隐含碳主要指为了得到某种产品而在整个生产过程中排放的二氧化碳总量。[①]

二　对隐含能与隐含碳的定义

由于涉及"隐含"研究的内容众多，无法将所涉及的全部内容在一篇论文中予以包括，这样做在数据收集和整理上根本无法实现，更不能保证最终研究结果的准确性和政策的针对性，所以，本书经过慎重权衡后选取其中影响力最大的隐含能与隐含碳作为研究的主要对象。选取这两方面作为对中国贸易隐含流问题进行研究的原因是：

第一，能源消费是中国经济发展所需要的主要动力来源，而中国国内的能源储备状况决定了中国的能源需求主要依赖国内丰富的煤炭储备，而对石油、天然气的需求则只能依赖从外部进口。作为对外贸易的商品在生产过程中必然消耗大量的能源，因此，不论是从发展外贸对能源的依赖还是从中国的能源安全出发考虑，都需要对中国贸易中真实消耗的能源和由此引发的进口能源的水平进行准确的测算和评价，而这些都是隐含能研究的主要内容。

第二，不论是静止排放源还是移动排放源，由于化石能源的燃烧活动是二氧化碳排放量的主要来源。2006年《IPCC国家温室气体清单指南》中按照排放气体的种类来估算碳排放，明确在燃烧过程中大部分碳以二氧化碳形式迅速排放，部分碳作为一氧化碳（CO）、甲烷（CH_4）或非甲烷挥发性有机化合物（NMVOCs）而排放。1994年中国温室气体总排放量为36.50亿吨二氧化碳当量，其中二氧化碳、甲烷、N_2O分别占73.05%、19.73%和7.22%。作为非二氧化碳种类排出的多数碳最终会在大气中氧化成二氧化碳。当然，化石能源的燃烧过程中还会产生少量二氧化碳的排放，这种排放量的大小主要取决于化石能源中含硫量的大小。本书对有关贸易中的二氧化碳不再进行展开论述。所以，作为能源消费所引发的二氧化碳排放是有关温室气体排放问题的重点，而由此派生出的国际贸易中商品贸易过程中伴随

[①] Peters, G. P. and Hertwich, E. G., "Pollution Embodied in Trade: The Norwegian Case", *Global Environmental Change*, Vol. 16, No. 4, Apirl 2006, p. 379.

的隐含二氧化碳排放问题也就显得格外重要。除此之外,有关真实二氧化碳排放水平的测算还涉及一国参与国际气候谈判与合作时所应当履行的义务与享有的权利,因此综合几方面的因素选择隐含碳进行研究也是合理的。

第三,在隐含能与隐含碳之间存在着合理的紧密联系。一方面能源消耗是排放二氧化碳的主要来源,而所有中国有关化石能源的消费都可以直接转换为标准煤的形式;另一方面在二氧化碳的排放总量中能源消耗占据主体,虽然生产过程中造成的二氧化碳比较重要,但其所占比例却相对较小,1994年中国各部门碳排放量占总排放量的比例分别为能源活动88.13%、工业生产过程6.97%、城市废弃物4.9%,土地利用变化和林业部门总体表现为碳吸收。1994年中国二氧化碳排放量中能源活动排放27.95亿吨,工业生产过程排放2.78亿吨[1],因此,通过对隐含能的研究可以为隐含碳的测算提供有力的数据支持。

综上所述,虽然隐含流概念本身的范围广阔,但本书所研究的隐含流则只涉及隐含能与隐含碳,并通过将各种具体能源形式转换为标准煤就能够在隐含能与隐含碳之间建立起有机的联系,从而使对两者的研究可以包含在一个共同的框架下进行。

第二节 隐含能与隐含碳的国际研究现状

根据前文的界定,中国对外贸易的隐含流问题研究具体包括隐含能和隐含碳两部分,下面就对有关隐含能和隐含碳在国际上的研究现状从内容和方法两个方面予以简单总结。

一 隐含能研究状况

较早的文献有伦曾(Lenzen,1998)应用扩展的投入产出方法分析了澳大利亚最终消费中的一次能源和温室气体含量,该研究揭示了

---

[1] 国家发展和改革委员会:《中华人民共和国气候变化初始国家信息通报》,中国统计出版社2004年版,第3页。

商品生产过程中的间接能源消耗问题。Machado 等（2001；2003）将投入产出方法应用于巴西经济，预测国际贸易对其能源消耗和二氧化碳排放量的影响程度，研究结果对巴西调整相关政策有突出的作用。Mongelli（2006）以产品部门为基础，应用投入产出方法研究了意大利各个部门参与国际商品贸易中的能耗问题和温室气体排放，注明了意大利作为欧洲排放补贴交易方案（EATS）成员国对其发展中贸易伙伴国存在着碳泄漏，污染天堂假设得到了验证。Thi 和 Ishihara（2006）对越南1996—2000年隐含能的情况分析后指出，种植业、贸易、维修服务业是隐含能强度不断增长的主要来源，而造纸行业则对隐含能强度的下降做出了贡献。Rhee 和 Chung（2006）的研究发现，韩国比同属附件一的日本具有更高的能源强度，虽然1995年的情况比1990年有所好转，但韩国在隐含能排放强度高的商品上比日本更具有竞争优势。Li 等（2007）对中国1996—2004年的隐含能（EE）和生态足迹（EF）进行研究后发现，中国在2000—2004年是隐含能的净进口国，且出口、进口和净值都呈现出迅速增长的趋势。威德曼（Wiedmann，2009）利用多区域投入产出模型（MRIO）和产品土地矩阵（PLUM）对英国2002年的贸易能源足迹进行研究，发现英国的进口能源足迹要大于其出口的能源足迹。Liu 等（2010）将1992—2005年中国的隐含能贸易以1997年和2002年为节点分为三个阶段，发现中国始终处于隐含能净出口的状况，并且隐含能净出口的水平随高隐含能行业出口的增长而持续增加。Jiang（2011）使用投入产出技术对中国2002年42个部门的贸易隐含能状况进行了测算，结果发现轻工业的隐含能强度最高，而高科技行业和服务业的隐含能强度最低。Bordigoni 等（2012）发现对于欧洲的工业部门来说，隐含能的进口取决于欧洲工业部门内部的发展状况而与能源价格的高低无关。Tang 等（2013）发现英国自1997年起进口隐含能就超过了出口隐含能，其中43%的净进口隐含能是来自中国；如果考虑到净进口隐含能的影响，则英国的能源消费与生产的缺口将远大于早期的预期，这将对英国的能源安全产生巨大的影响。Yang 等（2014）发现在1997—2011年的中美贸易里，以标准煤表示的中国隐含能净出口水平不断上涨，而美国的隐含能净出口则相应下降。

二 隐含碳研究状况

Wyckoff 和 Roop（1994）研究了 1984—1986 年最大的 6 个 OECD 国家英国、法国、德国、日本、美国、加拿大国家进口产品中的内涵能源问题，测算后发现进口产品中隐含碳的总量占六国碳排放总量的 13%。Kondo 等（1998）使用日本投入产出表对日本的进口和出口隐含碳分析后发现，到 1985 年时日本的出口隐含碳水平都远远高于进口隐含碳，但从 1990 年起这种情况就已经发生了逆转。Ahmad 和 Wyckoff（2003）发现 1995 年 OECD 24 个成员用于满足国内消费的碳排放要比其生产国内的碳排放量高 5%，按照这种测算结果来说，1995 年只有 6 个国家能够真正实现对贸易碳排放量的减少。Friedl 和 Getzner（2003）通过对 EKC 是否在奥地利成立的研究发现，在 1960—1999 年碳排放和 GDP 之间呈现 N 形，并且奥地利的进口数据很好地证明了"污染天堂假说"，严格的环境规制能够确保在京都议定书协议下更好地实现碳减排。Sanchez 和 Duarte（2004）以部门为基础对西班牙经济发展和贸易活动中的二氧化碳排放量进行了计算研究，从部门层次评价了西班牙进出口贸易对二氧化碳（由能源燃烧产生）排放的影响。Shui 和 Harriss（2006）利用 Economic Input Output-Life Cycle Assessment 软件中提供的美国对华出口货物的碳排放系数，以此为基准估计了中国对美国出口货物的碳排放系数，进而计算了 1997—2003 年中美贸易中的碳排放，指出我国碳排放总量的 7%—14% 间接出口到美国并最终被美国人所消费。Fan 等（2007）以 1997 年中国投入产出表推算中国 2010—2020 年的情况后发现，即使在能源效率有较大改进的前提下中国的能源消费和相关的碳排放也会以指数形式增长，20 年后中国将难以继续保持人均隐含碳排放的优势。阿克曼等（Ackeman et al.，2007）运用投入产出理论结合美日两国 1999—2005 年的能源及贸易数据分析了两国贸易过程中隐含碳排放情况，结果显示两国的贸易在减少了美国的隐含碳排放的同时增加了日本的隐含碳排放，虽然使世界隐含碳总量有所减少，但由于这种减少的隐含碳排放量在两国的总排放量中所占比重太小以至于两国的贸易并没有使得隐含碳排放达到应有的改变。Guan 等（2008）借助投入产出技术和结构分解研究后指出，与1980年相比，中国在2030年与生产相关的碳排放将会增加3倍，家庭消费、投资增长和出口的发展都会带来更多的碳排放；能源效率的改进对中国碳排放水平所发挥的稳定作用不容乐观，即使最乐观的碳捕捉和储存技术的使用对中国碳排放量增速的减缓作用也非常有限。Tukker 等（2009）发现某些产业政策会产生重要的涟漪效应，例如，欧盟对某些特殊部门的气候政策会对中国整体的碳排放产生影响。威德曼（2009）则系统总结了基于IO技术的贸易隐含碳相关研究。Liu 等（2010）分析了1990—2000年日本与中国间的贸易隐含碳结构，发现虽然双边贸易整体上减少了隐含碳的排放，但中国对日本处于隐含碳净出口的地位。Aichele 和 Felbermayr（2010）的研究显示从1995年到2005年全球贸易隐含碳的排放总量增加了50%。彼得斯等（Peters et al.，2011）的研究证实了 Aichele 的观点，最终计算的结果是全球2008年的贸易隐含碳排放总量达到7.8兆吨。Chen 等（2011）对2004年七国集团（G7）、金砖国家（BRIC）及世界其他国家（ROW）间的贸易隐含碳结构进行了分析，发现G7间的贸易隐含碳总量占全球的36%、BRIC占51%、ROW占13%，说明与碳泄漏有关的产业转移和国际贸易是可以用全球气候政策的变化来解释的。Usama（2012）对12个中东国家面板数据的分析发现，一次能源消费、外资的净流入、GDP和外贸的增长是引起碳排放增加的主要因素，来自发达国家的投资和技术转让是降低碳排放的有效手段。Atici（2012）通过对日本和东盟的贸易数据研究后发现，外贸依存度是影响碳排放的主要因素，没有证据显示FDI会对东盟的环境质量产生直接影响；日本从该地区的进口并没有带来污染反而是中国从东盟的进口提高了当地的人均污染水平。Ren 等（2014）通过对中国2001—2011年数据的研究发现，隐含碳的持续上涨已经使中国变成了"污染天堂"，而FDI和贸易竞争优势是推动隐含碳排放迅速增加的原因，贸易开放度、环境规制和技术是降低中国企业碳排放的主要手段。Jiang 等（2015）发现贸易收支平衡与能源强度的变化是中国内部各区域间隐含碳流动的主要影响因素，中国各区域间由碳流动造成的效率损失大于由此带来的效率得益，鼓励环境友好型技术的创新和转移对西部和内陆地区来说与降低碳强度具有同样的重要意义。

三 研究隐含能与隐含碳的方法

在隐含流相关问题的研究过程中，虽然具体研究对象可以分为隐含能和隐含碳，但就研究方法来看主要有以下几种：

（一）基于具体产品完整生产过程的研究方法——LCA 法

LCA 法是一种从微观层面进行分析的方法，"这种方法要求以具体产品为研究对象，通过对产品生产和使用过程中所涉及的产业链条的分析，确定在产品生产、使用和处理等各个环节中所产生的能源消耗量，即产品从'摇篮'到'坟墓'的整个生命周期内所含的能耗量"。[①] 由于这种方法对单个产品的各环节能耗进行加总计算，所以对微观数据的要求非常具体和繁杂。正因为如此，在国际上使用 LCA 方法时多用于某个具体的产品或行业。该方法虽然计算简单但没有考虑生产过程中投入的其他中间产品，特别是没有顾及贸易品生产过程中所排放的二氧化碳，因此其结果与实际情况相比也往往存在误差。马丁（Martin，2001）使用 LCA 法对聚合物电解质燃料电池的生产过程进行分析，指出燃料电池的生产和使用对环境产生重大影响，这种影响主要是由铂族金属催化剂引起的，并就如何生产出环境友好型的燃料电池给出了具体方案。阿登特等（Ardente et al.，2005）按照 ISO 14040 的要求跟踪意大利太阳能集热器产品的生态分布，研究合成的主要能源与整个产品的生命周期相关的环境影响，对每一个生产过程中消耗的能源和原材料以及释放的污染物进行了测算，并提出要关注在维护或安装时存在的问题。Helias 等（2007）对过去 30 年有关 LCA 法的研究文献进行了有益的总结，指出 LCA 法能够与能源研究紧密结合，并且将 LCA 法与具体部门相结合将是今后研究的重点。Zheng 等（2009）将能源消费增长 40% 的建筑业作为研究对象后发

[①] 韩文科、刘强、姜克隽：《中国进出口贸易产品的载能量即碳排放量分析》，中国计划出版社 2009 年版，第 25 页。

现，通过 LCA 法建立的评价机制可以对建筑的节能性能和节能等级进行评价，从而达到节约建筑业能源消耗的目的。Francesco 和 Ulgiati (2010) 用 LCA 法对来自玉米秸秆和小麦秸秆的生物能源进行了分析，发现使用有农业剩余物生产的生物能源可以减少 50% 以上的温室气体排放量，并相当于节约 80% 的可再生能源。在这个过程中，轮作、耕作、施肥管理、土壤性质、气候都可以发挥重要的作用。Blengini 等 (2011) 使用 LCA 法对意大利北部地区的生物能源的生产进行分析，发现生物能源能否成为可持续能源要受到其他要素的影响，并且生物能源的颗粒物排放水平是天然气的 5 倍。Mateus 等 (2014) 的研究发现伴随着农业及其副产品在生物燃料系统中的运用将对环境产生非常积极的作用，农业副产品的投入组合、运输距离的远近以及国家投入水平都会对生物燃料行业使用 LCA 法分析后的结果产生重要影响。哈斯勒等 (Hasler et al., 2015) 对德国的化肥产业所造成的 N_2O 排放分析后发现，对氮肥的合理生产和使用可以使化肥工业对环境的影响降低 15%，同时对使用化肥种类的慎重选择也会对食品和农产品的 LCA 法分析结果产生影响。Sastre 等 (2015) 对西班牙秸秆发电行业进行 LCA 法分析后发现，土壤有机碳的流失与全球潜在气候变暖存在高度相关性，均腐系数不确定性的降低对减少碳排放具有重要的作用。

（二）占据隐含能与隐含碳研究主体地位的投入产出表——IO 表

投入产出 (Input - output, IO) 方法充分考虑了产业间的关联性，能够追踪从初级品到最终成品全过程的能源投入和二氧化碳排放情况，因而计算结果更加准确。具体核算中常用的 IO 表包括单区域投入产出表 (Single - regional Input - Output Table, SRIO) 和多区域投入产出表 (Multi - regional Input - Output Table, MRIO)。基于 MRIO 的核算则能够区分本国产品与来自不同区域的进口品之间的生产技术差异，可以明显提高统计精度。布朗和赫伦迪恩 (Brown and Herendean, 1996) 指出，隐含能与隐含碳问题的核算与投入产出分析高度重合，因此投入产出理论中的许多处理技术和方法被应用到隐含能与隐含碳的分析中。20 世纪 90 年代以来，利用投入产出表，学者们展开了多方面的研究。Schaeffer 和 De（1996）对巴西 1970—1993 年的贸易隐含能和隐含碳进行分析后发现，从 1980 年起，巴西的出口隐含碳就开始高于进口隐含碳。Chang 和 Lin（1998）使用中国台湾地区的 IO 表对其出口进行分析后指出，出口部门碳排放强度变化、最终需求的结构调整和最终产品中间产品的比例都会对最终的隐含碳排放水平有重要影响。伦曾（1998）应用扩展的投入产出方法揭示了澳大利亚商品生产过程中的间接能源消耗问题。Kondo 等（1998）使用日本 IO 表得出从 1990 年起日本的出口隐含碳大于进口隐含碳的情况发生了逆转。Ahmad 和 Wyckoff（2003）借助 SRIO 表对 OECD 成员国的隐含碳水平进行测算，发现 OECD 为满足国内需求而消耗的隐含碳比其生产的隐含碳多 5%。Reinders 等（2003）发现欧盟 11 国家庭平均隐含能消耗情况与家庭的开支直接相关，尽管各国能源消费的开支在总支出中所占比例从 34%—64% 不等，但这不是由环境政策的差异造成的。Machado 等（2001；2003）则将研究的重点放在借助巴西 IO 表预测国际贸易对其能源消耗和二氧化碳排放量的影响程度。Mongelli（2006）应用投入产出方法证明了"污染天堂假设"在意大利与其发展中贸易伙伴国的贸易过程中是存在的。Maenpaa 和 Siika-virta（2007）发现芬兰从 1990 年起出口中蕴含温室气体的排放就已经超过进口中的隐含气体，而且贸易规模对其的影响远远大于贸易结构的影响。Adolfo 和 Carlos（2008）使用投入产出技术对西班牙加利西亚地区的能源生态足迹进行了研究，发现将能源纳入制成品贸易将会大幅增加当地对能源的消费量，而电力出口将有力地改善当地的能源生态足迹。Chung 等（2009）通过一个 96×96 的混合能源型 IO 表对韩国的隐含能和温室气体排放进行了研究，虽然随着温室气体排放量的减少，韩国的能源与环境政策并未对本国的经济产生不利的影响，但减排也要考虑到不同行业能源使用效率的特点。Guo 等（2010）从部门间贸易的角度分析，发现美国 2005 年从中国的进口减少了隐含二氧化碳的排放却增加了世界整体隐含碳的排放，而中国从美国的进口既减少了隐含二氧化碳的排放也减少了世界整体隐含碳的排放，但中美贸易的整体效果是增加了世界隐含碳的排放水平；其中化学工业、金属制品业、非金属采掘制造业和交通运输制造业是造成隐含碳排放量增加的主要部门。Su 等（2010）从部门聚集效应的角度对中国与新加坡双边贸易中的隐含碳排放进行投入产出分析，发现其中有 40 个行业的出口隐含碳排放与聚集效应存在密切的关系。Du 等（2011）使用在能值—货币比基础上的 IO 表分析中美贸易，并使用 SDA 对中国向美国的出口隐含碳进行了分解；碳排放强度的下降使 2005—2007 年中国对美国隐含碳净出口有所下降，而出口和中间投入品的结构是造成中国出口隐含碳增长的主要原因。Xu 等（2012）指出，中国实际通过"中国制造"在向外出口石油，2007 年时这种石油出口已经达到 8702 万吨，美国、中国香港和荷兰是从中国的这种由"中国制造"所带来的石油贸易中获利最多的三个地区。Su 和 Ang（2013）发现，使用竞争型假设测得中国的隐含碳排放要远远大于在非竞争型假设时的结果，而两者结果存在差异的根源在于对中国出口和进口中所使用的中间产品的不同处理方法导致的。Xu 等（2013）发现，英国自 1997 年起其进口隐含能就已经超过出口隐含能，其中净隐含能进口的 43% 来源于中国，英国需要重新审视其能源使用效率的问题。Su 和 Ang（2014）使用消费型 IO 表对中国不同地区间贸易和国际贸易对区际隐含碳的排放进行研究后发现，东部发达地区在区际贸易中处于隐含碳净进口的地位，而中西部地区则处于隐含碳的净出口的状况。Xie（2014）将混合型 IO 表和结构分解结合起来，分析了中国 1992—2010 年的贸易隐含能状况，发现中国的隐含能源主要受到投资带动型需求、消费和出口的影响，同时技术效应对隐含能需求的抑制作用也在呈下降的趋势。Yan Zhang 等（2015）使用 MRIO 对中国不同区域间的隐含能源流动进行了分析，结论是地区经济发展策略对隐含能的消费和区域间的流动具有关键性的作用。Cui 等（2015）发现，在 2001—2007 年全球隐含能出口的增速远高于能源出口增速的背景下，中国的隐含能出口也从 2001 年的 156MT 标准煤迅速增长到 2007 年的 514MT 标准煤；但政府采取的能源政策能够降低中国的能源消耗量和促进产业结构的优化。Timmer 等（2015）以全球汽车产业为例，对如何使用 WIOD 进行研究做了详尽的介绍。

四 分解隐含能与隐含碳影响因素的方法

Ang 和 Zhang（2000）对 2000 年之前在能源和环境问题研究中经常使用 IDA 方法的 100 多篇文献进行了分类，对 IDA 方法的两种主要方法——拉氏分解法和算术平均迪氏法进行了总结，并对 LMDI 方法进行了介绍。Rutger 等（2003）对 SDA 和 IDA 进行了全面的对比，指出两者的主要差别在于：SDA 的分析主要基于投入产出数据的分析，而 IDA 的分析则更多地使用具体行业层面的数据。Ang 等（2003）以 OECD 成员国数据为例对使用沙普利（Shapley）分解法的结果进行了分析，指出沙普利分解法与 Sun 方法本质是相同的，且与 LMDI 方法的区别在于进行加法和乘法分解时结果的差异。Ang（2004）在回顾已有分解方法的基础上指出，从具体应用和方法论的发展来看 LMDI 方法都是更好的方法。维森特和罗萨（Vicent and Rosa，2004）使用投入产出结构分解方法对欧盟成员国的能源强度进行分析，发现不同国家的经济结构对能源强度的影响不明显，反而是直接能源强度效应和需求效应对欧盟各成员国能源消耗总量的差异造成关键性影响。Ang（2005）从公式推导和具体例证两方面对 LMDI 方法在分解研究中的作用进行了全面介绍，为其他研究提供了一个规范的 LMDI 模板。Chang 等（2008）对中国台湾 1989—2004 年的投入产出数据进行 SDA 后发现，工业能源系数和二氧化碳排放因子是影响当地二氧化碳排放的主要因素，努力提高能源使用效率和加大混合能源的使用对降低碳排放有长期的作用。Guan 等（2008）分析中国的二氧化碳排放时使用的是 D&L 方法，发现家庭消费、投资增长和出口的发展会增加碳排放；而能源效率的改进对中国碳排放水平所发挥的作用不明显。瓦克斯曼等（Wachsmann et al.，2009）在对巴西 1970—1996 年企业和家庭隐含能的分析中第一次将 LMDI 方法与 SDA 方法分析结合起来，将这个研究期内的能源状况分解为 8 个因素，发现富裕程度、人口规模和部门间的依赖程度是主要影响因素。Ang 等（2009）不仅对 AMDI 方法和 LMDI 方法进行了对比，而且还对比了沙普利分解法和拉氏分解法的差异，指出这种比较的差别主要在于对加法分解的使用。韦伯（Weber，2009）对美国 1997—2002 年的能源消耗使用LMDI方法进行分解，结果发现人口和家庭消费的增加使能源消费水平增长，但经济结构的变化对能源消费具有抑制作用。伍德（Wood，2009）以澳大利亚1976—2005年的IO数据为基础，使用LMDI方法对其净温室气体的排放进行研究和分解，发现关键部门结构的变化可以明显改善温室气体排放的状况，经济增长和出口对温室气体的排放具有正反两方面的作用。Dong等（2010）在SDA框架下利用LMDI考察1990—2000年中日贸易中隐含碳排放的驱动因素，发现贸易规模扩大是驱动中日贸易中隐含碳排放增长的主要因素。Liu等（2010）在分析中国1992—2005年的贸易隐含能时使用的是D&L方法，发现中国净隐含能出口的水平主要受高隐含能行业出口增长的持续影响。Su和Ang（2012）不仅对IDA方法和SDA方法进行了比较和总结，还以中国2002—2007年的隐含碳排放为例对具体不同SDA处理方法的结果进行了比较。Nie和Kemp（2013）对中国2000—2009年的能源强度波动使用IDA和SDA同时进行了分析，用单位GDP能源消耗来衡量的IDA分析结果发现技术变化是影响能源强度的主要原因，使用SDA分析的结果发现2002—2004年中国能源强度迅速提高的原因是产能过剩和转向能源密集型产品的国内消费和出口。Wang等（2013）对北京1997—2010年的碳排放使用IO-SDA进行研究，发现产业结构调整和人口规模驱动碳排放量的变化，最终需求的变化对北京的碳排放的影响有限，而单位GDP的二氧化碳强度降低对碳排放有抑制作用。Xu和Dietzenbacher（2014）使用来自WIOD的IO表，对40个国家1995—2007年的贸易隐含碳排放进行SDA分解，发现许多发达国家由于贸易结构的变化——包括中间产品和最终产品结构的变化使其进口隐含碳的水平远高于出口隐含碳的水平，发达国家消费者加大对来自BRIC国家商品的进口使发达国家的进口隐含碳进一步加大，而BRIC国家的出口隐含碳水平也相应提高。Ana和Vassallo（2015）使用SDA对欧洲9个提供IO表的国家2000—2007年公路货运的情况进行研究和分解，发现运输的发展主要受国内经济活力的影响，但这种影响已经受到各国公路运输强度和经济行为非实体化的制约，同时国际运输也是推动公路货运的重要因素。

五 对国际研究现状的小结

通过前面对有关隐含能与隐含碳相关国际研究现状的简单介绍可以看出：

第一，从研究内容来看，国外隐含能与隐含碳问题的研究中关于隐含碳的研究近年来逐渐成为研究的中心。对于隐含能来说，能源一方面是许多发展中国家出口的主要来源，另一方面又是发达国家必须进口的战略物资，能源贸易对双方是双赢的合作，所以对于隐含能讨论的质疑相对较小，其研究的重点也逐渐由国家层面向微观和具体的部门、行业或产品转移。但随着世界性环境和气候问题的加剧，在国际气候合作过程中对各国具体应该承担的碳减排责任的大小存在着巨大的争议；而这种碳减排责任的大小又与各国经济发展、人民生活品质和环保开支存在密切关系，因此如何确保对本国碳排放总量和相关责任的精确测算就显得十分重要。而有关隐含碳的研究恰好符合这种要求，理所当然地成为相关隐含问题研究的中心。中国作为日益崛起的大国，碳排放量水平的大小和应该承担的责任也就成为全球隐含碳研究的热点。其他隐含问题，比如隐含二氧化碳、隐含水和其他隐含污染物的排放问题由于往往与企业所在生产地域联系非常紧密，不具有二氧化碳排放跨越生产国边境、移动和影响全球的特点，故虽然也有一定的文献对其展开研究但其重要性明显不足。

第二，从研究方法来看，基于IO表的模式是主流研究方法。从前面的介绍中可以看出，虽然在国际隐含能与隐含碳问题的研究过程中还存在诸如LCA法和一些计量方法的运用，但是由于隐含能与隐含碳问题的研究是对整个生产过程的分析，需要对全部生产环节的能耗和二氧化碳排放进行测算，所以只有投入产出表能够承担这种责任。因此如何选择更为准确的IO表数据来源就成为选择研究方法时至关重要的问题。就目前国际研究的状况来看，研究一国隐含能与隐含碳问题时多选取该国提供的SRIO表进行，而进行双边和多边隐含能与隐含碳问题研究时往往选取由GTAP、OECD、WIOD等国际机构或组织提供的MRIO数据进行；并且最新的研究重心多数放在对具体IO

表的技术处理手段和数据挖掘上,以及如何对 MRIO 中不同国家的投入产出关系进行处理。对于其他隐含能与隐含碳问题的研究方法而言,虽然有关 LCA 方法的文献数量较多,但受其本身只能对单一产品进行全面研究的限制,往往对数据的要求非常微观和具体,从而使 LCA 方法虽然对特定行业与部门产品的隐含能与隐含碳问题研究上具有优势但在对一国全部产业进行整体研究时显得无法胜任。而一些计量研究虽然也对隐含能与隐含碳问题有所涉及,但在具体研究过程中对"隐含"所重点强调的"完整生产过程"是无法实现的,从研究方法的角度来讲存在天然的缺陷。

第三,从影响因素的分解技术来看,国际隐含能与隐含碳问题的研究过程中虽然使用的方法众多但侧重于 LMDI 方法。在国外文献中,虽然 AMDI 方法、LMDI 方法、沙普利法、S/S 方法、D&L 方法等诸多方法都有大量的体现,但就外文文献的发展趋势来看,具体分解过程中出现的残差大小是判断方法是否选择合理的关键。LMDI 方法由于能够实现在加法和乘法分解过程中对残差的完整分解而成为目前最为主流的分解方法;但该方法却没有能够通过负值稳健性检验,所以说明 LMDI 方法在面对特定数据时也会出现失效的问题。因此,国外文献对于分解方法的研究重点更多地放在对具体分解技术的完善和进一步创新上,而这对于国内学术界来说在相当长的时期内还是无法胜任的工作。

第三节　隐含能与隐含碳在中国的研究现状

进入 21 世纪之后,中国经济发展已经逐渐开始摆脱单纯对高经济增长速度的依赖,开始转向经济与环境的协调发展;加之来自国外的环保理念开始在国内推广,有关环境与经济发展的议题越来越受到学术界的关注。在这种背景下,中国国内开始出现有关隐含能与隐含碳的研究文献,并随着时间的推移会涌现出越来越多的研究成果。

一　中国贸易隐含能研究现状

王娜等（2007）使用投入产出模型考察了1997年我国36个贸易部门各类商品的进出口能源消耗量，并据此提出可以通过改变贸易收支状况的方式来调整一国在国际贸易中的能耗水平和环境收益。

刘强等（2008）利用全生命周期评价的方法对中国出口贸易中的46种重点产品的载能量和碳排放量进行了分析，指出在对出口贸易产品结构进行调整的过程中，要根据产品所负载的能耗量和碳排放量采取不同的对策。

李坤望、孙玮（2008）通过编制混合型能源投入产出表来计算18个行业的综合完全能耗系数，发现行业完全能耗系数大大高于直接能耗系数，证明了综合考察行业完全能耗的重要性。

姚愉芳等（2008）使用2005年中国非竞争型投入产出表对出口、进口贸易与经济、就业、能源等关系的计算方法进行了探讨，从节能减排的角度说明需要对我国的贸易结构进行调整，在减少高耗能产品的生产和贸易比重的同时增加低耗能产品的比重。

陈迎等（2008）应用基于投入产出表的能源分析方法，研究了2002—2006年中国外贸进出口商品中的内涵能源问题。结果表明，尽管中国自1993年以来成为石油净进口国，但通过外贸商品进出口使中国成为内涵能源的净出口大国，而且隐含能净出口的增速还在不断加快。

陈红敏（2009）利用结构分解分析（SDA）方法对中国1992—2002年出口贸易中的隐含能变化进行分解，指出规模效应是导致隐含能出口上升的主要原因，而技术效应是减少隐含能出口的关键因素。

罗思平等（2010）对1997—2006年中国国际贸易中的隐含能进行分析，结果表明，在贸易过程中中国是隐含能净出口大国，隐含能出口量远大于隐含能进口量，大量能源实际上"隐含"在产品中输出到国外。

王颖、马风涛（2011）采用投入产出技术对中国工业部门出口商品的国内能源消耗强度及其含量的变化趋势进行了测算，结果显示，大多数部门出口产品的国内能源消耗强度在不断下降，但由于出口贸易额的增长，工业部门的出口商品的国内能源含量仍在上升。验证了外贸的结构效应对国内能源消耗强度降低具有积极的影响。

陈红敏（2011）分析了1997年、2002年以及2007年中国隐含能出口的就业效应，发现中国隐含能出口的就业效应随时间下降，说明我国出口贸易在增加就业的贡献不断减小的同时对能源环境的压力在不断增加。

李静、方伟（2011）利用1997年、2002年、2005年、2007年"长三角"三省市的投入产出表测算了进出口贸易对"长三角"地区能源消耗和污染排放的影响，指出出口含能（污）量的高速增长主要是由于出口增长带来的规模效应，同时能源消耗及污染排放效率的提高有效地缓解了规模效应。

王菲、李娟（2012）则对中日贸易中隐含能与碳排放进行分析，指出日本国内大量的消费型隐含碳排放是由中国对日贸易承担的，虽然1997—2007年中国能源使用效率的提高起到了减排的作用，但生产技术、对日本出口规模和出口结构又促进了隐含碳排放的增长。

黄宝荣等（2012）基于投入—产出模型对北京市对外贸易中隐含能的特征进行研究，不仅对北京市第二产业中节能减排的重点行业做出了明确指示，而且指出由于国内贸易净输入隐含能在总量中的比重远远大于国际贸易净输入隐含能在总量中的比重，也因此北京给隐含能输入来源地区带来更大的资源环境压力。

孙赵勇、任保平（2013）对能源问题研究过程中能源使用的各种分解法进行了详细的对比，指出乘法分解反映的是能源强度变化率而加法分解反映的是能源强度变化量，LMDI方法可以实现对能源强度的完全分解。

谢建国、姜珮珊（2014）使用由OECD提供的中国1995年、2000年和2005年的投入产出表和能源消耗数据，发现自1995年以来，虽然中国的能源消耗效率不断提高但中国仍然是一个能源的净出口国，而且基于能源消耗的贸易条件有恶化的趋势；出口隐含能增长的主要原因是中国出口规模的扩张，而隐含能出口的下降则要靠出口结构的优化与单位价值能源消耗的下降，从而抑制出口能源消耗的增加。

崔连标等（2014）采用 GTAP 数据库提供的中国 IO 表测算后发现，中国 2007 年已经成为隐含能净出口国，基于消费者统计口径显示中国的能源消费分别下降 25%。在世界能源消费重心东移的背景下，亚太地区直接能源净进口量中的一半以上会以贸易隐含能的形式再次流向欧洲和北美地区。

刘祥霞、黄兴年（2015）使用经过修正后的 IO 表对中国海关 2001—2012 年货物进出口商品中的隐含能进行测算后发现，中国是典型的隐含能净出口国，不仅进出口结构和贸易规模对中国进出口隐含能的变动存在着明显的影响，而且进出口隐含能主要集中在完全能耗系数较高的产业。

刘瑞翔、王洪亮（2015）使用 WIOD 数据测算 2000 年以来中国出口商品中的内涵能源并使用 SDA 方法对其变化进行分析，发现中国出口内涵能整体上呈现出倒 U 形的变化趋势；中间品结构、出口结构以及外贸出口是中国出口内涵能源增长的主要原因，而能源效率提高对降低出口商品内涵能源有积极的作用。

二 中国贸易隐含碳研究现状

齐晔等（2008）采用投入产出法对中国 1997—2006 年进出口贸易中的隐含碳进行了估算。研究发现，如果按照中国的碳消耗系数测算，中国向国外转移排放了大量的二氧化碳；如果按照日本的碳耗效率对中国贸易产品的隐含碳进行调整，则中国向国外转移排放的二氧化碳数量会进一步增加。

陈红敏（2009）将生产过程的二氧化碳排放引入投入产出方法的计算框架，发现建筑业而非金属矿物制品业的生产过程隐含碳排放占部门总隐含碳排放的比重最高；同时部门分类水平的标准对各部门生产过程隐含碳排放的核算结果具有较大的影响。

魏本勇等（2009）使用投入产出分析法对部门能源消费数据进行分析，指出在出口排放总量中 79.03%—90.62% 的碳排放用于满足国外需求，进口中超过 50% 的总进口碳排放主要来自五个部门。

闫云凤、杨来科（2010）计算发现贸易的规模效应是推动隐含碳增长的主要因素，其中影响最大的五个部门分别是电子及通信设备制造业、化学工业、纺织业、仪器仪表及文化办公用机械制造业和电气机械及器材制造业。

李树林、齐中英（2011）在"进口避免排放"的假设下计算了中国进出口产品中隐含的碳排放，发现虽然各种方法的计算结果存在一定的差异，但除农业外中国在各个行业都面临着贸易国数量巨大的碳泄漏。

傅京燕、张珊珊（2011）的研究结论说明，我国在高碳排放行业具有比较优势，并且我国制造业的效率提高有利于我国进出口净隐含二氧化碳排放总量的减少，研发投资则可以改善我国的环境贸易条件。陈诗一（2011）对改革开放以来中国工业两位数行业二氧化碳排放强度变化的主要原因进行分解，发现能源强度降低或能源生产率的提高是二氧化碳排放强度波动性下降的决定因素，能源结构和工业结构调整也有利于碳排放强度降低。

石红莲、张子杰（2011）计算了2003—2007年中国对美国出口产品的隐含碳排放，发现随着中国对美国出口量的增加与出口产品的隐含碳排放成正比。

沈源、毛传新（2011）分析了1998—2009年中美工业贸易隐含碳的排放情况，发现中国对美工业贸易始终处于隐含碳净出口状态；其中化学、机械、纺织业是隐含碳净出口的主要行业，电力生产供应业则保持隐含碳净进口。

闫云凤、赵忠秀（2012）从再出口贸易和部门分解的角度展开分析，得出我国单位出口的碳排放强度小于单位进口的碳排放强度、国际贸易总体上有利于中国节能减排的结论。

涂正革（2012）不仅将影响碳排放效应的每个因素分解出各个部门的贡献，而且根据国民经济的八大部门的能源消费与产出数据和16种能源的碳排放因子，计算出各行业的碳排放数据。对数据分析后指出碳排放量与经济规模的增长呈现正相关的关系，但不同行业间经济增长的边际碳排放量差异很大；经济结构重型化加剧碳排放的增加，技术进步是减少碳排放的核心动力，而能源结构变化的减排效应并不显著。

袁哲、马晓明（2012）对2009年中美商品贸易中的隐含碳排放进行了分析与核算，确定了中国对美国商品贸易对中国国内碳排放的影响。

闫云凤等（2012）对中欧贸易隐含碳进行结构分解分析，指出在贸易过程中对中国而言虽然技术效应和结构效应有利于减少碳排放，但却不能抵消规模效应所导致的碳排放增加，因此欧盟应对中国的碳排放承担部分负责。

丛晓男等（2013）使用GTAP的数据对全球隐含碳排放水平、隐含碳流入和流出结构、隐含碳贸易的地缘结构做出了清晰的描述，并据此指出，认为低水平发展中国家是中国最佳谈判合作伙伴的想法是错误的，金砖国家才是中国在隐含碳问题上与发达国家展开有效谈判的合作伙伴。

闫云凤等（2013）构建关于中国的MRIO模型来分析贸易隐含碳及排放责任，发现中国对外贸易隐含碳净出口占中国碳排放的11.77%—19.93%，而生产碳排放与消费碳排放在1995—2009年都有快速的增长。

许源等（2013）构建非竞争型IO表对中国农产品1995—2005年贸易隐含二氧化碳进行测算，发现中国农产品生产所排放的二氧化碳有3.71%—4.5%由出口产生，消费所排放的二氧化碳有3.29%—10.1%由进口满足，农产品净出口隐含二氧化碳的不断减少为中国成为二氧化碳排放净进口国做出了贡献。

刘俊伶等（2014）使用GTAP数据分析2004年和2007年中国与发达国家和发展中国家贸易隐含碳流向、结构及变化后发现，中国均为隐含碳净出口国，并使用LMDI法对隐含碳净出口分解发现，贸易顺差和排放系数差异是导致中国对发达国家隐含碳净出口的关键因素，而行业结构差异和排放系数差异是影响中国对发展中国家净出口的关键原因。

邓荣荣、陈鸣（2014）使用1997—2007年中国非竞争型可比价IO表测算中国进出口贸易的隐含碳排放量，发现除1997年、1998年外，我国的净贸易含碳量均为正值；同时对日本、澳大利亚和东盟三种技术水平下中国进出口贸易隐含碳排放的模拟测算结果表明，通过改进中国的能源效率、提高技术水平能够实现明显的减排效应。

余晓泓、吴婷婷（2015）使用 IO 表技术对 2002—2010 年中国工业部门出口隐含碳做了测算，发现中国不仅是隐含碳的净出口国而且出口隐含碳与出口贸易结构有密切的关系；其中出口隐含碳最多的是通信设备、计算机及其他电子设备制造业，化学工业和电气、机械及器材制造业。

刘祥霞等（2015）利用修正的 IO 法测算了中国 2001—2012 年进出口商品中的隐含碳排放，发现中国是典型的隐含碳净出口国，化学工业、通用和专用设备制造业、金属矿采选业、金属冶炼及压延加工业、农林牧渔业贡献了中国绝大部分的碳排放。

三 关于隐含碳影响因素的分解研究

吴巧生、成金华（2006）运用拉氏方法进行分解，指出，中国能源消耗强度下降主要是各产业能源使用效率提高的结果，除少数年份外，产业结构的调整对降低能源消耗强度的作用是负面的。

齐志新、陈文颖（2006）应用拉氏方法分析了 1980—2003 年中国宏观能源强度以及 1993—2003 年工业部门能源强度下降的原因，发现技术进步是我国能源效率提高的决定因素。

师博（2007）使用拉氏方法的研究显示，产业内部尤其是工业部门能源强度的下降是 1980—2005 年总能源强度显著改进的主因，重工业比重的上升对分解模型所分析的强度效应以及总能源强度具有很大的负面影响。

宋德勇、卢忠宝（2009）采用两阶段 LMDI 方法分析了我国碳排放周期性波动的特征，研究表明，自 20 世纪 90 年代以来，我国四个不同阶段经济增长方式的差异是碳排放波动的主要原因。

黄菁（2009）运用改进后的对数平均迪氏指数方法分析了我国四种主要的工业污染物，发现规模效应是工业污染增加的主要原因，技术效应是减少污染的重要力量，而结构效应则在一定程度上增加了我国的工业污染。

秦放鸣、师博（2010）运用指数分解模型考察的结果显示，虽然煤炭是我国能源消费的支柱，但煤炭强度改进的幅度低于石油强度改进的幅度；强度效应不仅主导了中国煤炭、石油强度的变动趋势，而且工业部门煤炭、石油强度的改进是我国能源效率提升的主因。

郭朝先（2010）使用 SDA 方法，从经济整体、分产业、工业分行业三个角度对 1992—2007 年我国二氧化碳排放增长进行了分解，发现能源消费强度效应始终是碳减排最主要的因素，而进口替代效应和能源消费结构变动效应对碳减排的影响较小。

李艳梅、付加锋（2010）将影响出口贸易隐含碳排放变化的因素分解为直接碳排放强度效应、中间生产技术效应、出口总量效应和出口结构效应，发现出口总量效应是出口贸易隐含碳排放增加的主要原因，其次是中间生产技术的变化，而直接碳排放强度和出口结构效应的作用非常有限。

黄敏、刘剑锋（2011）利用沙普利方法对影响外贸隐含碳变化的驱动因素进行了分解，结果显示，在各年隐含碳净出口值及其占当年国内排放总量之比都呈增长的情况下，对隐含碳排放变化影响最大的是出（进）口总效应。

杜运苏、孙辉煌（2012）使用 LMDI 分解技术对中国 1997—2007 年出口贸易隐含碳排放从产业层面和贸易伙伴层面进行了分解，结果显示，短期内提高能源利用效率可以有效降低中国出口中隐含碳的排放强度；但从长期看，出口结构的调整升级则是解决问题的根本手段。

傅京燕、裴前丽（2012）利用迪氏指数分解模型对 24 个部门进行分解，指出规模效应是造成净内含二氧化碳增加的主要原因，技术效应有利于降低污染强度，而结构效应的影响并不统一。

邢玉升、曹利战（2013）使用 LMDI 方法对中国碳减排的影响因素进行分解，发现能耗结构是对持续减排真正发挥作用的因素之一，并提出通过加大天然气进口达到改变进口能源结构和改善能耗结构的目标。

戴小文（2013）以 1997—2007 年的五张投入产出表为基础，并借助 Kaya 恒等式和 LMDI 指数分解法将中国隐含碳排放分解为 8 个因素，指出生产方式进步因素和生活方式进步因素是造成中国隐含碳排放变动最为重要的两个驱动因素。

赵玉焕、王淞（2014）使用 WIOD 提供的 MRIO 对 1995—2009 年中日贸易隐含碳进行了测算并采用 SDA 对其进行分解，发现中国在对日贸易中处于隐含碳净出口的地位，一方面是规模效应推动中国出口隐含碳增长，另一方面是技术效应促使隐含碳减少。

陈雯、李强（2014）将 OECD 公布的中国 1995—2005 年 IO 表与 SDA 方法相结合，发现中国一直为能源净进口国，且出口规模是出口隐含能变动的主要原因。

独孤昌慧等（2015）利用 WIOD 数据计算 2000—2009 年中国对美国工业进出口贸易含污量并使用 LMDI 方法进行了分解，发现中国因向美国出口而增加的隐含污染量远大于中国自美国进口而减少的隐含污染量，技术进步无法抵消贸易规模对贸易含污量的增加作用，且贸易结构的作用还没有完全发挥出来。

第四节　隐含能与隐含碳研究中存在的问题

上述文献从不同的角度对中国的贸易隐含能与贸易隐含碳问题进行了分析，虽然方法各异但基本结论如下：即中国在贸易隐含能上基本处于净出口的地位，在贸易隐含碳的排放上处于净出口的地位。这些基本一致的结论说明，中国以自身的社会和环境发展为代价，替主要贸易伙伴国和世界其他国家承担了巨大的环境压力；这些研究成果的得出对中国调整国内产业结构、对外贸易构成与流向、参与国际环境与气候问题的合作与谈判都具有积极的作用。但是，综观这些涉及中国隐含能与隐含碳问题的研究可以看出，当前的研究成果还存在一系列的不足与可供改进之处。

一　缺乏对隐含能与隐含碳之间关系的深入研究

就目前的研究现状来看，贸易隐含能研究与贸易隐含碳的研究是互相分离的,两者的研究结论也没有对彼此产生影响。但是,仔细分析可以看出,要测算出任何一个产品完整生产过程中的碳排放,首先需要的就是对各个环节能源消耗所带来的碳排放量的准确测算,虽然隐含碳的研究还包括具体生产过程碳排放的测算,但由于后者的比例较小所以实际影响隐含碳最终结果的主要还是产品各个市场环节所消耗的隐含能水平。因此,能否在隐含能和隐含碳的研究之间找到一个有效连接的纽带,使两方面的研究能够有效地结合起来就需要做进一步的研究。

二 研究方法不够规范,处理过程相对比较随意

通过上文的综述就可以看出,不仅具体测算隐含能与隐含碳总量时有 LCA 方法与 IO 方法的区别,而且在分解影响因素时也有包含 IDA 或 SDA 框架的众多方法可供选择;再加之不同数据的来源和具体处理手段的多种多样,使具体研究贸易隐含问题的方法选择就变得更为复杂。因此能否通过对各种方法的梳理,给贸易隐含问题的研究总结出一种相对通用的研究方法就成为一个需要考虑的重要问题。同时如何在现有数据的基础上挖掘与寻找新的数据来源与替代方法,突破传统测算指标对隐含问题研究的限制也是今后相关研究应该努力的方向。

三 缺乏对不同研究成果的比较

在众多研究隐含能与隐含碳的文献当中,存在使用中国来源数据得出的结论与使用国际来源数据得出的结论之间的差异。这种差异有多大?是如何形成的?应该怎样去分析这种差异?由于这些问题还没有得到明确的答案,因此也有必要对这些不同的结论进行分析和对比,以便使各种研究成果能够在分析与解决中国环境与贸易的隐含问题时更好地发挥作用。

第四章　中国对外贸易中的隐含能问题

本章首先提出中国存在的贸易隐含能问题，然后对不同的研究方法进行介绍和梳理，从中总结出一种较为科学的方法，从而为后文的测算打好基础。

第一节　中国的能源贸易与隐含能问题的提出

一　中国经济增长与能源生产和消费趋势

改革开放以来，中国经济的发展从数量到质量都实现了飞跃，取得了举世瞩目的成就，与之相伴的是能源生产和消费水平也呈现出快速增长的趋势；两者之间呈现出经济增长与能源之间良性互动的关系。从图4-1中我们可以看出，自1980年起，一方面中国能源生产的增速基本与经济增长的速度保持一致的趋势，这从一个侧面验证了传统经济理论中关于经济增长与能源生产之间互相促进的理论；另一方面还可以发现，即能源消费的增长速度除个别区间外基本上都慢于GDP的增长速度，这说明虽然能源的消费水平有较快增长，但中国经济增长的水平完全可以弥补能源消费对产出的抵消。与此同时，在能源生产和能源消费之间还存在着紧密的联系，虽然从时间变动上看两者之间存在许多不同方向的差额，但两者之间的变动趋势还是基本保持一致的。

二　中国的能源生产和能源消费之间存在缺口

各种能源不仅是经济活动必需的要素投入，还是人类日常生活中不可或缺的生活条件。从基本的经济规律出发可知，能源的需求和供给的均衡也是实现市场均衡的重要约束条件之一。但现实情况如图

4-1 所示，能源作为一种特殊要素的供需均衡只是一种长期趋势，而更为常见的是能源的生产和消费处于不断变化、持续调整的过程之中，两者之间的不均衡状态才是市场经济中的常态。如图 4-2 所示，从中国的能源消费与能源生产的历史数据来看，1978 年以前中国坚持能源自给自足的原则，能源消费水平不仅小于能源产量，而且还有部分用于出口换取当时紧缺的外汇。改革开放以后，伴随着中国对外交往的深入和经济发展的加速，对能源的消费需求不断增长，虽然能源的生产能力也在随之扩大，但是已经越来越难以满足经济发展对能源不断扩大的需求。反映在图 4-2 中就是截至 1991 年，中国的内部能源产量已经开始不能满足国内生产和生活对能源的需求；也就是从 1992 年起，中国的能源供需方向开始从能源的净输出转为净输入，并且这种能源的输入水平随着 21 世纪中国经济总量和外贸规模居于世界前列而持续扩大。这种变化在图 4-2 中就是从 1992 年起至今，1992—2002 年是能源供需差额低速发展期，而从 2003 年至今，中国能源消费与国内能源供给间的缺口呈现快速扩大的趋势。2013 年中国能源供需的缺口是 2003 年缺口的 4 倍多。因此有必要对中国的能源消费问题做进一步的深入分析。

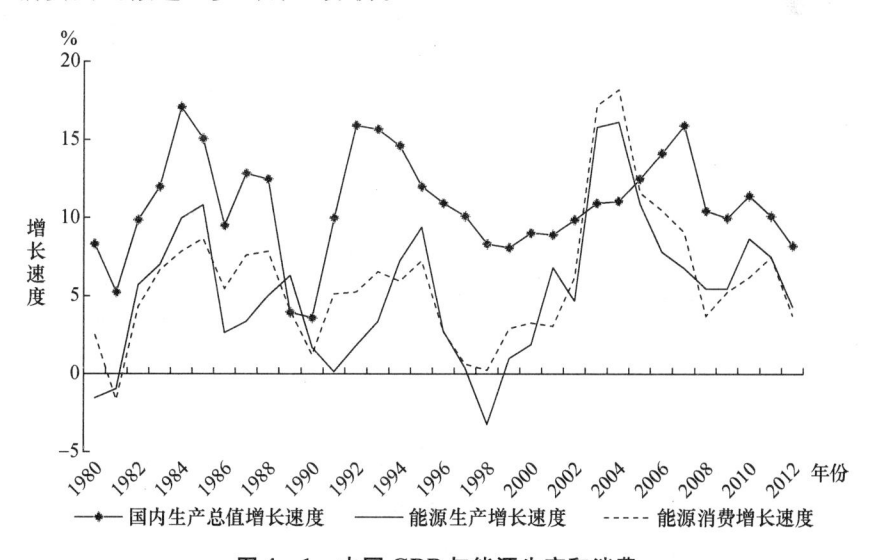

图 4-1　中国 GDP 与能源生产和消费

资料来源：根据《中国能源统计年鉴》(2013) 相关数据整理所得。

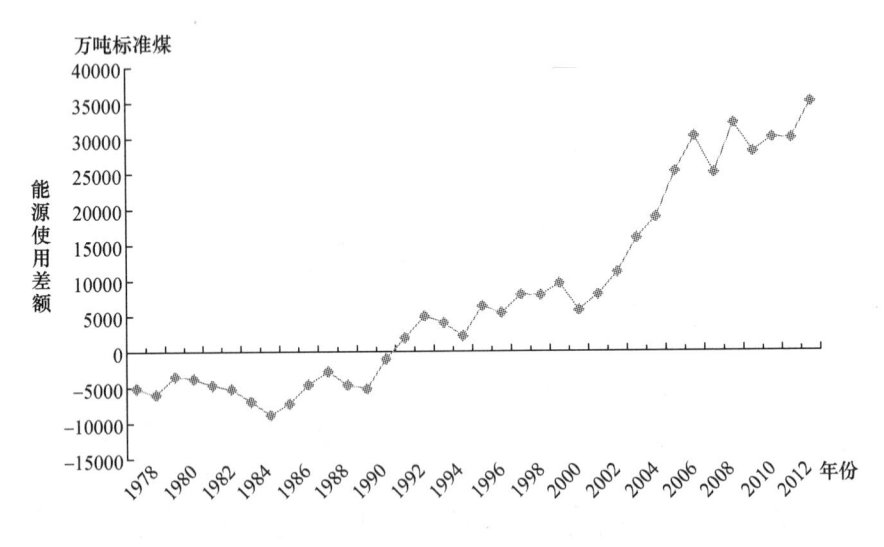

图 4-2　中国的能源消费与能源生产差额

注：能源使用差额＝能源消费量－能源生产量。

资料来源：根据《新中国六十年统计资料汇编》《中国统计年鉴》（2014）及相关年鉴整理所得。

三　中国的能源贸易以进口为主

通过前面的分析我们已经可以看出中国的内部能源生产已经不能兼顾经济发展和人民生活的需要，因此能源进口就成为势在必行的举措。近年来，中国能源贸易净额的结果如图4-3所示。在图4-3中，考虑到中国在电力出口上的优势和对能源贸易净额的影响之后可以发现，首先，中国能源贸易的净额由顺差转变为逆差的节点是1996年，而非单纯考虑能源的生产与消费时出现逆差的是1992年，这说明保持和发展电力行业对改善中国的能源贸易净额的状况具有积极作用。其次，中国的能源贸易净额的逆差从2003年起开始出现快速增加，这与前文中对中国国内能源生产与消费缺口分析的节点近似；说明从2003年起，中国经济发展对能源的消费需求已经不能由国内能源供给来解决，现实存在的巨额能源需求缺口已经开始完全依靠来自外部的能源进口来满足。也正是由此引发了后续一系列有关中国能源进口以及中国的能源消费对世界经济发展和环境可持续影响问题的争论。

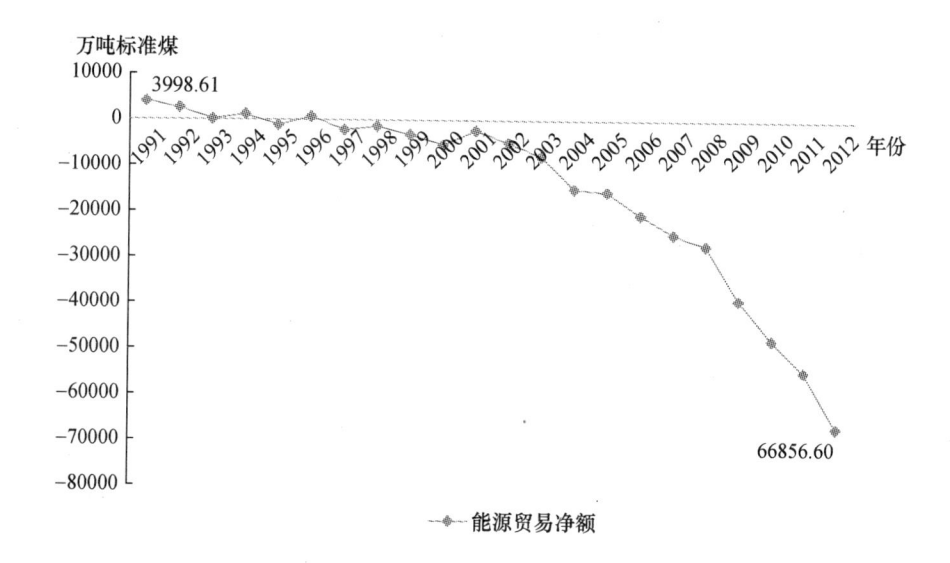

图 4-3 中国能源贸易净额

注：1. 能源贸易净额 = 能源出口额 - 能源进口额。

2. 表中进出口能源包括煤、焦炭、原油、汽油、煤油、柴油、燃料油、液化石油气、其他石油制品、天然气以及电力，并且根据各种能源与标准煤之间的折算系数进行折算后得出以万吨标准煤为单位的各年的能源进出口水平。具体折算系数见附录中附表 4-1。

3. 由于此处包括电力进出口对能源的消耗，所以本图的能源进出口水平与其他类似图表数据存在差异。

资料来源：根据《中国能源统计年鉴》（1991—1996）《中国能源统计年鉴》（1997—1999）和《中国能源统计年鉴》（2013）相关数据整理所得。

四 中国的能源贸易与隐含能问题的提出

（一）中国的能源消费水平对世界影响有限

"富煤、贫油、少气"是对中国自有能源要素特点的概括，因此在中国的能源消费结构中，一方面煤炭将会长期发挥能源主体的作用，另一方面对石油的进口也将是能源进口的主要组成部分。由于石油对于工业经济具有举足轻重的作用，所以，在这里，就以中国的石油消费为例来简单分析中国能源消费水平的高低。

中国作为世界经济中增长速度最快的发展中国家，每天都要消耗大量的能源，其中就包括石油。为了便于比较，我们选取 EIA 公布的 2014 年国际能源展望中的数据制成图 4-4。通过对图 4-4 的分析我们可以看出：从中美两国日均石油消费量的发展趋势来看，美国保持一个相对稳定的趋势，并长期维持在日均 1671 万—2073 万桶的区间；而中国的日均石油消费量则保持一种快速持续增长的趋势。2010 年中国的日均石油消费量为 933 万桶，约为美国日均石油消费量 1890 万桶的一半。以中国经济发展对石油消费的需求增长来看，按照 EIA 的估计，大致在 2034 年中国将与美国的石油日均消费量持平，即达到 1848 万桶的规模。通过图 4-4 的分析我们就可以得出这样一个初步的结论：考虑到两国经济发展水平的差距（2010 年中国的 GDP 约为 59515 亿美元，而当年美国的 GDP 为 144196 亿美元），中国的石油消费水平只有美国的一半，这与中国的经济总量与美国经济总量的现实发展差距相一致。也就是说，如果以美国作为标准，中国至少还要经过 20 年对石油消耗的高速增长才能达到美国的水平。换言之，与美国相比，中国当前的石油消耗水平就国家层面来说并不算多。

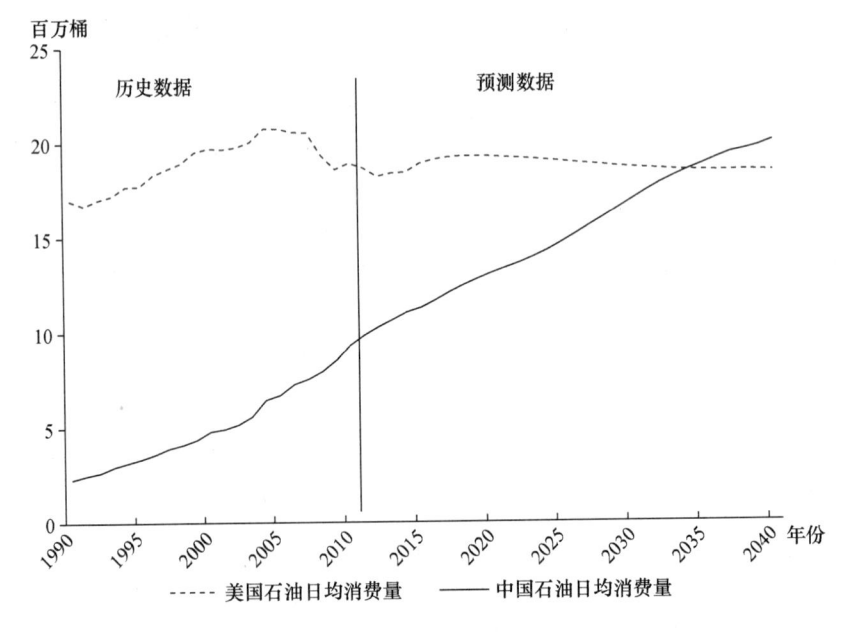

图 4-4　1990—2040 年中美石油日均历史消费量与预测量

注：横轴时间点 2010 年左侧的数据为真实的能源消费历史数据，右侧的数据为 EIA 估计的能源消费数量。

资料来源：International Energy Outlook 2014，DOE/EIA -0484（2014）.

总结上面的分析我们可以做以下简单的推论：在中国的石油消费量仅为美国一半的前提下，考虑到一方面中国的石油消费中约60%依赖进口，另一方面中国的石油进口量约占中国能源总进口量的50%这两个数据［中国自1995年起国内石油生产就不能满足国内对石油消费的需求，国产石油在石油总消费量中的比重持续下降。根据《中国能源统计年鉴》（2013）相关数据整理测算得知：截至2013年年底国产石油在总石油消费量中的比重仅为43%，其余的全部依赖进口。以折算为百万吨标准煤为基础，中国进口的石油量约占当年中国进口能源总量的53%］，因此，从对世界能源消耗的角度来说，中国的能源消费对世界能源消费的影响比美国的影响要小得多。

（二）中国对外贸易消耗的能源

一国国民收入等式可以表达为：

$Y = C + I + G + X - M$ 或 $Y = A + NX$

其中，$A = C + I + G$，$NX = X - M$。

对某个国家而言，在特定时间，GDP水平实际上是由国内吸收 A 和贸易净额 NX 两部分构成，因此，该国在生产过程中为了形成一定数量的产出而必须投入的各种要素也必须分配给国内吸收和对外贸易两个部门。对于中国来说，图4-5表明了1978—2013年中国历年外贸依存度水平。从图4-5中我们可以看出，改革开放以来，对外贸易在中国经济发展中所占的比重不断提高，从1978年最低的9.74%到2006年的65.17%最高水平；虽然2006年以后外贸在国民经济中的比重有所下降，但仍然保持在40%以上的水平。高外贸依存度在给中国带来巨额外汇盈余、先进的技术和管理经验的同时，也消耗了大量的自然资源和各种能源。从这个角度来说，中国每年从国际市场进口的大量能源中，肯定有一部分是用于外贸部门的生产，而这些产品最终是被国际市场上的外国消费者所消费。因此，当外国政客和媒体指责中国每年消耗大量世界能源的时候，也应该认真地考虑到这种情况。

（三）隐含能问题的提出

通过前面的分析我们可以得出一个初步的结论：中国自1978年以

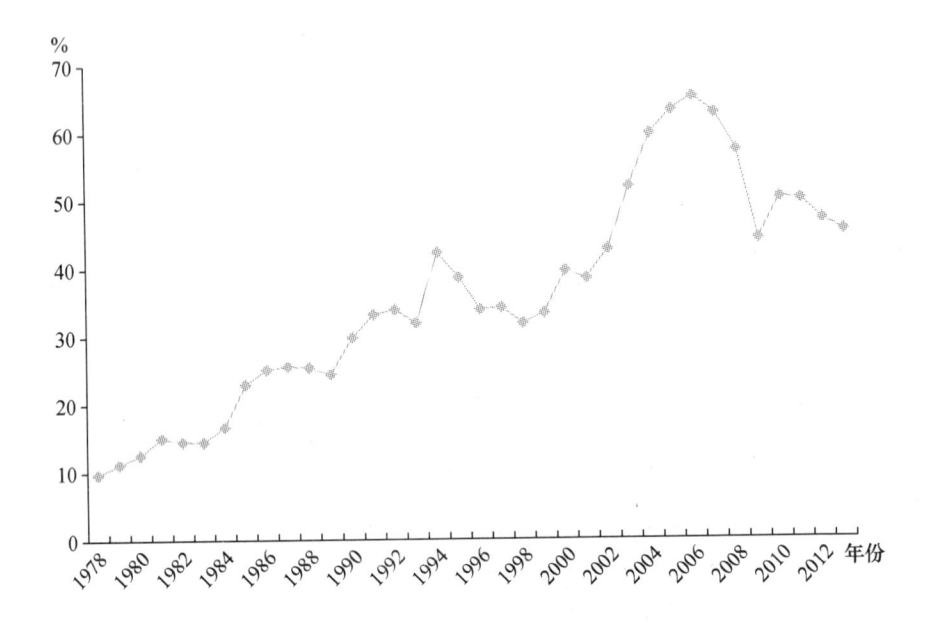

图 4-5　中国外贸的外贸依存度

注：外贸依存度 =（当年进出口总额÷当年 GDP）×100%。

资料来源：根据《新中国 55 年统计资料汇编》《中国统计年鉴》（2014）相关数据整理所得。

来的快速经济发展虽然消耗了大量的能源，但这些能源中有相当大的比例是用于对外贸易；所生产的产品也不是完全被本国的企业和消费者所消费，而是有一大部分用于满足国外企业和消费者的需求。因此，要科学地认识和分析中国的能源消耗问题就必须从准确认识和测算中国对外贸易中真正消耗的能源水平入手。只有做到了这一点，才能够以此为基础，对中国经济发展中所消耗的能源水平有一个全面和科学的认识；而这也为后续展开有关中国的能源安全、能源结构调整等一系列相关问题的分析提供坚实的理论和数据基础。有鉴于此，对于中国对外贸易真实能源消耗的测算需要首先明确的准则是：

第一，隐含能具有科学、准确地测算单个产品真实能耗的优势。传统的能耗测算方法通过将产品的产量与单位能耗相乘得到产品的能源消耗水平。这种方法的好处是计算简单，结果易于理解和分析；但这种方法存在一个致命的缺陷：该方法只考虑了某一产品在最后一个生产环节所消耗的能源水平，而对其从最初的原材料投入直至成品形成所经历的全部过程的能源消耗以及相关中间投入产品的能源消耗没有包括在内，导致测算的结果与真实能耗水平相比明显偏小。而隐含能的概念和相关测算方法的提出则从根本上解决了这个问题。隐含能的测算借助投入产出技术，全面地测算了特定产品从最初的原材料投入、中间生产过程的其他投入以及最终产品形成过程中所有的能源消耗，真正做到了对产品生产全过程的真实能源消耗的测算。所以，通过将隐含能的概念和方法引入对中国对外贸易中真实能源消耗水平的测算问题，才能够达到真实、准确认识中国对外贸易的能源消耗的目的，而这正是本书选择使用隐含能概念和测算方法的根本原因。

第二，基于消费的原则是测算贸易隐含能的出发点。中国作为"世界工厂"，每年在生产大量产品的同时也必然伴随着巨大的能源消耗，但是在测算产品的能耗过程中有一个重要的问题需要在测算贸易隐含能之前就要明确：即中国生产的全部产品是否只是被自己国家消耗？这个问题的答案当然是否定的，中国仅消费了其中的少部分产品，大部分的产品直接出口、用于满足外国消费者的需求。因此在测算产品隐含能时要基于消费的角度，也就是根据对外贸易的规模来测算隐含能的大小，而不能使用基于生产的角度来进行测算。只有这样，才能够真正准确地区分内部能耗与外部能耗的规模，从而为准确认识中国对世界的能源消耗和环境影响问题创造条件。当然，这种基于消费的原则也是后文中计算隐含碳时所同样遵循的出发点。

第二节　贸易隐含能的基本计算方法

一　隐含能计算方法的选择

对于隐含能的计算方法，前文已经介绍过学术界当前主要使用两种方法：第一种是基于投入产出分析（IOA）进行的隐含能测算，第二种是基于产品生命周期（LCA）进行的隐含能测算。IOA是从宏观角度出发，借助投入产出表并采取自上而下的方法，通过对国民经济各部门间的投入产出关系的分析来研究隐藏在生产和贸易背后的所有生产过程，从而全面测算生产与贸易过程中的全部隐含能源消耗和由此对环境产生的相关影响和其他问题，其中就包括后文中要分析的隐含碳问题。由于该方法的测算基础是 IO 表，所以不仅要求得到一国一定时期的投入产出表及其各部门间的投入和产出关系，而且还要求有与之相配套的以价值量表示的相关数据。LCA 与 IOA 相比则正好相反，它是从微观企业或产品出发，借助产品生产的相关数据采取自下而上的方法，通过对特定产品生产和使用过程中的完整产业链条的分析和测算，最终得出其在生产、使用和处置过程中所消耗的所有能源，即"产品从摇篮到坟墓的整个生命周期内所含的能耗量"[①]，最终将各部分能耗加总就可以得到该产品的完整生命周期能耗。

通过简介我们可以看出，两种方法各有其优缺点。对于 LCA 来说，其优点在于：首先，测算的目的和范围非常明确，可以集中于某个或某类特殊产品；其次，采取清单分析的方式，能够明确产品系统的输入和输出清单，便于检查；最后，可以对清单的结果进行描述和根据所提供的信息对影响进行识别、量化、检验和评价，从而得出结论并给出相应的政策建议。但 LCA 也存在明显的缺陷：首先，由于使用这种方法时需要对特定产品的具体生产过程进行全面的分解和测算，因此需要非常精确和庞大的微观数据作为支撑，而这恰好是许多学者无法从企业中获得的；其次，具体产品的生产过程非常复杂，单个产品的核算已经对学者来说存在巨大难度，如果要计算整个国家所有产品的生产能耗，几乎是不可能完成的任务。

对于 IOA 来说，相对于 LCA 也存在不足之处，首先，由于投入产出分析使用产品在生产过程中的价值量来测算能耗，这就要求必须将不同产品在生产过程中的实物型能耗换算为价值型能耗，而这种换算就会不可避免地存在误差；其次，投入产出分析虽然在分析同一部门时使用相同的 IO 表，但不可否认的是，在同一部门内部的各种具

[①] 韩文科、刘强、姜克隽：《中国进出口贸易产品的载能量及碳排放量分析》，中国计划出版社 2009 年版，第 25 页。

体产品之间实际上也存在能源消耗水平和结构的差异,因此将其简化为相同的投入产出系数也就意味着会有误差出现;最后,IO 分析与 LCA 相比最大的缺陷在于它是对宏观数据的处理,虽然也能够对具体部门和行业进行测算,但却无法提供某种特定产品的具体数据,就更无法对具体产品的能耗问题进行研究和测算。虽然 IOA 存在这些缺陷,但在对于国家层面的能耗问题测算时却表现出比 LCA 更好的适用性。鉴于 IO 表在测算时能够全面、深刻地揭示一国整体经济内部各部门之间的直接和间接的生产关系,所以,本书在测算以部门为单位的一国所有产品生产过程的隐含能源消耗时使用投入产出分析法。

二 隐含能计算的基础——投入产出表

(一)投入产出分析的历史渊源[①]

投入产出分析的产生主要来源有理论与实践两个方面:

第一,投入产出分析的理论基础。1758 年法国经济学家魁奈(F. Quesney)提出的"经济表",以图表的形式表述了生产者和消费者之间在商品和劳务上的关系,他用数字和公式解释了一个农业国的产出和生产耗费在社会各阶层之间是如何进行分配的。马克思对魁奈的"经济表"给予高度的评价,并在此基础上提出了简单再生产和复杂再生产的公式。这种借助图表和公式揭示国民经济各部门间联系的理论对后续投入产出技术的提出创造了重要条件。在此基础之上,瓦尔拉斯(L. Walras)提出了一般均衡的数学模型,并首先构建了把投入和产出结合在一起的方程。正是在这些学者的不断推进之下,为投入产出理论的提出打下了坚实的理论基础。

第二,投入产出分析的实践来源。20 世纪 20 年代,一批苏联学者为了更好地利用计划经济来指导国民经济的运行而第一次编制了国民经济平衡表及其相关表格。这些表格的编制不仅在形式上第一次出现了以棋盘式平衡表来研究国民经济,而且指出了国民经济各部门之间存在连锁联系。虽然苏联学者编制的这些表格还存在许多不足,但却从实践的角度验证了投入产出的可行性和积极作用。

---

① 陈锡康、杨翠红:《投入产出技术》,科学出版社 2011 年版,第 4 页。

(二) 投入产出分析的产生与发展

1936年美籍俄裔经济学家瓦西里·列昂惕夫（W. Leontief）发表了《美国经济系统中的投入与产出数量关系》一文，标志着投入产出技术的创立。1953年，列昂惕夫与钱纳里和艾萨德（Chenery and Isard）等著名经济学家联合发表了《美国经济结构研究：投入产出分析的理论和经验探讨》一书，在书中提出了动态投入产出模型并将其引入区域经济研究之中，使投入产出理论的研究范围得到了极大的拓展。随着钱纳里—摩西（Chenery - Moses）多区域投入产出模型的提出，标志着投入产出理论的进一步发展和在国际经济与贸易关系中的新实践。列昂惕夫则凭借其在投入产出领域的杰出贡献而获得了1973年诺贝尔经济学奖。

投入产出分析的基本原理主要基于两方面：一是使用基于复式记账原则的投入产出表；二是利用矩阵的数学方法建立投入产出模型。所以不论是投入产出表还是投入产出模型都是根据部门间的经济联系来进行宏观经济的平衡研究。作为衡量和测算一国国民经济各部门、各产业之间内在联系的具体方法，目前世界上已经有一百多个国家和地区编制过投入产出表并运用投入产出的思想管理宏观经济，而且还成立了国际投入产出协会。投入产出分析技术引入我国是始于20世纪50年代末，虽然起步较晚但发展却十分迅速。1973年我国编制了中国第一个由61个部门构成的实物型全国投入产出表，1987年编制了第一个由117个部门构成的、基于投入产出调查的价值型投入产出表。并从1987年开始，由国家统计局具体承担的投入产出表的编制也趋于规范化并形成规律；明确逢2、7年度编制投入产出基本表，逢0、5年度编制投入产出延长表。截至目前，已经编制了1987年、1992年、1997年、2002年、2007年基本表和1990年、1995年、2000年、2005年、2010年延长表（2012年中国投入产出表尚未公布）。特别需要说明的是，中国2007年投入产出表将国民经济生产活动划分为135个部门，具体包括：农林牧渔业5个部门，采矿业5个部门，制造业81个部门，电力、燃气及水的生产和供应业3个部门，建筑业1个部门，交通运输、仓储和邮政业9个部门，信息传输、计算机服务和软件业3个部门，批发和零售业1个部门，住宿和餐饮业2个部门，金融业2个部门，房地产业1个部门，其他服务业22个部门。2007年中国投入产出表是1987年以来部门分类最细的一张投入产出表。

近年来，随着投入产出技术在理论上的不断完善以及与数量分析方法的结合，特别是新的统计技术和电脑软件的引入，投入产出分析的适用范围得到了进一步的拓展，已经涵盖宏观经济的许多方面。具体包括：为国家编制中长期发展规划提供依据，研究具体宏观经济政策对社会生活各方面的影响，分析国家间与区域间的贸易关系，以及研究环境、资源、人口的变化对宏观经济的不同影响等方面。特别是在国际贸易对能源消耗和环境污染之间关系研究的领域，投入产出技术已经成为主流的研究方法。

(三) 投入产出表的基本内容

"一个表扼要地概括一个经济系统中所有部门各种投入的来源和所有各类产出的去向，这个表就叫作投入产出表"[1]，这是里昂惕夫对投入产出表的描述。更为易于理解的表述是："投入产出表，也称部门联系平衡表或产业关联表，它以矩阵形式描述国民经济各部门在一定期间（通常为一年）生产活动的投入来源和产出使用去向，揭示国民经济各部门之间互相依存、互相制约的数量关系，是国民经济核算体系的重要组成部分。"[2] 投入产出表的分类众多，下面就简要介绍几种常见的类型。根据投入产出表分析的时期不同，可以分为静态投入产出表和动态投入产出表，前者研究某一个时期（通常为一个年度）某个系统的投入产出关系；后者研究若干时期（通常为若干年度）某系统的投入产出关系。根据投入产出表对是否具有外生变量的假设，投入产出表可以分为开投入产出表、闭投入产出表和局部闭投入产出表，其中的"开"是指将最终产品作为外生变量；"闭"是指没有外生变量，所有变量都是内生变量；"局部闭"是指将最终需求中的居民生活消费内生化，而把其他最终需求仍然作为外生变量进行处理。

---

[1] 何其祥：《投入产出分析》，科学出版社1999年版，第12页。
[2] 国家统计局国民经济核算司：《中国2007年投入产出表编制方法》，中国统计出版社2009年版，第1页。

根据投入产出表使用的计量单位的不同，可以分为价值型、实物型、劳动型、能量型和混合型投入产出表五种，在价值型投入产出表中所有数值都按价值量单位计量；实物型投入产出表的计量单位为实物单位；劳动型投入产出表以劳动作为计量单位；能源型投入产出表的计量单位则是能量单位；而混合型投入产出表则部分部门使用价值单位，其他部门则采取劳动单位和能量单位。根据投入产出表的研究范围不同，可以分为世界投入产出表、全国投入产出表、地区投入产出表、部门投入产出表、企业投入产出表和地区间（国家间）投入产出表。根据投入产出表研究时间的差异可以分为报告期投入产出表和规划期（预测期）投入产出表[①]。根据投入产出表对进口中间品的处理方式不同，可以分为非竞争型投入产出表和竞争型投入产出表，前者指将中间投入部分分为进口品中间投入和国内产品中间投入，表现出进口中间投入品对本国的生产具有不可替代性；而后者则表示对中间投入不加区分，进口中间产品与国内中间产品一同参与生产竞争。

为了更好地介绍本书使用的投入产出表的类型，在这里以一个竞争型静态国家价值型投入产出表为例对其结构进行说明。投入产出表由4个部分组成，分别称为第Ⅰ象限、第Ⅱ象限、第Ⅲ象限、第Ⅳ象限，具体见表4-1。

在表4-1中，第Ⅰ象限是由名称相同、数量一致的n个产品部门纵横交叉构成的中间产品矩阵，其主栏（纵向）为中间投入，宾栏为中间使用。矩阵中的每一个数字都有双重含义：从行的方向来看，表示某部门生产的产品或服务为满足各个部门的生产而提供的价值量，被称为中间使用；从列的方向来看，表示某部门在生产过程中对其他部门产品或服务消耗的价值量，也被称为中间投入。由于第Ⅰ象限充分揭示了国民经济各部门之间互相依赖、互相制约的技术和经济关系，所以是投入产出表中最为关键和核心的象限，也被称为中间消耗关系矩阵或中间流量矩阵。其中的x_{ij}表示第j个部门对第i个部门产品的直接消耗量。

[①] 陈锡康、杨翠红：《投入产出技术》，科学出版社2011年版，第12页。

表4-1　　　　　　　　　　　投入产出表基本结构

投入＼产出		中间产品使用						最终产品					进口	其他	总产出
		1	2	…	j	…	n	合计	消费	资本形成	出口	其他	合计			
中间产品投入	1	x_{11}	x_{12}	…	x_{1j}	…	x_{1n}						Y_1	M_1	X_1
	2	x_{21}	x_{22}	…	x_{2j}	…	x_{2n}						Y_2	M_2	X_2
	⋮	⋮	⋮	Ⅰ	⋮		⋮				Ⅱ		⋮	⋮	⋮
	i		x_{i2}	…	x_{ij}	…	x_{in}						Y_i	M_i	X_i
	⋮												⋮		
	n	x_{n1}	x_{n2}	…	x_{nj}		x_{nn}						Y_n	M_n	X_n
	合计														
增加值	劳动报酬	V_1	V_2	…	V_j	…	V_n								
	社会收入	W_1	W_2	Ⅲ	W_j		W_n				Ⅳ				
	合计	Z_1	Z_2	…	Z_j	…	Z_n								
总投入		X_1	X_2	…	X_j		X_n								

第Ⅱ象限是第Ⅰ象限在水平方向上的延伸，其主栏（纵向）为中间投入，宾栏由最终消费、资本形成总额、出口、其他最终使用项目、进口以及其他构成。从行的方向来看，表示某产出部门生产的产品或服务用于各种最终使用时的价值量；从列的方向来看，表示各种最终需求的部门规模及构成。第Ⅱ象限也被称为最终需求矩阵。

第Ⅰ象限和第Ⅱ象限连接组成的横表从整体上描述了国民经济各部门生产的产品或服务的使用去向，也就是反映了各产品部门的中间使用和最终消费的价值量。

第Ⅲ象限是第Ⅰ象限在垂直方向的延伸，由生产过程中的最终投入和中间需求两部分交叉组成；其主栏由劳动者报酬和社会收入（包括生产税净额、固定资产折旧、营业盈余）等各种增加值项目构成，其宾栏的部分分类与第Ⅰ象限相同，表示中间使用。从行的方向来看，表示增加值的各构成部分的数量及其部门构成；从列的方向来看，表示各部门增加值的数量和构成。由于第Ⅲ象限重点解释了各产品部门的增加值及其构成状况，也被称为最终投入矩阵或增加值矩阵。其中的 Z_j 表示第 j 部门的增加值价值量。

第Ⅰ象限和第Ⅲ象限连接而成的竖表从整体上描述了国民经济各部门在生产过程中的各种投入来源及产品价值构成，也就是反映了各产品部门的总投入及其所包含的中间投入和增加值的价值量。

第Ⅳ象限是由第Ⅱ象限在垂直方向和第Ⅲ象限在水平方向的延长部分交叉构成的，表示各部门在第Ⅲ象限提供的最初投入作用下转变为第Ⅱ象限最终需求的过程，并借此来反映国民经济各部门之间的收入再分配过程，因此第Ⅳ象限也被称为再分配象限。但在对投入产出表的实际研究过程中，由于再分配过程非常复杂，且涉及一些非经济因素，因此在编制和研究有关投入产出表的问题时一般不考虑这个象限。

（四）投入产出表中的内在平衡关系

投入产出表的三个主要部分互相联系，从总量和结构上全面、系统地揭示了国民经济各部门从最初原始投入到最终产品产出的完整生产过程。我们用 i 表示横行部门，用 j 表示纵列部门，Σ 表示加总，则投入产出表有以下几个基本平衡关系：

第一，行平衡关系。

中间使用 + 最终使用 − 进口 + 其他 = 总产出

其数学公式为：

$$\sum_{j=1}^{n} x_{ij} + Y_i - M_i = X_i, i = 1,2,\cdots,n \tag{4.1}$$

为了便于解释投入产出表的内在关系与方便推导，将式（4.1）中的贸易因素删除后可以简化为：

中间使用 + 最终使用 = 总产出

其数学公式为：

$$\sum_{j=1}^{n} x_{ij} + Y_i = X_i, i = 1,2,\cdots,n \tag{4.2}$$

行平衡关系描述各产品部门的供求配合关系。

第二，列平衡关系。

中间投入 + 增加值 = 总投入

其数学公式为：

$$\sum_{j=1}^{n} x_{ij} + Z_j = X_j, j = 1, 2, \cdots, n \tag{4.3}$$

列平衡关系描述各产品部门收支平衡关系。

第三，行列平衡关系。因为一国国民经济必然存在总投入等于总产出的基本前提，结合式（4.2）和式（4.3）可知：

$$\sum_{i=1}^{n} X_i = \sum_{i=1}^{n}\sum_{j=1}^{n} x_{ij} + \sum_{i=1}^{n} Y_i = \sum_{j=1}^{n}\sum_{i=1}^{n} x_{ij} + \sum_{j=1}^{n} Z_j = \sum_{j=1}^{n} X_j, i,j = 1, 2, \cdots, n \tag{4.4}$$

由此可以推导出行列平衡关系：

增加值之和 = 最终产品之和

其数学公式为：

$$\sum_{i=1}^{n} Y_i = \sum_{j=1}^{n} Z_j, i, j = 1, 2, \cdots, n \tag{4.5}$$

式（4.5）说明，各产品部门创造的增加值总额一定等于各产品部门生产的最终产品的总量。

三 基于投入产出表的贸易隐含能计算方法

由于按列展开主要用于解决价值量的变化与增加值的构成问题，而不是本书分析所需要测算的产品在生产过程中在不同部门间的分配与使用，特别是对能源的直接和间接消耗水平，所以，本书下面的所有关于 IO 表的行列式展开均以按照行平衡关系为准。借助于投入产出表作为投入产出模型的数学基础，下面就可以通过投入产出模型来测算隐含能。这里有几个关键性的问题需要注意。

（一）直接消耗系数

在表 4-1 中，X_{ij} 表示 j 产品部门生产 X_j 单位时所投入的 i 部门的产品量，也就是第 i 部门对生产第 j 部门产品的具体贡献。但这只是反映了一个具体生产的技术结构，我们不能直接从表 4-1 中找到当 j 部门的产量变化时所需要的其他各部门产品的投入量。根据在一定的时间内技术水平保持不变的假设，可以认为 X_{ij} 与 X_j 之间存在线性齐次关系，我们定义 j 部门生产单位产品对所有相关部门产品的直接消耗系数 a_{ij} 为：

$$a_{ij} = \frac{x_{ij}}{X_j} \ (i, j = 1, 2, \cdots, n) \tag{4.6}$$

所有的 a_{ij} 组成的矩阵 A 则为直接消耗系数矩阵：

$$A = \begin{bmatrix} a_{11} & a_{12} & \cdots & a_{1j} & \cdots & a_{1n} \\ a_{21} & a_{22} & \cdots & \vdots & \cdots & a_{2n} \\ \vdots & \vdots & & & & \vdots \\ a_{i1} & a_{i2} & \cdots & a_{ij} & \cdots & a_{in} \\ \vdots & \vdots & & & & \vdots \\ a_{n1} & a_{n2} & \cdots & a_{nj} & \cdots & a_{nn} \end{bmatrix} \tag{4.7}$$

a_{ij} 作为直接消耗系数，揭示了在一定技术条件下第 j 部门与第 i 部门之间的经济技术联系，因此又常被称为技术系数或投入系数。直接消耗系数 a_{ij} 的值越大则表示第 j 部门与第 i 部门之间的生产联系越加紧密，也就是说，第 i 部门对第 j 部门的生产越发重要；若 a_{ij} 的值越小则表示第 i 部门与第 j 部门之间在生产过程中越发缺乏联系，若 a_{ij} 为 0 则说明第 i 部门与第 j 部门之间在生产过程中没有任何联系，第 i 部门对第 j 部门的生产没有任何贡献。根据对 a_{ij} 的分析我们可以看出，影响直接消耗系数数值大小的因素有技术水平、部门内部的产品结构、价格的相对变动程度等。

（二）完全需求系数与完全消耗系数

真实生产实践的过程告诉我们，任何产品在生产过程中不仅与相关部门之间发生直接联系，而且要与生产其所使用的中间产品的部门之间发生间接联系。以生产汽车过程中的能源消耗为例，组装汽车要消耗电力能源；由于中国电力能源消耗中占据主导地位的是煤炭，那么这部分电力的使用就是对煤炭的直接消耗；而组装汽车时使用的轮胎在生产过程中也要消耗电力，这部分电力也要消耗煤炭，这就构成了汽车生产对煤炭的一次间接消耗；同理，生产轮胎的过程中对橡胶进行加工，也要消耗能源，这就构成了汽车生产对煤炭的二次间接消耗……依次类推，任何一件进入最终消费环节的产品，要计算其在生产过程中所消耗的能源总量时不仅要计算各种直接消耗，还要考虑其在整个生产过程中所间接消耗的各种能源。具体推导过程如下。

将式（4.6）代入式（4.2），用 a_{ij} 代替 X_{ij} 可以得到：

$$\sum_{j=1}^{n} a_{ij} \cdot X_j + Y_i = X_i, i = 1, 2, \cdots, n \tag{4.8}$$

将式（4.8）用矩阵形式表达出来就是：

$$\begin{bmatrix} a_{11} & a_{12} & \cdots & a_{1j} & \cdots & a_{1n} \\ a_{21} & a_{22} & \cdots & \vdots & \cdots & a_{2n} \\ \vdots & \vdots & & \vdots & & \vdots \\ a_{i1} & a_{i2} & \cdots & a_{ij} & \cdots & a_{in} \\ \vdots & \vdots & & \vdots & & \vdots \\ a_{n1} & a_{n2} & \cdots & a_{nj} & \cdots & a_{nn} \end{bmatrix} \cdot \begin{bmatrix} X_1 \\ X_2 \\ \vdots \\ X_i \\ \vdots \\ X_n \end{bmatrix} + \begin{bmatrix} Y_1 \\ Y_2 \\ \vdots \\ Y_i \\ \vdots \\ Y_n \end{bmatrix} = \begin{bmatrix} X_1 \\ X_2 \\ \vdots \\ X_i \\ \vdots \\ X_n \end{bmatrix} \tag{4.9}$$

因为 A 是 a_{ij} 组成的矩阵，将其带入式（4.9）可得：

$$A \cdot X + Y = X \tag{4.10}$$

由式（4.10）可以经过变形后推出：

$$X = (I - A)^{-1} \cdot Y \tag{4.11}$$

其中，$(I-A)^{-1}$ 的矩阵形式用 C 表示，即为：

$$(I - A)^{-1} = C = \begin{bmatrix} c_{11} & c_{12} & \cdots & c_{1n} \\ c_{21} & c_{22} & \cdots & c_{2n} \\ \vdots & \vdots & \ddots & \vdots \\ c_{n1} & c_{n2} & \cdots & c_{nn} \end{bmatrix} \tag{4.12}$$

C 是投入产出表的 $n \times n$ 完全需求系数矩阵，$(I-A)^{-1}$ 就是"里昂惕夫逆矩阵"，也被称为完全需求系数，其矩阵元素 c_{ij} 表示为获得 j 部门的单位最终产品而需要的 i 部门的产品数量。则此时式（4.11）表示为提供数量为 Y 的社会最终产品，全社会需要提供的生产量。

在完全需求系数的基础上，减去一个单位矩阵 I 就可以得到完全消耗系数矩阵 B，即：

$$B = (I - A)^{-1} - I \tag{4.13}$$

将式（4.13）用矩阵形式表达出来就是：

$$B = \begin{bmatrix} b_{11} & b_{12} & \cdots & b_{1n} \\ b_{21} & b_{22} & \cdots & b_{2n} \\ \vdots & \vdots & \ddots & \vdots \\ b_{n1} & b_{n2} & \cdots & b_{nn} \end{bmatrix} \tag{4.14}$$

b_{ij} 为完全消耗矩阵中的完全消耗系数，表示为获得 j 部门的单位产品而需要消耗的 i 部门的产品量。借助完全需求矩阵 C 和完全消耗矩阵 B 的关系可知，则完全需求矩阵中的完全需求系数 c_{ij} 为：

$$c_{ij} = \begin{cases} b_{ij}, & i \neq j \\ 1 + b_{ij}, & i = j \end{cases} \tag{4.15}$$

在这里我们有必要区别完全需求系数与完全消耗系数的区别。完全消耗系数反映生产单位最终产品对总产品的直接和间接产品的消耗量，而完全需求系数则揭示生产单位最终产品对总产品的直接和间接需要量，两者的区别在于后者包括单位最终产品，即两者之间相差一个单位矩阵。这里深层次的解释是当利用投入产出表计算部门生产所需要消耗的各种资源时，不仅投入的各种中间产品部门的消耗需要统计，而且还要测算生产单位最终产品本身所需要消耗的资源。所以比较这两个系数，完全需求系数由于除了对中间消耗资源的消耗还包括了单位最终产品的资源消耗，所以要比仅仅表示生产单位产品时需要投入的中间产品所耗费资源的完全消耗系数更为全面和准确。所以本书对隐含能和隐含碳的测算都使用的是完全需求系数，而非完全消耗系数。

（三）贸易隐含能基本计算公式

第一，出口隐含能计算公式。根据隐含能的定义，隐含能是指生产单位某产品所完全消耗的能源的总量，包括其各种直接与间接能源消耗。因此可以推出：完全需求系数是计算隐含能的关键因素之一；计算隐含能的另外一个关键因素是代表 IO 表中 $n \times 1$ 的出口矩阵 EX。根据投入产出表的含义，为了生产 EX 的最终出口产品，整个国民经济需要提供的总产出为 $X = (I - A)^{-1} EX$；单位产值的能源消耗水平用各部门的直接能耗系数 e 表示，则可以得到一国特定时期出口产品的隐含能 EEX 为：

$$EEX = eX = e(I-A)^{-1}EX \qquad (4.16)$$

$$e = (e_1, e_2, \cdots, e_n), \ e_i = \frac{EC_i}{X_i}(i=1, 2, \cdots, n) \qquad (4.17)$$

在式（4.16）和式（4.17）中，EEX 表示出口隐含能，单位是万吨标准煤；e 是一个 $1 \times n$ 矩阵，其矩阵元素 e_i 表示 i 部门的直接能耗系数，也就是单位产值的直接能耗，其单位是万吨标准煤/万元；EX 表示一国出口水平的 $n \times 1$ 矩阵，单位是万元；EC_i 表示 i 部门的能源消耗量，单位万吨标准煤；X_i 表示 i 部门的总产值，单位万元。

还可以用矩阵形式来表示出口隐含能：

$$EEX = \sum_{j=1}^{n} EEX_j = \sum_{j=1}^{n} \left(\sum_{i=1}^{n} e_i c_{ij} \right) EX_j \qquad (4.18)$$

$$令 \ e'_j = \sum_{i=1}^{n} e_i c_{ij} \qquad (4.19)$$

式（4.19）表示 j 部门的完全能耗系数，其单位是万吨标准煤/万元，将式（4.15）代入式（4.19）可得：

$$e'_j = \sum_{i=1}^{n} e_i c_{ij} = e_j + \sum_{i=1}^{n} e_i b_{ij} \qquad (4.20)$$

式（4.20）表示 j 部门的完全能耗系数等于 j 部门的直接能耗系数与 j 部门的间接能耗系数之和。则此时一国出口隐含能也可以表示为：

$$EEX = \sum_{j=1}^{n} EEX_j = \sum_{j=1}^{n} e'_j EX_j \qquad (4.21)$$

式（4.16）、式（4.18）和式（4.21）是本书使用的出口隐含能计算基本公式。

第二，进口隐含能计算公式。按照相同的原理，我们可以得出隐含能进口的基本公式如下：

$$EEM = eM = e(I-A)^{-1}IM \qquad (4.22)$$

$$或 \ EEM = e'X' = e'[(I-A)^{-1}]'EX' \qquad (4.23)$$

式（4.22）和式（4.23）都是本书使用的进口隐含能基本公式。式（4.22）表示当进口 IM 的产品时，如果按照中国的技术水平计算所得到的进口隐含能；在双边贸易中，由于本国的进口等于贸易伙伴国出口，所以，式（4.23）表示外国向本国出口 EX'（$EX'=IM$）时，按照外国的技术水平生产时所包含的隐含能。EEM 表示进口隐含能，单位是万吨标准煤；e' 是外国单位产值的直接能耗，其单位是万吨标准煤/万元；$X' = [(I - A)^{-1}]'EX'$ 表示国外为了生产 EX' 的出口产品所必须提供的所有直接和间接的总产出。

这里只是对进口隐含能的基本计算公式进行描述，对具体公式有关细节的讨论将在下一个标题中进行。

第三，贸易隐含能净值。贸易隐含能净值计算公式为：

$$NEE = EEX - EEM \tag{4.24}$$

式（4.24）是测算隐含能净值的基本思路，由于涉及对进口隐含能公式的具体处理方法将在下文中介绍，在这里只是简单介绍其基本原理。即隐含能净值等于其隐含能出口水平与进口水平的差额。若隐含能净值大于零，说明一国处于能源净输出；若净值小于零，则说明该国处于能源净进口。

第三节　隐含能计算中需要注意的问题

根据上节中式（4.18）、式（4.22）和式（4.24）可知，在测算中国对外贸易的隐含能问题时需要提供三方面的数据，即投入产出表数据、能源消耗数据和进出口数据。下面先讨论有关投入产出表的数据问题。

一　进口隐含能计算中能耗系数的确定

在计算进口隐含能时，最大的困难在于对进口国生产产品时所使用的直接能耗系数 e_i 和完全需求系数 c_{ij} 的确定。造成这种情况最主要的原因在于数据收集的困难。一方面许多国家的国际数据不全，主要是有关具体部门的能源消耗数据不完整；另一方面 IO 表不连续，有部分国家未连续公布 IO 表。对于这种情况，已有相关学者的研究中主要采取以下几种方法予以简化，具体包括：

第一，用中国的直接能耗系数和完全需求系数代替贸易伙伴国的相关指标。这种方法的理论基础是投入产出分析中的技术同质性假设，即假设中国从国外进口商品的能耗水平、生产方式与技术水平同中国完全一致。作为目前测算隐含能时最简单的方法，其合理性与不足之处同样明显，具体表现在：其合理性在于由于使用的是中国的直接能耗系数和完全需求系数，当与中国的进口商品水平相乘之后的结果实际上表达了这样一个含义：即以中国当前的技术水平生产与进口数量相同的产品时所需要耗费的隐含能水平，或者说是由于从国外进口而节省的隐含能。但其不足之处也同样明显，一方面中国的技术水平与发达国家相比存在一定差距，另一方面中国在能源利用效率上的水平与发达国家相比则差距更加明显，在这种背景下使用基于技术同质性假设的中国数据替代，会出现对进口隐含能水平的高估。有鉴于此，这种方法主要在国内早期研究隐含能问题时多见，如沈利生（2007）、王娜等（2007）、李坤望等（2008）、许冬兰（2012）、谢建国等（2014）、陈雯等（2014）、刘祥霞等（2015）则通过引入技术修订系数 λt 的方法对使用中国 IO 表和技术系数计算进口隐含能的方法进行了修正。上述学者在文章中都使用中国的直接能耗系数和完全需求系数代替贸易伙伴国的相关数据，用以表示由于中国的进口而对本国能源的节省。现在这种方法也在部分文章或硕士论文中出现，主要是将其作为更好地理解中国的隐含能贸易水平的辅助指标。综合考虑这种方法我们可以看出：这种方法虽然存在缺陷，但是可以将其作为理解中国隐含能水平框架的上限。

第二，选择具有代表性的贸易伙伴国的直接能耗系数和完全需求系数作为中国进口隐含能测算的替代指标。这种方法实际上是技术同质性假设的一种变形，只不过是假设所有进口商品来源国的能耗水平、生产方式与技术水平完全一致。所以对相关系数的选择就转换为对替代国家的选择标准问题。就目前学者们已有文献来看，主要有两种具体方法：一是直接以中国主要贸易伙伴国为进口国家相关系数的代表，按照这种方法确定的国家是日本。选择日本的依据主要是由于其不仅是中国最大的贸易伙伴国，而且其技术水平特别是能源利用效率在国际上都是处于领先水平，能够代表中国主要贸易伙伴都是发达国家的这种现状。以日本为依据测算中国进口隐含能水平的代表性文献主要有齐晔等（2008）、顾阿伦等（2010），这些学者在文章中直接使用日本的直接能耗系数和完全需求系数作为中国贸易伙伴国的代表，以此来计算中国进口中包含的隐含能水平。二是在对中国主要贸易伙伴国进行一定加权平均后选择某个最接近平均值的国家或地区作为代表，按照这种方法确定的地区是中国台湾地区，陈红敏（2011）通过对中国前十位和前二十位主要贸易伙伴国能耗系数的加权平均后，确定以中国台湾地区的直接能耗系数和完全需求系数为基础测算中国进口商品中的隐含能水平。

对于第二种方法而言，其合理性与不足之处也同样明显，具体表现在：其合理性在于通过将众多贸易伙伴国参差不齐的能源消耗和技术水平简化为一个主要国家或地区所生产的用于出口（中国进口）产品时的直接消耗系数和完全能耗系数，不仅使得对进口隐含能的计算显得简便、快捷，而且反映了中国进口商品中隐含能源的最小值。这对于理解中国隐含能水平框架的下限具有积极作用。但其不足之处也同样明显，一方面这种方法的使用忽略了中国进口来源国的特点。这些被选取的目标都是经济发达的国家和地区，用发达经济体的指标来代替其他与中国开展国际贸易的发展中国家的技术和能耗水平显然会使最终测算的结果出现偏差。另一方面这种方法的使用也忽略了中国进口商品结构的特点。我国从发达国家和地区进口商品主要集中于机械设备制造业、运输设备制造业、化学工业和服务业，而发展中国家对中国的出口则主要集中在农业、煤炭、石油和天然气开采业、采矿业等初级产品以及部分化学工业、钢铁、有色金属等。"2000—2010年，与发展中国家相比，除了非资源类初级产品之外，我国其他各类商品进口对发达国家的依赖度都比较大，中等、高等技术工业制成品对发达国家的依赖特别明显，日本、美国、德国、韩国四个发达国家几乎一直垄断着中国的进口贸易"。[①] 因此，使用进口来源于发达国家的高技术和低能耗产品的相关指标来替代计算进口来源于发展中国家

---

① 魏浩：《中国进口商品的国别结构及相互依赖程度研究》，《财贸经济》2014年第4期。

的高能耗和初级产品的隐含能水平，其分析结果肯定会使进口商品的结构性特点无法得到准确的反映。综合考虑这种方法我们可以看出，使用发达经济体的技术水平和能耗指标来测算中国进口中的隐含能水平会使结果出现低估的情况，进而导致中国贸易隐含能净值的高估；而这对于中国参与国际能源合作与谈判来说是极其不利的。因此使用在选择这种方法时一定要对其结果进行谨慎的分析和运用，最好是将其作为中国隐含能水平框架的下限来理解。

第三，使用多区域投入产出模型的相关系数来解决隐含能的计算。上述两种方法虽然在具体计算进口隐含能时选取的国家不同，但本质上都使用的是单一特定国家的投入产出表。换句话说，他们都是在单区域投入产出表（SRIO）基础上进行的隐含能测算。对于单区域投入产出表而言，其优点是数据收集、整理工作简单，容易得出初步的计算结果并可以借助其进行一定的分析；但 SRIO 的缺点也同样明显：由于不同国家、地区间的能耗系数和技术水平明显存在差异，如果只使用一国的投入产出表就把所有相关贸易伙伴国之间的隐含能流动进行计算的话，显然会使最终的结果出现偏差。正是基于解决合理选择进口商品隐含能计算标准的目的，越来越多的学者开始将注意力转向多区域投入产出模型（MRIO）。MRIO 最大的优点或改进在于两个方面：一是放弃了 SRIO 最重要理论基础——技术同质性假设，即认为由于各国的技术水平存在天然的差异，其 IO 表系数与能耗系数等相关隐含问题研究所需要的系数都不是相同的。二是将 SRIO 中全部进口品简单地从属于总消费的划分，修正为更符合实际的将进口品划分为最终消费和中间消费两部门，从而为从整体进口中更加科学地抽取出加工贸易对隐含问题研究的影响创造了有利的条件。

与此同时，MRIO 的缺点也同样暴露出来，主要表现在两个方面：一是由于 MRIO 的编制要求非常精确的数据和复杂的编制操作，使得目前能够得到和使用的区域间投入产出表较少，也就是说，MRIO 的实际运用范围受到了严重制约；二是 MRIO 与 SRIO 一样，同样需要对数据进行定期的更新和整理，这就使 MRIO 的编制更加困难。虽然多区域投入产出模型存在一些缺陷，但并不妨碍学者们以其作为研究隐含能问题的新手段和新方法。崔连标等（2014）将 GATP 数据引入多区域投入产出模型后对中国的隐含能进行了测算，发现中国在 2007 年实际是能源净出口国，并对基于不同核算原则下中国的能源排放水平进行了比较。刘瑞翔等（2015）则借助 WIOT 对中国贸易隐含能进行了测算并进行了 SDA 分解。综合考虑后可以看出，伴随着世界范围内 MRIO 表编制数量的增加和统计手段与技术的改进，从长远来看，数据更加丰富、商品分类更加合理、覆盖国家和地区更广、物质流和价值流测算更加准确的多区域投入产出模型将成为隐含问题研究中逐渐占据主流地位的方法和具体手段。

二 出口隐含能计算中中间产品对其影响与处理

（一）加工贸易在中国外贸中的影响

上节中式（4.21）至式（4.24）虽然给出了关于贸易隐含能计算的基本方法，但是，其中隐藏着的一个重大隐患却没有得到根本解决，即在按照这些公式进行隐含能计算时存在一个假定条件，即所有最终产品在生产过程中使用的中间投入产品都是由本国生产并提供的。而这个假设条件从对中国经济发展基本状况的简单判断中就可以得出是不可能的结论。也就是说，中国在国内生产中使用了大量的来自国外的中间产品。而使用进口中间投入产品最多的贸易部类是加工贸易，图 4-6 就是加工贸易在中国外贸中重要性的证明。

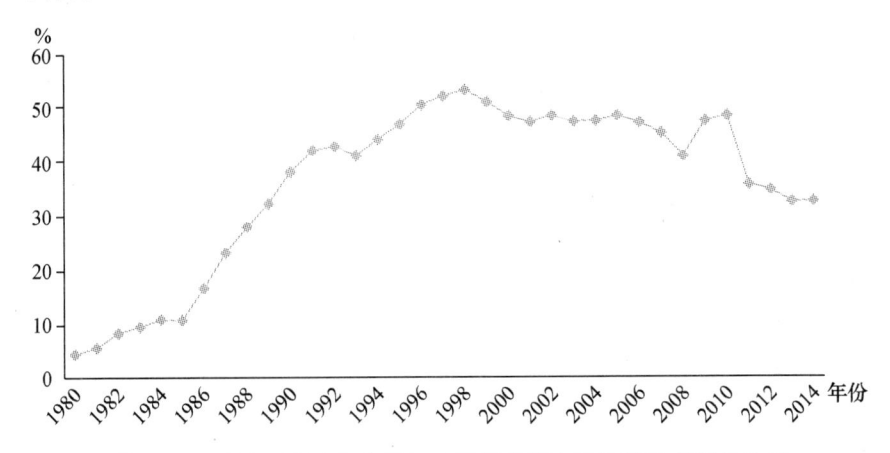

图 4-6　1980—2014 年中国加工贸易总额占对外贸易总额的比重

资料来源：根据商务部、海关总署公布的相关数据整理所得。

从图 4-6 中可以看出，自 20 世纪 90 年代起，加工贸易就已经成为中国对外贸易中的重要组成部分。虽然国内部分学者如平新乔（2005）对加工贸易在中国外贸中测算真实水平的方法和结果有不同看法，但本书选取由官方公布的数据作为分析的基础。近年来，随着中国外贸结构的调整和升级其比例有所下降，但依旧保持在中国外贸进出口总额中大约占 1/3。因此有必要对由加工贸易的生产及其贸易引发的相关中间产品的能耗问题进行深入的分析。

（二）处理进口中间产品的基本框架

表 4-2 是对进口中间产品与国产中间产品在加工贸易和一般贸易中使用及处理情况的简单小结。

表 4-2　　　　进口中间产品与国产中间产品处理基本构架

	贸易类型	进口中间品	国产中间品	处理方法
情况 1	加工贸易	使用	不使用	直接计算生产能耗
情况 2	加工贸易	使用	使用	1. 对中国 IO 表的处理
情况 3	一般贸易	使用	使用	2. 自行编制中国 IO 表 3. 使用外国编制的中国非竞争 IO 表
情况 4	一般贸易	不使用	使用	使用中国 IO 表

从表 4-2 中可以看出，对进口与国产中间产品在不同贸易过程中的具体处理方法是区分两者的关键。也就是说，在测算贸易隐含能的过程中，要准确区分中间投入产品的来源，并考虑其在加工贸易和一般贸易中发挥的不同作用，将使用进口中间产品并最终用于出口的产品所包含的隐含能从中国实际测算的隐含能总量中予以删除。而在实际操作过程中解决这个问题的关键在于是否采用非竞争型投入产出表。根据前文中对于 IO 表分类的介绍可知，区别竞争型与非竞争型投入产出表的唯一标准就在于对中间产品的处理。由于我国目前官方公布的各版 IO 表均为竞争型投入产出表，所以，如何处理竞争型 IO 中的中间产品就成为一个重要的问题。下面就对目前国内学术界具体

解决这个问题时的几种主要方法根据表4-2中由简单到复杂的顺序予以简单介绍。

情况4：一般贸易出口中仅使用中国自己生产的中间产品。这种情况意味着出口品在生产过程中完全不使用任何来自国外的中间产品，全部的中间投入都来自中国，这在实际出口业务中的数量和比例非常小。对于这种情况的处理，最规范的方法是直接使用中国的投入产出表计算其涵盖完整生产过程的隐含能耗。具体方法在前文中已经介绍过，即直接使用式（4.21）。

$$EEX = \sum_{j=1}^{n} EEX_j = \sum_{j=1}^{n} e'_j EX_j$$

其中，e'_j表示根据中国的投入产出表得出的完全能耗系数。

情况1：加工贸易出口中仅使用进口的中间产品。这种情况意味着出口品在生产过程中完全不使用任何来自中国的中间产品，全部的中间投入都来自国外。此时生产这些商品时直接消耗的能源就是此类商品的全部能耗，并且是按照中国的技术水平、能耗强度来组织生产和消耗各种能源。具体计算方法如下：

$$EEX = \sum_{i=1}^{n} EEX_i = \sum_{i=1}^{n} e'_i EX_i \quad (4.25)$$

其中，e_i表示中国在生产类似出口产品时的直接能耗系数，具体计算过程中使用的数据可以直接从相关统计年鉴和中国投入产出表中直接获得。

情况2和情况3虽然从属于加工贸易和一般贸易，但两者的共同点是在生产过程中都同时使用了来自国内和国外的中间投入产品。为了保证中国出口隐含能计算的准确，有必要在具体操作过程中去除进口中间产品对最终产品隐含能的影响，从而避免计算结果出现偏差。就处理的基本原则来说，实际上就是对竞争型IO表与非竞争型IO表相关数据的运用。由于中国官方公布的历年投入产出表都是竞争型IO表，因此，在实际操作过程中为了解决IO表数据不匹配的问题主要采取处理中国已有IO表数据、重新自行编制中国非竞争型IO表和直接使用由国外公布的中国非竞争型IO表三种方法，其具体内容介绍如下。

（三）处理进口中间品对出口隐含能测算影响的具体方法

第一，以"按固定比例进行分配"假设对 IO 表进行处理。"按固定比例进行分配"假设又被称为"等比例进行分配""按比例进口""等比例拆分"或"简单比例"假设或原则①，是指在同一部门内部所使用的国产中间产品与进口中间产品具有同质性的前提下，不仅假设中间投入品中来源于进口中间产品的比例在各部门保持一致，而且假设进口中间品在各部门内部所占比例与进口品在最终产品中所占比例相同。假设 x_{ij}^m 表示 i 部门投入 j 部门中的进口中间产品的产值，y_i^m 表示 i 部门最终产品中来自进口的产值，即：

$$x_{ij}^m = x_{ij} \frac{X^{im}}{X + X^{im} - X^{ex}} \tag{4.26}$$

$$y_i^m = y_i \frac{X^{im}}{X + X^{im} - X^{ex}} \tag{4.27}$$

式（4.26）和式（4.27）中，x_{ij} 是部门 i 投入到部门 j 中的所有投入总值，X^{im} 是部门进口总额，X^{ex} 是部门出口总额，X 是部门总产出，y_i 是 i 部门的最终使用总值。通过比较式（4.26）和式（4.27）我们可以看出，等式右侧的第二项是相同的，即作为固定的比例在计算进口中间品在中间投入的比例和进口品在最终产品中的比例时的取值是相同的，这就是"固定比例"这一说法的直观体现。这种方法源自 OECD 在处理部分国家 IO 表中有关中间投入品数据缺失时所采用的技术手段，其优点是简单易行，对所需数据的要求较少；但缺点也同样明显，一方面关于进口中间投入品与国产中间投入品具有同质性的假设明显与事实不符，另一方面进口中间投入品在整体中间投入品中的比例也难以保证一定与进口品在最终产品中的比例保持一致。虽然"按固定比例进行分配"存在一定的误差，但该方法的优点仍然是

---

① Yamano N. and N. Ahmad, *The OECD Input-output Database: 2006 Edition*, OECD Science, Technology and Industry Working Papers, 2006. 具体变量解释参见 System National Account, *European Communities, International Monetary Fund, Organisation for Economic Co-operation and Development*, United Nations and World Bank, 2009。

其成为国内学术界在对中国竞争型投入产出表进行处理，从而得出中国非竞争型投入产出表时所采用的首选方法。就已掌握的文献来看，国内沈利生等（2004）第一次在文献中提出按比例分配的方法将中间投入和最终使用中的国内产品和进口中间产品进行拆分，即进口中间投入在总中间使用中的比例与进口产品在最终产品中的比例一致；随后陈迎等（2008）、兰宜生等（2010）、朱启荣（2011）、张芳（2011）、王丽丽等（2012）、刘祥霞等（2015）都在各自对隐含能的测算过程使用过这种方法，不同学者只在变量符号和公式表达上略有差异。

第二，自行改进和编制中国非竞争型 IO 表。传统的投入产出表都是在调查法的基础上，通过大量统计数据的收集、整理和加工才最终完成的；由于存在部门分类烦琐、统计口径复杂、数据处理工作量大等问题，使得多数国家只能每隔几年才能编制一次 IO 表。我国近年来对于 IO 表的公布逐渐形成规范，逢 2、逢 7 年份公布投入产出基本表，逢 0、逢 5 年份公布投入产出延长表。这就会导致两个问题：一是这种表格的数据相对滞后，使借助其对经济总量发展和结构调整进行的研究往往会出现结果较大的偏差；二是这种表格公布的不连续，也使试图借助其进行以年为单位的时间序列分析存在困难，结果不论是直接使用还是进行调整都会带来误差。为减少编制投入产出表的困难和缓解其在时间序列上的不足，学术界对如何借助使用非调查更新法来实现对投入产出表的快速、简洁的编制进行了大量的研究。更新投入产出表的方法还有许多，如直接消耗系数法、插值法和黑田方法等。[1] "纵览 70 多年来的相关文献，研究者所提出的非调查或半调查更新方法不下数十种，但其中最重要、应用最为广泛的当属双比例平衡技术中的 RAS 方法和优化方法中的熵方法"。[2] 张友国（2009）使用 RAS 法编制了 2003—2006 年的投入产出延长表，并借此分析了

---

[1] 王思强等：《基于 Excel 表的 RAS 方法在投入产出表调整中的应用》，《生产力研究》2009 年第 9 期。

[2] 陈锡康、杨翠红：《投入产出技术》，科学出版社 2011 年版，第 107 页。

中国在此期间贸易对能源和 SO_2 排放的影响。夏炎等（2010）利用 RAS 法对中国的能源强度变化进行了分解和研究。陈宇峰等（2011）则通过 RAS 法分析了浙江省产业结构调整对缓解能源冲击的影响。王磊（2014）、李新运等（2014）、杨顺顺（2015）等都在各自文献中借助 RAS 法对中国的投入产出表进行了不同程度的调整。叶震（2012）则在 RAS 方法的基础上更进一步，提出了 IDFC 的投入产出表更新方法。虽然 RAS 法具有数学结果快速收敛且具有唯一性、使用 Excel 的简单操作就能得到结果、可以根据研究需要调整约束条件、修正后的消耗系数矩阵比基期消耗系数矩阵更接近报告期实际情况矩阵、RAS 在整体上优于其他方法等方面的优点，但其表现为替代系数和制造系数在部门间具有一致性的假设不符合实际情况、存在 20%—30% 的误差水平两个方面缺陷同样突出。对此许健等（2008）专门对 RAS 法的有效性进行了验证，并指出，只有在掌握更多目标年直接消耗系数信息的前提下采用 RAS 方法，才能达到有效更新投入产出表的目的。

有关投入产出表自行编制的文献中还有一种特殊情况需要说明，例如，齐舒畅等（2008）就在使用商品流量法和专家咨询法的基础上，借助 2002 年海关 8 位 HS 编码编制了中国的非竞争型投入产出表。但这种方法对数据的要求非常严格，一般学者无法得到相关数据并有能力进行处理。因此，该方法不在本书的讨论范围之内。

第三，采用国际组织编制的中国非竞争型 IO 表。由于中国官方提供的投入产出表是非竞争型单区域投入产出表，既无法对有关中国与其他国家和地区的双边与多边贸易的隐含问题进行准确研究，又无法科学地判断在进出口贸易中进口中间品在生产投入过程中的作用和对最终消费的影响，因此许多学者将研究的目光转移到由不同国际组织编制并提供的中国 IO 表上。原本编制 IO 表就会遇到种种困难，再加之当试图编制多区域或国家间 IO 表时还存在对不同国家间数据的调整和重新估算问题，因此，当前国际上已经由其他国家和国际组织编制和提供的、涉及中国的 IO 表的数据库主要包括两大类：

第一类：区域性投入产出数据库。这类数据库主要包括以下两个：一是日本贸易振兴机构亚洲经济研究所（Institute of Developing Economies – Japan External Trade Organization, IDE – JETRO）汇编的投入产出数据库。该数据库中提供1990年、1995年、2000年、2005年东盟、金砖国家、中日韩、中国台湾等的投入产出表涵盖75个部门；该数据库中的亚洲国际投入产出表（AIIOT）中包括马来西亚、印度尼西亚、菲律宾、新加坡、泰国、中国、中国台湾、韩国、日本、美国等国家与地区从中国香港、欧盟以及世界其他地区的进口矩阵。二是欧盟投入产出数据库（Eurostat, ESA Supply – Use – Input – Tables）。该数据库包含欧盟30个国家、60个部门的投入产出表，常被用来测算中国与欧盟的双边贸易隐含能与隐含碳问题。这些数据库虽然各有优势，但最大的缺陷在于无法借助其对全球贸易背景下的隐含能与隐含碳问题进行正确的研究。

第二类：世界性投入产出数据库。正是在此基础上构建和利用全球性的投入产出数据库逐渐成为学术界努力的方向。目前国际上影响力较大，较为常用的世界投入产出数据库主要包括以下三个：

（1）GTAP（Global Trade Analysis Project）数据库。GTAP数据库是美国普渡大学教授汤姆斯·W.赫特（Thomas W. Hertel）在20世纪90年代中期，依据澳洲Impact计划以及SALTER计划为理论基础建立的全球贸易分析项目（GTAP）的数据库。GTAP以个别国家或地区的生产、消费、政府支出为子模型，通过将各子模型连接成多国、多部门一般均衡模型的方式描绘各国贸易关系，用于探讨不同贸易政策对各国各部门生产、进出口、商品价格、要素供需、要素报酬、国内生产总值及社会福利水平变化等方面的影响。经过近20年的发展，最新版的GTAP8.0已经成为基于多国投入产出表的全球能源、经济、贸易数据库，其中包含全球114个国家和20个地区、57个部门、两个基准年度（2002年和2007年）的全球投入产出数据。GTAP数据库的优点在于：第一，覆盖的国家、地区和部门更广；第二，区分了各国中间投入与最终消费中本国与外国产品的来源；第三，提供基于各国双边贸易的分行业贸易数据、能源消耗和二氧化碳排放数据；第四，对各国IO表、贸易、能耗、碳排放数据进行了一定的调整，使得数据的对接更为便利。虽然有上述优点，但 GTAP 的缺陷也同样明显，具体表现在：第一，GTAP 的数据库的最新版数据为 2007 年，其时效性相对有限；第二，GTAP 的不同版本之间的数据库存在较大的不一致性，难以借助其进行有关时间序列数据的分析；第三，GTAP 虽然区别了各国进口总额在中间投入和最终产品中的使用，但并未对各国进口总额中的不同来源国予以明确和细分，还需要做进一步的数据转换[①]；第四，由于 GTAP 中主要是描述一国状况的单区域投入产出表和反映与贸易伙伴国的双边贸易数据，所以无法直接利用 GTAP 中的数据进行以多国投入产出为目标的研究，还要在联合国 BEC 分类的基础上重新编制多国投入产出表。[②] 虽然 GTAP 存在一定的不足，但其仍然被国内外研究者所使用。Peters 和 Hertwich（2008）使用 GTAP 数据库建立了 2001 年包含 87 个国家、57 个部门的多区域投入产出模型，发现京都议定书附件二国家都是隐含碳的净进口国，并对后京都时代不同贸易政策对全球气候的影响进行了讨论。黄凌云、李星（2010）利用 GTAP 模型对美国征收碳税对我国经济可能会受到的冲击与影响进行实证模拟后发现，美国的碳关税政策将会使我国能源密集型产品出口量急剧下降，国际竞争力和贸易得益受到重大影响。杨立强、马曼（2011）也使用 GTAP 模型测算了西方国家碳关税对我国出口贸易的影响，并指出碳税会对我国出口贸易造成冲击的强度受碳关税税率水平高低的影响。刘俊伶等（2014）基于 GTAP 对中国的贸易隐含碳流向进行分析后指出，贸易顺差、行业结构差异和排放系数差异是影响中国隐含碳净出口的关键原因。崔连标等（2014）以 GTAP 8.0 数据库为基础，使用投入产出分析方法对全球能源消费结构进行分析后指出，中国 2007 年是隐含能的净出口国，且东亚地区能源净进口中的一半以上会以贸易隐含能的形式再次向欧洲和北美洲出口。庞军等（2015）借助 GTAP 8.0 数据库构建了 2004 年、2007

[①] Tsigas Marinos, Zhi Wang, Mark Gehlhar, *How a Global Inter‐Country Input‐Output Table with Processing Trade Account Can be Constructed from GTAP Database*, Paper Presented at the 15th Annual Conference for Global Trade Analysis, July 28, 2012.

[②] Ibid.

年全球的多区域投入产出表,并在此基础上对中美、中欧、中日双边贸易中的隐含碳进行了测算和对比,指出以中国为主要贸易伙伴国承担了大量的碳排放。

(2) WIOD (World Input – Output Database) 世界投入产出数据库。WIOD 是受欧洲委员会的资助,由包括荷兰 Groningen 大学在内的 11 个欧洲研究机构联合编制的世界投入产出数据库。WIOD 提供以下三方面的内容:一是 1995—2011 年世界投入产出数据;二是 1995—2011 年世界 40 个主要国家(包括 27 个欧盟成员国和 13 个非欧盟成员国)的投入产出数据、社会经济账户(Socio Economic Accounts, SEA)数据;三是 1995—2009 年的环境账户(Environmental Accounts)数据。在 WIOD 的世界投入产出表中涵盖 35 个产业和 59 种产品,其中又分为 7 个区域投入产出表(Regional Input – Output Tables, RIOT),七个区域包括欧元区、欧洲非欧元区、NAFTA(北美自由贸易区)、中国、东亚(不含中国)地区、BRIIAT(巴西、俄罗斯、印度、印度尼西亚、澳大利亚、土耳其)地区和其他(Rest of World, ROW),其他是世界上其他剩余国家的集合。WIOD 数据库的优点在于:第一,以各国的国民账户(National Account, NA)作为整合相关国家双边贸易数据的基础,使贸易统计数据与作为 IO 表基础的供给使用表(Supply and Use Tables, SUTs)的统计数据能够实现较好的转换;第二,WIOD 中对进口品在最终消费中的使用进行了确定;第三,在 SEA 中有更为详细的资本与劳动技能的划分;第四,由于 WIOD 采用 RAS 法推算没有提供 SUTs 表的国家(例如中国)的有关投入产出数据,因此可以借助这种方法推算连续的投入产出表并进行连续的时间序列分析。但 WIOD 的缺点也同样明显:第一,在 WIOD 中只描述了 10 个典型发展中国家的数据,对其他发展中国家的关注不够;第二,对加工贸易的分析不够深入[①];第三,由于 WIOD 中各国与 ROW 的出口是遵循剩余量的原则计算的,因此贸易数据中就会

---

① 李昕:《用于贸易增加值核算的全球三大 ICIO 数据库比较》,《经济统计学》(季刊) 2014 年第 1 期。

有负值的情况出现。虽然 WIOD 的优点与缺点并存，但作为数据时效性最好的国际性多区域非竞争投入产出数据库（WIOD 于 2012 年 5 月正式发布，最新更新的 WIOD 数据库为 2013 年 11 月发布，投入产出和社会经济账户数据涵盖 1995—2011 年，环境账户数据为 1995—2009 年。WIOD 数据库中数据的时效性明显超过其他国际数据库的数据），国内外学者展开了一系列的相关研究。国外学者对 WIOD 的使用较为广泛，Baldwin 和 Lopez - Gonzalez（2013）、Timmer 等（2013）利用 WIOD 对世界经济中的全球供应链贸易的趋势进行了研究。Koopman 等（2012）、Johnson（2014）借助 WIOD 对总出口中的国内价值增加量的构成进行了研究。Saito 等（2013）、Voster 等（2013）、Ottaviano 等（2014）等则在 WIOD 数据的基础上对不同贸易政策对经济全球化的影响进行了研究。相对于国外学者，国内学术界对 WIOD 数据库的运用主要集中在两方面：一是对隐含能或隐含碳的计算，例如陈雯、李强（2015）借助 WIOD 数据测算后发现中国在贸易增加值出口略高于美国的情况下，所消耗能源与二氧化碳排放的水平却远远高出美国的水平。潘安（2015）在 1995—2011 年 WIOD 数据的基础上建立 BTIO 模型，经过对中日和中印贸易中隐含碳和其他污染物的排放水平测算后指出，中日贸易隐含污染排放水平大于中印贸易，且中日贸易中高隐含碳排放的行业主要集中于重工业，而中印贸易中的隐含碳排放则主要集中于农业和轻工业。刘瑞翔、王洪亮（2015）借助 WIOD 数据对中国 2000—2011 年贸易隐含能的水平进行测算和 SDA 分解后指出，中国贸易隐含能在未来一定时间内会依旧保持温和增长的趋势，而能源利用效率则是有效抑制贸易隐含能增加的主要手段。二是利用 WIOD 计算贸易增加值或垂直专业化水平的大小，例如李金昌、项莹（2014）利用 WIOD 对中国制造业出口增加值及其国别和地区来源进行了计算。尹伟华（2015）借助 WIOD 的数据，对中国制造业参与全球价值链的前向和后向垂直专业化率指标进行了测算和分析。戴翔（2015）在 WIOD 数据的基础上测算了中国 1995—2011 年贸易附加值的大小。

（3）OECD 的投入产出数据库。OECD 提供两种类型的投入产出数据库：一是 OECD 的 STAN（Structural Analysis）结构分析数据库。在该数据库中分别提供 32 个成员按照 ISIC Rev. 3 标准更新至 2009 年的结构分析投入产出数据和 15 个 OECD 成员按照 ISIC Rev. 4 标准更新至 2011 年的结构分析投入产出数据；二是 OECD 的 ICIO（Inter-Country Input-Output Tables）数据库。在各国官方正式公布的投入产出表基础上，该数据库覆盖 34 个工业行业、7 个最终需求部门，包括 32 个 OECD 成员（不包括冰岛）、26 个非 OECD 成员、地区（包括中国、中国香港、中国台湾）和 ROW 的 1995 年、2000 年、2005 年或最近年度的投入产出数据。OECD 数据库的优点在于：第一，OECD 的全球投入产出数据库是最早公布的全球 IO 数据库，基本涵盖了世界上的主要国家和重点部门，为研究全球性的投入产出问题提供了良好的基础；第二，在 OECD 的 IO 数据库中，对产品按照规模、企业所有权、企业类型等进行了分类，从而为判断全球价值流动创造了条件。OECD 数据库的缺点在于：第一，为满足对计算进口中间品在对外贸易和最终消费中作用的要求，该数据库中虽然提供了进口中间产品的流量矩阵，但在部分成员相关中间品贸易数据实际缺失的情况时也不得不采用"按比例进口假设"来进行估算[1]，这就使得数据库中投入产出表的准确性受到了严重的挑战。第二，对发展中国家关注不足。OECD 和其他全球性 ICIO 一样，只对发达国家和部分主要发展中国家的 IO 数据予以公布和必需的测算，而将其他众多的发展中国家也纳入 ROW 之中；这虽然使得相关计算变得更加容易，但也使有关发展中国家的数据更加缺乏科学性和准确性。国内外学者基于 OECD 提供的全球性 ICIO 数据库测算的文献有：Lenzen 等（2004）在 MRIO 框架下借助 OECD 数据对全球能耗和碳排放水平进行了测算，并探讨了不同碳排放责任制下的不同结果。Wixted 等（2006）详细介绍了 OECD 的 ICIO 数据库在全球价值创造、测算物质流与环境流过程中的实际用途与具体成果。成卓、王旭刚（2010）使用来自 OECD 的非竞

---

[1] Yamano N. and N. Ahmad, *The OECD Input-Output Database: 2006 Edition*, OECD Science, Technology and Industry Working Papers, Auguest 1, 2006.

争 IO 表计算了中国外贸对 GDP 的贡献。傅京燕、裴前丽（2012）不仅使用 OECD 的投入产出数据测算了中国 1997—2008 年贸易的内涵碳，并且使用分解技术对结果进行了解释。谢建国、姜珮珊（2014）利用不同年度 OECD 提供的中国 IO 表测算并分解了中国进出口贸易中的隐含能源。陈雯、李强（2014）在使用 OECD 提供的中国 1995—2005 年 IO 表的基础上，不仅测算了 17 个行业的内含能源和净贸易隐含能与隐含碳水平，而且通过因素分解对我国贸易隐含能与隐含碳问题进行了进一步分析。

三　IO 表数据与贸易数据的匹配对隐含能计算的影响

上文中已经对有关中国进出口贸易中隐含能的测算时所需要的投入产出表数据的相关情况进行了介绍和分析，下面再讨论一下有关中国 IO 表数据、能源消耗数据和进出口数据中的匹配问题。

对于隐含能计算中所需的能源消耗和进出口数据的来源而言，无外乎两个主要渠道：一是使用中国官方公布的相关数据，主要来自历年的《中国统计年鉴》《中国对外经济统计年鉴》（2006 年之前）《中国对外经济统计年鉴》（2006 年起）《中国能源统计年鉴》及其他相关统计年鉴或统计资料。我国投入产出表与能源统计年鉴中对于工业部门的分类有所差异，部分学者在调整产业部门的分类时以 IO 表为基准来调整能源产业的部门分类，部分学者又以能源年鉴的部门分类为基准调整 IO 表中的产业部门分类。由于这两种产业部门分类都是依据《国民经济行业分类》（GB/T 4754—2002）进行的，只是统计口径有所差异，因此对于二者之间具体以哪一种为分类基准的问题本书不再展开。二是使用由 UNCOMTRADE、OECD、WTO 或其他国际组织和中国的贸易伙伴国提供的双边或多边国际数据。就上述两种数据本身而言并没有任何问题，关键是当上述两类不同的数据与研究所选取的 IO 表数据相结合时就会出现一个重要的数据匹配问题，即中国的 IO 表数据往往有自己特定的行业分类标准，但这个标准却与国际贸易统计数据所使用的行业分类标准不匹配。这种不匹配主要表现为以下几个方面。

(一) 不同年度 IO 表之间的选择

就目前常见的国际 IO 表的编制来说，多以 SNA 体系为基础，或在此基础上根据各国国情的差异进行一定的调整，其 IO 表内部的行业分类相对稳定，且与贸易数据的行业分类标准经常保持一致，所以数据的匹配相对较为容易。但是中国官方公布的历年投入产出表的部门分类却在部门分类数量上存在较大差异。以 2007 年中国投入产出表为例，将国民经济生产活动划分为 135 个部门，其部门分类与 1987年、1992 年、1997 年和 2002 年投入产出表部门分类比较分别增加了 17 个、16 个、11 个和 13 个，这就意味着当对中国的投入产出数据进行时间序列的分析时，不同年度之间的 IO 表内部的部门分类存在差异，需要在具体测算之前首先对中国历年 IO 表内部的部门分类予以统一。

(二) 不同贸易数据的选择

当前国际贸易核算中最为常用的数据库是 UN comtrade Database (联合国商品贸易数据库)，也被缩写为 UNCOMTRADE，该数据库提供了全面、完整的分年度、分国别的商品贸易数据。为了确保数据的准确性和统一协调不同国家各自采用的不同商品分类方式，在 UN-COMTRADE 中分别按照 3 种分类体系对贸易商品进行了统计，具体分类方式国际贸易标准分类 (Standard International Trade Classification, SITC)、商品名称及编码协调制度 (Harmonized Commodity Description and Coding System, HS) 和按广泛经济类别分类 (Classification by Broad Economic Categories, BEC)。

SITC 是由联合国统计局编制、联合国经济社会理事会通过后于 1950 年正式公布的用于统一各国对外贸易商品的分类统计方法。该体系至今经历了四次修改，2006 年 3 月由联合国统计委员会第三十七届会议通过的最新版 SITC Rev. 4 将贸易产品先按商品的不同加工程度，再按商品的不同用途分别归类，分为 10 大类 (一位数)、66 章 (二位数)、262 组 (三位数)、1023 个分组 (四位数) 和 2652 个基本编号 (五位数)。

HS 是在海关合作理事会的《海关合作理事会分类目录》(CCCN)

和联合国《国际贸易标准分类》（SITC）的基础上，由世界海关组织于 1988 年编制的关于国际贸易商品分类的标准目录。HS 协调制度目前已经经历了 1992 年、1996 年、2002 年和 2007 年的修订，目前国际上通用的是 2007 年最新版（HS 2007）。在 HS 2007 中将货物按其加工程度，依原材料、未加工产品、半成品和成品的顺序排列，分为 22 大类、98 章、5053 个六位数产品基本编号。我国进出口贸易的统计虽然也参照有关国际标准分类，但却有所调整。1991 年及以前参照使用的是 SITC Rev.2，1992 年及以后的海关统计以 HS 为标准，并从 1994 年起公布按 SITC 大类转换的进出口数据。

BEC 是由联合国统计局制定、联合国统计委员会审议通过、联合国秘书处出版颁布，按照国际贸易商品的主要最终用途或经济类别（资本品、中间产品和消费品）对国际贸易 SITC 数据的基本项目编号进行综合汇总。BEC 分类采用 3 位数编码结构，最新的第三次修订版把国际贸易商品先分为 7 大类（食品和饮料、工业供应品、燃料和润滑油、运输设备除外的资本货物及其零附件、运输设备及其零附件、其他消费品、未列名货品）和 19 个基本类，然后又按最终用途汇总为资本品、中间产品和消费品三个门类。

从总体来说，由于产业划分较为清晰、易于与本国产业结构对应，所以使用 SITC 标准的有关数据时更便于经济分析；而按照 HS 标准的优势在于方便海关统计和数据的国际比较，缺点是不能直接描述一个产业结构的特点；BEC 作为 SITC 的简略版，对于了解一国贸易的基本状况较为便利，但在进行深入分析时就无法提供全面、准确的数据。为了方便实际研究中对于进出口商品数据在不同版本贸易分类标准之间的转换，联合国还给出了 3 种分类方式之间的转换标准。

（三）中国 IO 表与国际贸易数据的匹配

在测算中国对外贸易的隐含问题时，需要同时使用 IO 表数据、能源消耗数据和贸易数据。因此三者之间的匹配问题就显得非常重要。相对而言，中国国内的产业分类标准是统一的，即都是按照《国民经济行业分类》（GB/T 4754—2002）的规定进行的，因此 2007 年中国投入产出表数据与相关能源统计年鉴中公布的能源消费数据的匹配问题就得到了很好的解决；但问题却出在中国投入产出表数据与国际贸易数据的匹配上。当确定使用中国IO表作为测算隐含问题的基础时，相关贸易数据的匹配问题又分为两种情况。

第一，使用国内来源的进出口贸易数据。具体又包含两种情况。一是直接使用中国IO表中的贸易数据。此时由于投入产出表中各部门的进出口数额已经确定，且与各行业直接保持对应关系，可以直接用于计算贸易过程中的隐含值。因此在这种情况下不存在数据匹配的问题。在2007年中国投入产出表的编制过程中对贸易进出口数据进行了调整处理，即考虑了来料加工生产活动总产出按加工费计算而海关进出口统计按商品全价计算的差异。具体表现在：从全部贸易方式进口中扣减来料加工装配进口，作为进口数据；从全部贸易方式出口中扣减来料加工装配出口，并加上来料加工装配的加工费，作为出口数据。① 使用这种数据匹配方式的文献较少，目前只找到魏本勇等（2009）直接使用2002年中国投入产出表中的进出口数据作为测算贸易隐含碳的依据。鲁海帆（2011）利用2002年和2007年中国投入产出表计算中国的隐含能时使用这种数据匹配方法。王媛等（2011）在计算中国的贸易隐含碳时直接使用了2005年中国投入产出表中提供的进出口贸易数据。二是直接使用中国相关贸易年鉴中的贸易数据。由于国内贸易年鉴和IO表以及能源年鉴使用相同的产业部门分类标准，所以可直接在三类数据之间实现快捷、简便的匹配。杨会民等（2011）利用2002年与2007年中国IO表测算进出口贸易隐含碳时就直接使用了《中国对外经济统计年鉴》和《中国商务年鉴》中的贸易数据。黄敏、刘剑锋（2011）的测算包括IO表数据、能源消耗数据和进出口贸易数据都是来源于国内的相关的统计年鉴。邓荣荣、陈鸣（2014）在测算时就使用的是相关年度中国的IO表与《中国统计年鉴》中的贸易数据相结合的方法。毛其淋、盛斌（2014）对使用按照GB/T2002标准进行部门分类的中国投入产出表与使用HS编码

---

① 国家统计局国民经济核算司：《中国2007年投入产出表编制方法》，中国统计出版社2009年版，第78页。

标准的中国海关贸易数据的转换与合并问题进行了详细的介绍。

第二，使用国际来源的贸易数据。由于中国投入产出表中所公布的进出口贸易额只是不同部门的出口总额，从中无法分离出中国与不同贸易伙伴国的国别贸易水平。因此，投入产出表中的贸易数据只适用于分析中国整体对外贸易的状况，而且这里还没有考虑进口中间品对中国出口的影响。有鉴于此，为了更准确地分析中国与其他国家之间的双边和多边贸易关系，有必要使用来自不同来源但划分更为详细的国际数据。此时，就存在一个中国投入产出表中所使用的 GB 产业标准与国际数据中所使用的 SITC 或 HS 商品分类之间的匹配问题。齐晔等（2008）以 98 类 HS 二位数产品分类编码为基础，将中国 2002 年投入产出表中的 122 个部门产品按照典型商品对应的原则调整为 98 类后测算了中国进出口贸易中的隐含碳规模。特别是在 2007 年版的中国投入产出表中的附录 4 中提供了《2007 年海关统计商品分类与投入产出部门分类对照表》之后，使得海关数据与投入产出表的部门与商品的合并问题迎刃而解，这就促使基于 HS 分类的贸易数据成为隐含能与隐含碳问题研究中主要选择的数据来源。石红莲、张子杰（2011）根据 HS 8 位码对应的投入产出表行业分类测算了中国对美国 2003—2007 年的隐含碳排放水平。刘俊伶、王克（2014）对如何在 HS 编码条件下进行商品部门的匹配问题进行了详细的讨论。陈迎等（2008）在测算中国 2002—2006 年的外贸隐含能时虽然使用的是中国投入产出表的行业分类、《中国能源统计年鉴》中的能源分类方式和联合国根据 SITC 标准提供的贸易数据，但对三者之间的数据匹配方式却没有予以详细说明；杜运苏、孙辉煌（2012）提供了参照盛斌（2002）的思路将 SITC 三位码的贸易数据归并为投入产出表的行业分类方法。宗毅君（2012）对中国投入产出表的行业分类标准（GB/T 4754—2002）与由 UNCOMTRADE 提供、反映贸易数据分类标准的 HS 编码以及 ISIC 3.0 之间的对应与互换关系做了深入的分析。

（四）直接使用国际 IO 表与国际贸易数据的匹配

最后一种关于数据匹配的讨论是关于国际数据。在这种情况下，关于中国的 IO 表是由国际数据中获取的，当然，相关能源和贸易数据也出自同一来源的国际数据。由于这些数据都是相同的来源，所以不存在数据匹配的障碍，可以直接进行关于隐含能与隐含碳问题的测算。郑昭阳、孟猛（2011）对在使用 OECD 提供的 IO 表和 UNCOMTADE 提供的 SITC Rev. 3 版贸易数据的处理与合并方法进行了详细介绍。闫云凤等（2012）就直接使用来自 OECD 数据库中关于中国的 IO 表数据和贸易数据测算了中欧贸易中的隐含碳水平并给出相应的政策建议。周国富、朱倩（2014）在测算时将 OECD 提供的中国 IO 表与 UNCOMTRADE 提供的基于 SITC Rev. 3 版的贸易数据相结合。邓荣荣、陈鸣（2014）在分析中使用的 IO 表和贸易数据都是来自 OECD 数据库。李金昌、项莹（2014）在测算时使用的是 WIOD 提供的中国 IO 表数据和 UNCOMTADE 提供的基于 SITC Rev. 3 版的贸易数据。谢建国、姜珮珊（2014）对于中国贸易隐含能的测算则是在 OECD 提供的 IO 表数据和进出口贸易数据的基础上完成的。赵玉焕、刘娅（2015）则在分析中直接使用了 WIOD 提供的 IO 表和 OECD 提供的贸易数据。

四 技术水平、价格水平和汇率对隐含能计算的影响

解决了测算隐含能与隐含碳问题所需要的 IO 表数据和贸易数据的来源之后，最后一个需要考虑的影响因素就是技术水平、价格水平和汇率的变动对最终结果的影响以及如何对这些问题进行修正。从对数据分析的常识来说，1997 年的技术水平、价格水平、汇率与 2007 年的技术水平、价格、汇率是不能直接进行比较的，即使是相邻年度三者的差异也会对最终结果的精确度产生影响。因此有必要根据实际情况对不同年度的技术水平、价格水平和汇率的变动进行修正，使之能够在同一标准的前提下展开研究。齐晔等（2008）在他们的文章中根据《中国统计年鉴》（2006）和《2002 年中国投入产出表》公布的数据对 1997—2005 年的中国对外贸易的技术水平、汇率水平和价格指数进行了修正，使不同年度的数据以 2002 年为基准进行了统一。这是国内关于隐含能与隐含碳问题研究的诸多文献中目前所能够找到最早使用的方法。随后的学者基本延续了齐晔等的思路，假设相邻年份技术水平保持不变，只是随着投入产出表数据的增加而对 2002 年、

2005年、2007年周边年份的数据进行了修正。如刘祥霞、黄兴年（2015）就以上述三个年度为基准，分别从技术水平、价格指数和汇率指数三个方面将2001—2012年的中国投入产出表的数据重新进行了修正。王云、王琳佳（2015）也使用了类似的方法对中国外贸工业产品的隐含碳水平进行了测算。赵玉焕、刘娅（2015）更是根据WIOD的数据将价格数据平减到以1996年为基期的水平。而周国富、朱倩（2014）的研究则更近一步，不再使用居民消费价格指数（CPI）来修正价格水平，而是分别用工业生产者出厂价格指数（PPI）对工业部门的价值、用农产品生产价格指数对农产品的价值、用建筑业和服务业增加值的平减指数对建筑业和服务业的价值进行了修正。

第五章 中国对外贸易隐含能测算方法的改进与结果

第一节 本书设计的新隐含能测算框架

前文中总结和罗列了有关隐含能测算各方面可能出现的情况，下面给出本书设计的隐含能测算框架。

一 测算框架的基本思路

根据前文的介绍，我们可以看出，影响使用投入产出法最终结果精确程度的关键在于两个方面：一是如何对进口中间产品在本国出口中的影响予以扣除；二是如何处理测算进口产品中的完全需求系数的确定问题。本书在综合考虑数据的可获得性、方法的可操作性和测算结果的准确性三方面影响因素的前提下，提出了一个"中国贸易隐含能测算的复合框架"，该框架将中国的贸易隐含能的测算设计为以下三个层次，并在该框架的约束下根据具体不同情况对中国的贸易隐含能进行测算。"中国贸易隐含能测算的复合框架"的主要测算指标来源见表5-1。

二 中国贸易隐含能的具体测算公式

根据表5-1的内容，下面对三个层次的中国贸易隐含能测算公式予以界定和说明。

(一) 计算隐含能的第一个层次

在测算出口隐含能时，假设中国出口中使用的中间产品全部由本国生产，即在整个生产过程所使用的中间品投入中没有任何进口产品

表5-1 "中国贸易隐含能测算的复合框架"的主要测算指标来源

	出口隐含能数据来源			进口隐含能数据来源		
	IO表	中间产品	能源	出口	完全需求系数	能源	进口
层次一	中国IO表和相关能源、贸易统计数据						
层次二	中国	按固定比例分配假设	中国	中国	日本+中国		
层次三	WIOD提供的中国IO表和相关能源、贸易统计数据						

出现和对最终结果产生影响；且进口国技术水平与中国一致。因为来自国外的进口产品是对中国自己生产该产品的"替代"，因此也可以理解为是对由中国自己生产该产品时所消耗的能源的"节省"。即在这种情况下，有关中国贸易隐含能的相关计算公式与第四章第二节的定义相同，即式（4.16）、式（4.22）和式（式4.24）。

式（4.16）、式（4.22）、式（4.24）中，EEX 表示中国出口隐含能水平，单位是万吨标准煤；EEM 表示中国进口隐含能水平，单位是万吨标准煤；e 是一个 $1 \times n$ 矩阵，其矩阵元素 e_i 表示中国 i 行业的直接能耗系数，其单位是万吨标准煤/万元；A 是直接消耗系数矩阵，组成矩阵的元素 a_{ij} 为 $a_{ij} = \frac{x_{ij}}{X_j}$（$i, j = 1, 2, \cdots, n$）；$(I-A)^{-1}$ 则表示根据中国IO表得出的完全需求系数；EX 是表示中国出口水平的 $n \times 1$ 矩阵，单位是万元；EM 是表示中国进口水平的 $n \times 1$ 矩阵，单位是万元；在层次一计算中国进口隐含能时，由于假设此时中国的进口是对中国能源消耗的"节省"或"替代"，因此在计算进口隐含能时使用的是中国的直接能耗系数 e_i 和完全需求系数 $(I-A)^{-1}$；NEE 表示贸易隐含能净值，单位是万吨标准煤。

（二）计算隐含能的第二个层次

在测算出口隐含能时，假设中国出口中使用的部分中间产品由本国生产，其余来自进口；具体中国出口品中使用的进口中间产品在中间品投入中所占的比例根据"按固定比例进行分配"假设进行确定。① 即假设中间投入品中来源于进口中间产品的比例在各行业保持一致，且假设进口中间品在各行业内部所占的比例与进口品在最终产品中所占比例相同，则固定比例计算公式为 $\dfrac{X^{im}}{X+X^{im}-X^{ex}}$。

而在测算进口隐含能时，将中国来自世界的进口划分为两个部分：对来自发达国家的进口隐含能测算使用日本的投入产出表及相关能耗系数替代；对来自其他发展中国家的进口隐含能测算使用中国的投入产出表和相关能耗系数替代。使用这种替代方法虽然不能完整、准确地描述中国进口隐含能的真实水平，但在收集所有中国进口来源国投入产出表和能源消耗水平数据无法实现的前提下，用发达国家中能源效率最高的日本的相关数据来代表其他发达国家、用中国的相关数据来代替其他发展中国家是可以接受的。

即在这种情况下，有关中国贸易隐含能的相关计算公式与第四章第二节、第三节的定义相同，依据 IO 表中存在行与列的基本平衡关系，有关相关计算公式推导如下：

第一，扣除进口中间产品影响的中国出口隐含能计算。从 IO 表行平衡关系的角度来说，因为中间使用 + 最终使用 = 总产出，所以存在式（4.2）和式（4.8）及其矩阵形式式（4.10）和式（4.11）。

但是，关于中国的对外贸易有一个基本事实，即加工贸易在中国的进出口贸易中占据着不可忽视的地位和发挥着巨大的作用，关于这个结论已经在第四章的第三节中有所论述。在测算中国贸易隐含能的真实水平时为了扣除进口中间产品对中国出口产品真实隐含能的影响，本书将直接消耗系数矩阵 A 分解为：

$$A = A^d + A^m \tag{5.1}$$

---

① Yamano N. and N. Ahmad, *The OECD Input–Output Database*: 2006 Edition, OECD Science, Technology and Industry Working Papers, 2006. 具体变量解释参见 System National Account, *European Communities*, *International Monetary Fund*, *Organisation for Economic Co-operation and Development*, United Nations and World Bank, 2009。

其中，A^d 表示由国内中间产品参与生产导致的直接消耗系数矩阵，A^m 表示由进口中间产品导致的直接消耗系数矩阵。为了计算扣除进口中间产品对真实隐含能的影响，就需要确定 A^d。但是，由于缺乏测算所需的中国竞争型投入产出表及其数据，只能采取倒扣的方法，即：

$$A^d = A - A^m \tag{5.2}$$

且存在：

$$A^m = M \cdot A \tag{5.3}$$

此处的 M 就被定义为进口系数矩阵，它是一个 $n \times n$ 的对角矩阵。虽然根据陈迎等（2008）的测算，m_{ij} 还有一种表达方式，即 $m_{ij} = \dfrac{X^{im}}{X + X^{im}}$，但经过测算后发现两种公式测算结果的误差在1%以内，只有个别行业的结果差异较大；且式（4.31）的表达式更为合理和易于理解。所以本书中也使用了这一定义。其对角线上的元素 m_{ij} 根据"按固定比例进行分配"假设的要求可以表示为：

$$m_{ij} = \frac{X^{im}}{X + X^{im} - X^{ex}} \tag{5.4}$$

其中，X^{im} 表示行业进口总额，X^{ex} 表示行业出口总额，X 表示行业总产出。根据式（4.11）、式（5.2）和式（5.3），我们可以推导出中国出口隐含能的计算公式为：

$$EEX = e(I - A^d)^{-1}EX = e[I - (A - A^m)]^{-1}EX = e[I - (I - M)A]^{-1}EX \tag{5.5}$$

或 $EEX = e_{中国}[I - (I - M_{中国})A_{中国}]^{-1}EX_{中国}$ (5.6)

式（5.6）中，$e_{中国}$ 表示中国的直接能耗系数；$M_{中国}$ 表示中国的进口系数；$A_{中国}$ 表示中国的直接消耗系数；$EX_{中国}$ 表示中国的出口。

第二，中国进口隐含能的计算。对于相对应的中国进口隐含能的测算，根据中国进口商品的来源划分为两个部分，即来自发达国家的进口和来自其他国家的进口。由于向中国出口的发达国家众多，数据收集和整理工作非常困难，故选择在发达国家中能源使用效率最高的日本来代替。对于中国从世界其他的国家进口同样源于数据收集和整理的困难而选取中国作为发展中国家的代表。故具体测算公式为：

$$EEM = e'M' = e'(I-A')^{-1}IM'$$
$$= \begin{Bmatrix} e_{日本}(I-A_{日本})^{-1}IM_{发达国家} \\ e_{中国}[I-I(I-M_{中国})A_{中国}]^{-1}IM_{发展中国家} \end{Bmatrix} \quad (5.7)$$

式（5.7）中，其余指标的概念与上文中相同，主要区别在于变量角标所代表的具体国家。如 $e_{日本}$ 表示日本的直接能耗系数；$A_{日本}$ 表示日本的直接消耗系数矩阵；$IM_{发达国家}$ 表示中国自发达国家进口的数量；$IM_{发展中国家}$ 表示中国进口中除去发达国家后来自世界其他国家的进口数量。

而贸易隐含能净值的公式与上文相同，即：

$$NEE = EEX - EEM \quad (5.8)$$

（三）计算隐含能的第三个层次

在测算中国贸易隐含能时，所使用的数据全部来自 WIOD 公布的国际数据。相对于前两个层次在隐含能测算时对中国政府公布的 IO 表数据的依赖，在层次三的测算中本书全面使用来自 WIOD 的相关投入产出表数据、贸易数据、能源消耗数据和相应的各行业产出数据。这样做的主要目的：一是由于与国外研究者使用相同的数据来源，不再需要对各种数据的来源进行复杂的校正，从而使各自的结果便于比较，避免由于数据来源不统一而造成结果缺乏可比性的困境；二是由于 WIOD 公布的中国相关 IO 表为连续数据，使用这些数据就避免了由于中国 IO 表数据不连贯而自行编制或调整 IO 表所造成的各种人为误差，使最终结果的准确性得到确保；三是由于目前国内关于使用 WIOD 相关数据进行的隐含能研究还处在起步阶段，本书使用 WIOD 相关数据进行测算也可以更好地弥补相关不足。

即在这种情况下，有关中国贸易隐含能的相关计算公式与本章第二节的定义相同，即：

$$EEX = eX = e_{WIOD}(I - A_{CNIOT})^{-1}EX_{CNIOT} \quad (5.9)$$

$$EEM = eM = e_{WIOD}(I - A_{CNIOT})^{-1}IM_{CNIOT} \quad (5.10)$$

$$NEE = EEX - EEM \quad (4.24)$$

式（5.9）、式（5.10）、式（4.24）中，EEX 表示中国出口隐含能水平，单位是万吨标准煤；EEM 表示中国进口隐含能水平，单位是万吨标准煤；e_{WIOD} 是一个 $1 \times n$ 矩阵，其矩阵元素 e_i 表示根据 $WIOD$ 的 EA 数据库测算得出的中国 i 行业的直接能耗系数，其单位是万吨标准煤/万元；A 是直接消耗系数矩阵，组成矩阵的元素 a_{ij} 为 $a_{ij} = \dfrac{x_{ij}}{X_j}$（$i, j = 1, 2, \cdots, n$）；$(I - A_{CNIOT})^{-1}$ 表示根据 $WIOD$ 提高的中国 $NIOT$ 表得出的完全需求系数；EX_{CNIOT} 表示根据 $WIOD$ 提高的中国 $NIOT$ 表计算得出的中国出口水平的 $n \times 1$ 矩阵，单位是万元；EM_{CNIOT} 表示中国进口水平的 $n \times 1$ 矩阵，单位是万元；在层次三计算中国进口隐含能时，同样假设此时中国的进口是对中国能源消耗的"节省"或"替代"，因此在计算进口隐含能时同样使用根据 $WIOD$ 的 EA 数据库测算得出的中国直接能耗系数 e_{WIOD} 和根据 $WIOD$ 提高的中国 $NIOT$ 表得出的完全需求系数 $(I - A_{CNIOT})^{-1}$。NEE 表示贸易隐含能净值，单位是万吨标准煤。

第二节 数据来源与处理

为了确保最终测算结果最大限度的准确性，就需要根据测算方法的要求明确数据的不同来源和进行相应的处理。这里的来源和处理主要包括两方面的要求：一是根据测算的具体要求选择与之相对应的数据来源，且数据来源要符合不同层次下测算的要求；二是对数据的处理要在确保数据准确性的前提下进行合理的处理。下面就从以下几个方面对本书所采取的数据来源和处理方法予以说明。

一 IO 表数据来源与处理

根据本书实际测算的要求，需要两组关于中国隐含能计算的投入产出表数据：一组是由中国官方提供的 IO 表数据；另一组来源于国际数据。现对其来源和处理予以具体说明。

对于来源于中国政府正式公布的 IO 表数据，经过本书的收集整理后主要使用以下 5 张 IO 表:《1997 年中国投入产出表》、《2002 年中国投入产出表》、《2005 年中国投入产出表》、《2007 年中国投入产出表》和《2010 年中国投入产出表》。这些中国 IO 表均使用官方正式公布的数据,且可以在中国统计局和中国投入产出协会的官方网站中找到。并根据下文中与能源数据和贸易数据的匹配情况将中国 IO 表中的 42 个行业的总数调整为 15 个。具体行业合并情况见附表 5 - 1。由于历年中国投入产出表中的行业名称不同,所以合并后行业在不同年度所具体包含的行业是有所变化的,具体各年的行业变化见附表 5 - 2。这里需要说明的是,由于《2000 年中国投入产出表》的行业与其他年度不同,无法有效地合并为 15 个行业,所以,本书在测算过程中未使用该年 IO 表数据,而是用 1997 年中国 IO 表的数据来代替。

对于本书测算所需的日本投入产出表,均来自日本总务省统计局。具体包括以下 3 张表:《1995 年日本投入产出表》、《2000 年日本投入产出表》和《2005 年日本投入产出表》。虽然日本政府公布了 2011 年 IO 表,但是,由于无法与之前年度 IO 表内的行业保持一致,故本书未使用 2011 年日本 IO 数据,而是使用《2005 年日本投入产出表》来代替。并且为了能够与中国的投入产出状况进行比较,也将日本 IO 表中的 34 个行业调整为 15 个行业,以此作为发达国家完全需求系数测算的依据。具体行业合并情况见附表 5 - 3。对于本书中使用的 WIOD 公布的中国投入产出表(CNIOT)均来自 WIOD 的官方网址,其中包括由 WIOD 公布的中国 1995—2011 年投入产出表。本书为了与能源数据的测算相统一,只使用 WIOD 提供的 1997—2009 年中国的投入产出数据。并且为了能够与中国的投入产出状况进行比较,也将 WIOD 中的中国 IO 表中的 36 个行业调整为 14 个行业。具体行业合并情况见附表 5 - 4。

二 能源消耗数据来源与处理

与前文相同,本书测算需要两组关于中国隐含能计算的能源数据:一组是由中国官方提供的各行业能源消耗数据;另一组来源于相关国际数据。现对其来源和处理予以具体说明。

对于来源于中国的能源消费数据,全部由 1998—2014 年历年的

《中国能源统计年鉴》中的各行业能源消费数据合并而来，并且将各种能源消耗水平一律按照年鉴中的万吨标准煤来表示，这就避免了由于各种能源单位不统一给后文测算造成的不便。同时还根据最新的2014年中国第三次经济普查获得最新数据对各行业的能源消耗数据进行了修正。具体能源行业的合并与 IO 表行业的对照关系见附表5-5。

对于本书测算使用的日本相关年度的能源数据，由于相关日本能源分行业数据无法完全获得，所以，本书使用中国与日本的单位 GDP 能耗系数进行修正，使用中国的直接能耗强度推算出日本的直接内耗系数 $e_{日本}$，具体推算公式如下：

$$e_{日本} = e_{中国} \frac{日本单位 GDP 能耗}{中国单位 GDP 能耗} \tag{5.11}$$

具体计算过程中使用的日本历年能源消耗总量和 GDP 数据均来自1998—2014年的《日本统计年鉴》，相关中国历年能源消耗总量和 GDP 数据来自1998—2014年的《中国统计年鉴》和《中国能源统计年鉴》，单位为万吨标准煤/亿元。

对于本书在层次三测算时使用的能源数据，均来自 WIOD 中的 EA 数据库，具体来源与前文相同。在具体计算中国进口隐含能时，同样，假设此时中国的进口是对中国能源消耗的"节省"或"替代"，因此，在计算进口隐含能时同样使用根据 WIOD 的 EA 数据库测算得出的中国直接能耗系数 e_{WIOD}，并将单位换算为万吨标准煤/亿元。

三 贸易来源数据与处理

与前文相同，本书测算需要两组关于中国隐含能计算的贸易数据：一组是由中国官方提供的各行业进出口数据；另一组来源于相关国际数据。现对其来源和处理予以具体说明。

对于来源于中国的贸易数据，全部由1998—2014年的《中国统计年鉴》《中国海关统计年鉴》《中国对外经统计年鉴》中的各行业贸易数据合并而来。虽然对于贸易数据在国际上有多种分类方法，但在本书的测算中，对于所有使用来源于中国统计资料中的数据一律优先遵循中国的分类方法，即在此处使用的是海关 HS 编码，具体包括

22类98章；在充分兼顾IO表与能源消费数据的前提下对各行业的贸易数据予以合并，具体合并方法参见附表5-6。其中建筑业数据来自历年中国"国际收支平衡表"中的"建筑服务"；其他行业的有关贸易数据的具体处理过程见附表5-7。[①]

对于层次二计算需要使用的贸易数据，由于中国进口来源国家众多，本书为了简便起见，将中国所有的贸易伙伴国分为两类：一类是发达国家，另一类是发展中国家。从国际法角度来说，虽然还没有在法律上明确区分发达国家与发展中国家的概念。但有一种共识，即某个国家一旦加入经济合作与发展组织（OECD）便被认为是经济发达国家。按照这个标准，以下国家被本书认定为发达国家，具体包括下列34个国家：澳大利亚、奥地利、比利时、加拿大、智利、捷克、丹麦、爱沙尼亚、芬兰、法国、德国、希腊、匈牙利、冰岛、爱尔兰、以色列、意大利、日本、韩国、卢森堡、墨西哥、荷兰、新西兰、挪威、波兰、葡萄牙、斯洛伐克、斯洛文尼亚、西班牙、瑞典、瑞士、土耳其、英国、美国。据此，世界上其他国家都被划入发展中国家的行列。中国来自发达国家和发展中国家的贸易规模 $IM_{发达国家}$ 与 $IM_{发展中国家}$ 的具体计算公式为：

$$IM_{发达国家} = \frac{来自发达国家进口总额}{中国进口总额} \times 中国各部门进口总额 \quad (5.12)$$

$$IM_{发展中国家} = \frac{来自发展中国家进口总额}{中国进口总额} \times 中国各部门进口总额 \quad (5.13)$$

且存在：

$$\frac{来自发达国家进口总额}{中国进口总额} + \frac{来自发展中国家进口总额}{中国进口总额} = 1 \quad (5.14)$$

其中，来自发达国家进口总额为历年中国自上述发达国家各国别进口的合计，来自发展中国家进口总额为中国自世界进口总额中扣除来自34个发达国家后的余额。

1997—2013年中国进口贸易总额中来自发达国家和发展中国家的比例如表5-2所示。

[①] 陈红敏：《中国对外贸易的能源环境影响》，复旦大学出版社2011年版，第268页。

表 5-2　　发达国家与发展中国家在中国进口中所占比重

年份	发达国家所占比重（%）	发展中国家所占比重（%）
1997	0.61	0.39
1998	0.63	0.37
1999	0.63	0.37
2000	0.59	0.41
2001	0.59	0.41
2002	0.56	0.44
2003	0.55	0.45
2004	0.54	0.46
2005	0.51	0.49
2006	0.50	0.50
2007	0.50	0.50
2008	0.49	0.51
2009	0.52	0.48
2010	0.51	0.49
2011	0.50	0.50
2012	0.48	0.52
2013	0.48	0.52

资料来源：根据历年《中国统计年鉴》中中国来自各国进口总额测算所得。

从表 5-2 中我们可以看出，中国进口中来自发达国家的比例已经开始呈现逐年递减的趋势，近年来维持在 50% 左右的水平。这说明中国的进口结构已经发生了变化，来自高技术水平发达国家的节能型进口在逐渐缩小，而来自与中国技术水平接近甚至比中国技术水平更低的发展中国家的高能耗进口在持续扩张。这与中国近年来一方面加大对石油、铁矿石、铜矿等大宗原材料产品的进口相关，另一方面也是中国近年来逐渐加强与亚非拉其他发展中国家经贸联系的直观反映。

对于层次三计算需要使用的贸易数据，出口数据直接由 WIOD 中中国的国别投入产出表 NIOT 中的行平衡式右侧数据合计获得，进口数据则来自中国 NIOT 的列平衡式下方的进口项合计获得。

四　技术指数、汇率和价格指数说明

对于有关技术系数调整的问题，本书认为，当采取的中国投入产出表的密度够大时，每张 IO 表就可以反映某一基准年度与邻近年度

的基本技术水平,这种方法比人为调整各年度的技术水平反而更为可靠。在具体测算过程中,虽然中国官方公布了1997年、2000年、2002年、2005年、2007年、2010年的投入产出表数据,但是由于2000年的中国投入产出表的行业数量与本书合并后的行业数不匹配,所以在测算隐含能时未采用《2000年中国投入产出表》。具体各年度IO表使用规则如下:1997—2001年相关测算时使用1997年IO表数据,2002—2004年相关测算时使用2002年IO表数据,2005—2006年相关测算时使用2005年IO表数据,2007—2009年相关测算时使用2007年IO表数据,2010—2013年相关测算时使用2010年IO表数据。

对于汇率和价格指数来说,将所有美元数据一律换算为人民币数据,并且使用GDP平减指数将各年数据统一折算为以2000年价格为基准的水平以方便比较。历年汇率和价格指数如表5-3所示。

表5-3　　测算使用的1997—2013年汇率和GDP指数

年份	汇率(人民币/美元)	GDP平减指数(2000年为100)
1997	8.29	100.16
1998	8.28	99.27
1999	8.28	98.01
2000	8.28	100.00
2001	8.28	102.05
2002	8.28	102.67
2003	8.28	105.32
2004	8.28	112.62
2005	8.19	117.03
2006	7.97	121.49
2007	7.60	130.77
2008	6.95	140.92
2009	6.83	140.07
2010	6.77	149.36
2011	6.46	161.02
2012	6.31	164.23
2013	6.20	167.03

资料来源:汇率数据来源于世界银行WDI数据库。GDP平减指数数据来源于世界银行国家统计数据和OECD国家统计数据。

第三节 测算结果与分析

一 根据层次一计算得出的中国贸易隐含能

根据第五章第一节的表述，在测算中国贸易隐含能时，出口隐含能使用的中间产品全部由本国生产的假设，计算进口隐含能时假设进口国技术水平与中国一致，具体公式及式（4.16）、式（4.22）至式（4.24）。

（一）中国贸易隐含能总量的分析

按照前文中计算公式的要求，经过对相关数据的处理之后，层次一计算结果如下：

1. 中国出口隐含能总量的分析

从图 5-1 中我们可以看出，中国自 1997 年以来，外贸出口中的隐含能总量不断增加，从 1997 年的 57878.16 万吨标准煤增加到 2013 年的 108246.09 万吨标准煤，增幅接近一倍。与此同时，在整个过程中还出现了一定程度的波动，具体表现为 2007 年的贸易隐含能水平达到整个观察期内的最高值 149501.71 万吨标准煤，约为 1997 年出口隐含能水平的 3 倍；随后虽然出口隐含能水平迅速下降，但依然保持在一个较高的水平。从图 5-1 中我们可以得出这样的结论：伴随着中国经济与世界经济融合程度的不断加强，中国对外贸易数量和质量的不断增长与改进，中国出口隐含能的总量会维持持续增长的趋势，并且保持与中国在世界经济中所占地位相当的隐含能规模。因此就中国出口隐含能发展的未来趋势而言，继续保持一个较高规模和水平的隐含能出口是必然结果。但图 5-1 也在一定程度上揭示出中国隐含能出口变化的一个新特点，即中国隐含能出口持续增长趋势正在呈现增速放慢的变化。在图 5-1 中以 2008—2009 年为转折点，整个观察期可以被划分为两个阶段。在 1997—2007 年，中国出口隐含能水平以较快速度增长，而在 2010—2013 年中国出口隐含能规模虽然也在变化和增长，但已经呈现出明显的内部自我调整趋势。这种趋势具体表现为出口隐含能水平不仅在总量上基本保持稳定，而且结合图 5-2 可以看出，如果考虑到同期中国货物出口总额在世界出口总额中比重不断增长的趋势，中国的出口隐含能在某种程度上呈现出下降的趋势。对于 2008—2009 年中国出口隐含能迅速下降原因的解释可能主要在于两个方面：一是由于 2008 年 1 月国际原油价格第一次突破每桶 100 美元大关，使中国进口能源的成本迅速增加。成本的变化使出口价格也相应提高，从而影响到出口贸易的规模和贸易隐含能的水平。二是 2008 年年底由于源自美国次贷危机的爆发所引起的全球性经济危机使外部对中国产品的需求量大大减少，从而导致出口规模的下降和出口隐含能规模的相应减少。这两次重大经济事件的影响一方面对于中国的出口产生负面影响，但从另一方面来说，反而刺激和加速了中国整体产业和各贸易行业能耗水平的降低和能源使用效率的提高。而这可以通过图 5-2 中中国出口占世界出口比重的不断提高与图 5-1 中自 2010 年起中国出口隐含能水平的稳定和趋于下降中得到反映。

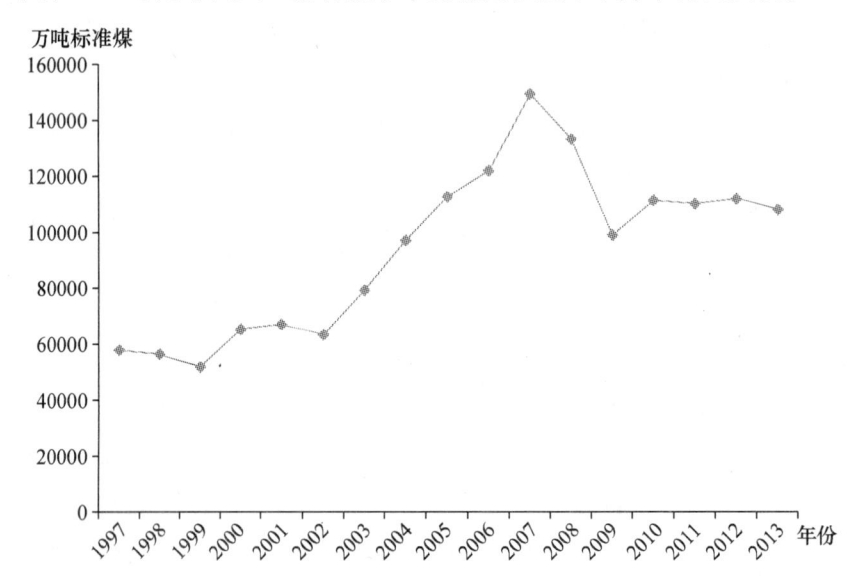

图 5-1 层次一计算中国出口隐含能总量

资料来源：根据历年中国投入产出表、《中国统计年鉴》《中国能源统计年鉴》《中国海关统计年鉴》和《中国对外经济统计年鉴》相关数据整理所得。

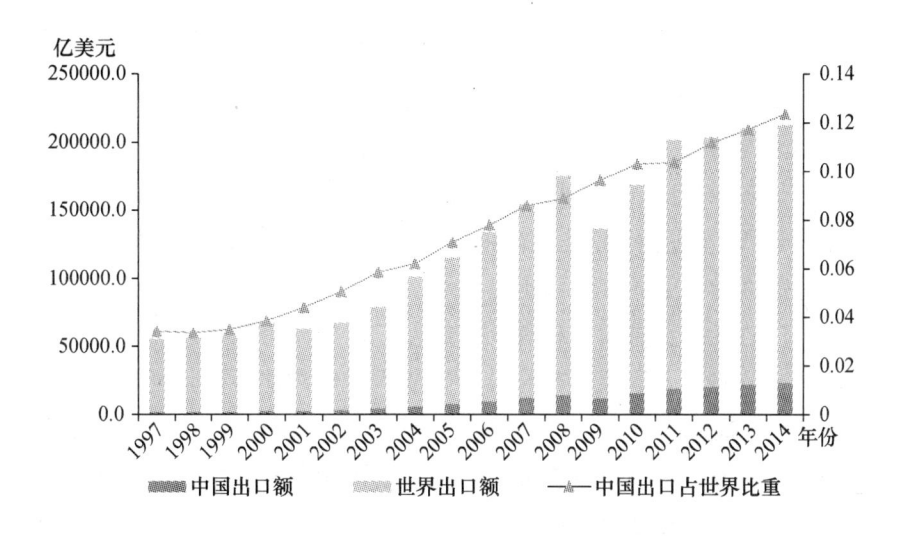

图 5-2　1997—2014 年中国、世界货物出口额与中国所占比重

资料来源：根据历年《中国统计年鉴》相关数据整理所得。

2. 中国进口隐含能总量的分析

从图 5-3 中可以看出，按照层次一的界定，假设进口国技术水平与中国一致，则使用中国的投入产出表数据、能耗数据来"代替"进口商品的实际隐含能水平后计算得出的中国进口商品中隐含能水平也呈现持续上涨的趋势。对比图 5-1 后我们可以发现，一方面，图 5-3 也具有类似的发展趋势：即大致以 2006—2009 年为界，在之前的 1997—2005 年，中国进口商品中的隐含能含量快速增长；经过 2006—2009 年的调整之后，在 2010—2013 年，中国进口商品中的隐含能水平保持一个相对稳定的增长趋势。综合两图后我们可以看出，中国进口隐含能的变化与出口一致，都受到世界经济波动的深刻影响；外贸进口、出口的隐含能水平与外部经济的联系非常密切，这两组数据深刻地揭示了中国经济特别是贸易行业与外部世界经济的密切联系与相互作用。另一方面，根据层次一计算的假设和要求我们可知，由于使用的是中国的行业结构和能耗水平数据，因此，如果当进口商品的生产完全由中国自己来完成的话，中国所需要耗费的隐含能的最大边界也借此最终测算出来。以测算结果最大的 2012 年的进口隐含能水平为例，中国如果全部用自己的生产来"代替"来自外国的产品就需要耗费 152424.79 万吨的标准煤，而 2012 年中国一次能源生产总量（电热当量计算法）和能源消费总量（电热当量计算法）分别为 330203 万吨标准煤和 381515 万吨标准煤①，由于中国的商品进口"节约"或"代替"了约 46.16% 的一次能源生产和 39.95% 的能源消费总量。由此可以看出，大力发展进口，不仅是对于缓解中国长期存在的巨额贸易顺差和消耗巨额外汇储备具有积极作用，而且可以极大地缓解国内能源生产的压力和节约对国内能源的消耗，这对于实现经济发展和环境可持续的双重目标具有积极作用。所以在今后相当长的时期内，鼓励采取积极的、扩大具体能源和高能耗商品进口的措施是一个可以接受的贸易策略，而且还可以借此发挥带动世界经济发展的积极作用。

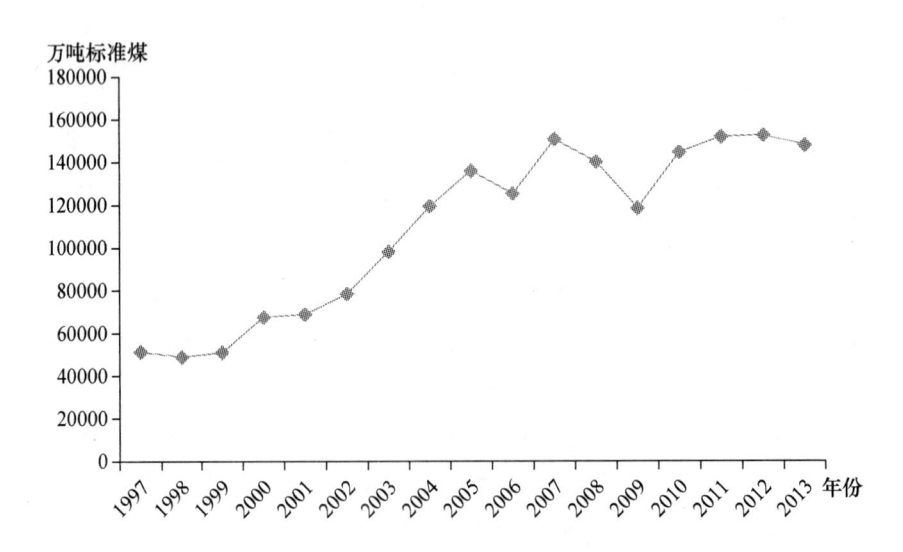

图 5-3　层次一计算中国进口隐含能总量

资料来源：根据历年中国投入产出表、《中国统计年鉴》《中国能源统计年鉴》《中国海关统计年鉴》和《中国对外经济统计年鉴》相关数据整理所得。

---

① 国家统计局能源统计司：《中国能源统计年鉴》（2014），中国统计出版社 2015 年版，第 3 页。

(二) 中国贸易隐含能净值的分析

在上文分析的基础上，下面对中国贸易隐含能的净值进行分析。

根据式（4.24），按照层次一测算要求得到的中国贸易隐含能的净值应该是按照层次一假定测算得到的中国出口隐含能与进口隐含能的差额。具体结果见图 5-4。

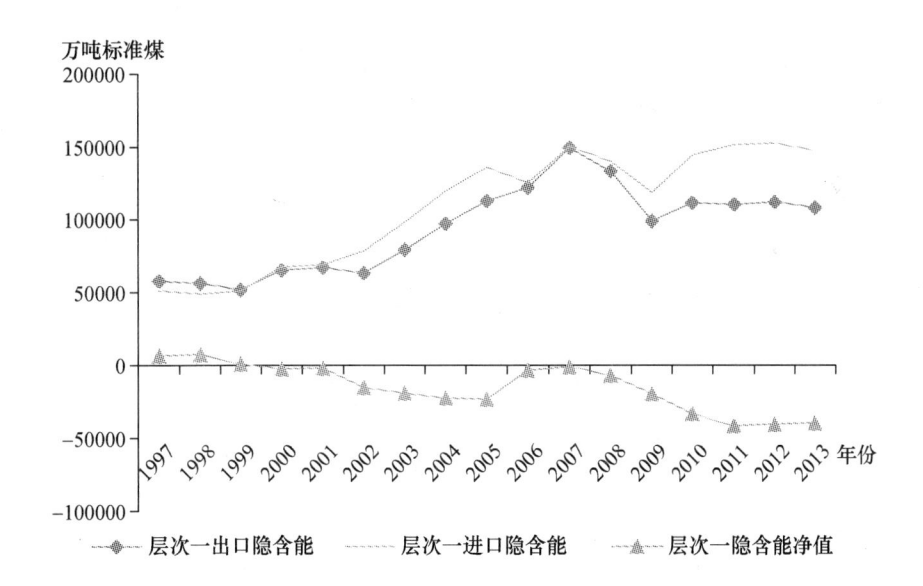

图 5-4　层次一计算中国隐含能净值

资料来源：根据历年中国投入产出表、《中国统计年鉴》《中国能源统计年鉴》《中国海关统计年鉴》和《中国对外经济统计年鉴》相关数据整理所得。

从图 5-4 中我们可以看出在层次一测算的约束下，中国贸易隐含能呈现以下特点：

第一，中国出口与进口隐含能保持基本一致的发展趋势。除 2006 年中国进口隐含能出现下降之外，其余各年度的中国隐含能进口与出口变化趋势都保持高度的一致，基本以 2008—2009 年为界，在 2008 年之前保持较快增速的发展，而在 2009 年以后都保持相对低速稳定的发展趋势。

第二，中国贸易隐含能的净值整体为逆差，并且呈现缺口不断扩大的趋势。从本书测算的结果来看，1999年是中国贸易隐含能净值为顺差的最后一年，其绝对值已经从1997年的6517.34万吨标准煤减少到845.42万吨标准煤；而从2000年开始出现隐含能净值的逆差，即从该年度起中国的进口隐含能水平开始超过出口隐含能的水平，中国处于实际进口隐含能的状况，并且这种进口隐含能差额的最大值出现在2011年的41393.64万吨标准煤。也就是说，中国通过对外贸易，不仅获得了巨额的贸易顺差和外汇储备的增加，而且还实现了在弥补自身能源消耗的前提下的外部能源净输入。

对于这样的结论肯定会受到质疑与批评，而本书对此的解释是：层次一的测算本来就存在先天的缺陷，即其在处理进口隐含能的测算时使用了"进口国技术水平与中国一致的假设"。虽然这个假设本身有所欠缺，但使用这种假设可以帮助我们全面认识中国的贸易隐含能问题，特别是进口隐含能对中国能源的"节省"或"替代"。以层次一测算的进口隐含能数据为基础，可以将其作为中国进口隐含能的最大边界，虽然在结果上"高估"了进口隐含能和"低估"了隐含能净值，但可以帮助我们认识中国参与对外贸易的潜在最大得益和实现对自身能源的节省和环境的最大限度保护。

（三）中国贸易隐含能的行业分析

1. 中国各行业出口隐含能分析

前文中对根据层次一假设计算所得中国出口隐含能总量进行了简单分析，但其结论并未对中国不同行业出口隐含能的特点进行分析，所以下面我们对基于不同行业的出口隐含能进行简单分析。对1997—2013年中国15个行业的出口隐含能进行的描述见图5-5。

从图5-5中可以看出，1997—2013年，中国15个行业的出口隐含能变化趋势基本与中国出口隐含能总量的变动趋势保持一致，但对应于不同的行业则有一定的差异。具体可以将这15个行业大致分为三类：

第一类，低出口隐含能行业。属于这一类的行业其出口隐含能水平在观察期内基本保持在5000万吨标准煤的范围之内，虽然有波动但波幅较小。具体包括以下行业：农业、采掘和加工业、非金属矿物

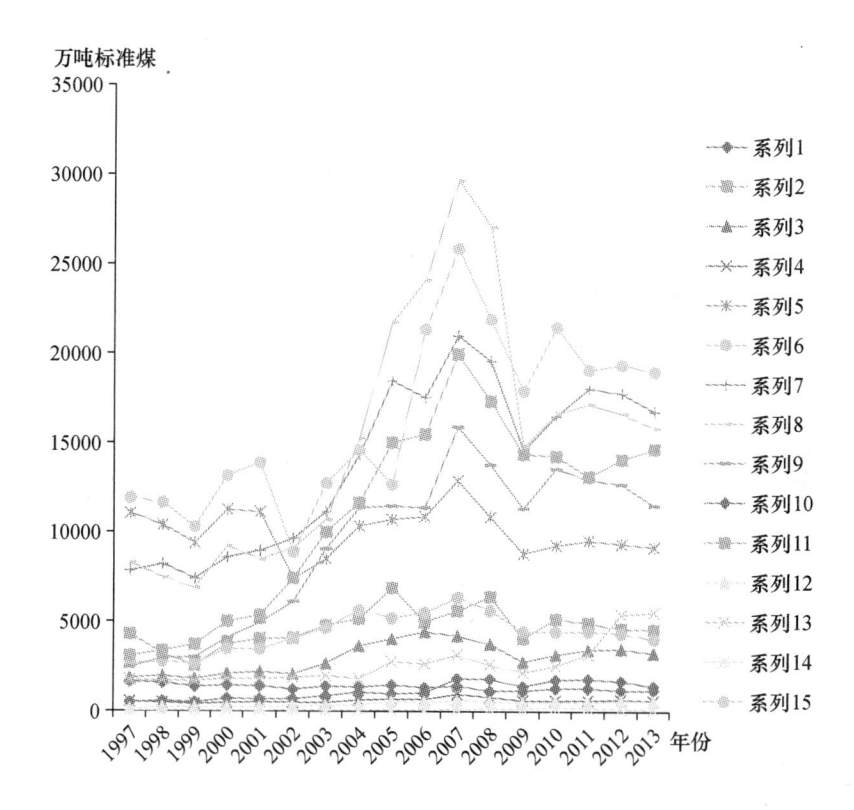

第五章　中国对外贸易隐含能测算方法的改进与结果 | 109

图 5-5　层次一计算中国各行业出口隐含能

注：系列1—农业；系列2—采掘和加工业；系列3—非金属矿物制品业；系列4—食品制造业；系列5—纺织业；系列6—木材和造纸业；系列7—化学工业；系列8—金属冶炼制品业；系列9—通用、专用设备制造业；系列10—交通运输设备制造业；系列11—电气、通信、计算机及其他电子设备制造业；系列12—仪器仪表及文化办公用机械制造业；系列13—其他工业；系列14—建筑业；系列15—其他行业。

资料来源：根据历年中国投入产出表、《中国统计年鉴》《中国能源统计年鉴》《中国海关统计年鉴》和《中国对外经济统计年鉴》相关数据整理所得。

制品业、食品制造业、木材和造纸业、仪器仪表及文化办公用机械制造业、交通运输设备制造业、其他工业、建筑业。

第二类，中等出口隐含能行业。属于这一类的行业相较于第一类已经呈现明显的差异，其历年的出口隐含能水平基本保持在10000万吨标准煤左右，最高达到15000万吨标准煤。具体包括以下行业：纺织业，通用、专用设备制造业。

第三类，高出口隐含能行业。属于这一类的行业其出口隐含能水平基本保持在 15000 万吨标准煤，不仅在总量上明显高于其他行业，并且在 2007—2008 年波动显著。2007 年这些行业的隐含能总量达到 70617.26 万吨标准煤，占当年中国出口隐含能总量的 47.24%；这类行业其他年度的比重也保持在 40% 以上，是对中国出口隐含能总量影响最大的行业。这些行业具体包括：化学工业，金属冶炼制品业，电气、通信、计算机及其他电子设备制造业。这里需要特别说明的是对于"系列 15—其他行业"的情况要区别对待，因为根据附表 5-7 的内容，其他行业涉及的具体行业众多，涵盖了所有可进行国际贸易的服务部门和行业，其出口隐含能的规模约占中国出口隐含能水平的 18%，考虑到其众多的行业构成，这样的比例也是可以理解的。

2. 中国各行业进口隐含能分析

对于行业出口隐含能而言，中国各行业进口隐含能的特点有所区别，具体情况见图 5-6。在图 5-6 中，中国各行业进口隐含能规模变化主要呈现两类趋势：

第一类，进口隐含能变化稳定行业。这类行业的进口隐含能水平基本表现为"增长—稳定"型，特别是在经历了 2005—2008 年的调整后基本都使进口隐含能的规模稳定在一定的水平上，虽然这类行业内部存在绝对隐含能数量的差异，但基本趋势相同。这些行业具体包括：非金属矿物制品业，食品制造业，纺织业、木材和造纸业，化学工业，金属冶炼制品业，通用、专用设备制造业，交通运输设备制造业，电气、通信、计算机及其他电子设备制造业，仪器仪表及文化办公用机械制造业，建筑业，其他行业。

第二类，进口隐含能增长行业。这类行业的特点是虽然也存在波动，但整体进口隐含能的水平呈现持续上涨的趋势。这类行业具体包括：农业、采掘和加工业、其他工业。其中其他工业的增速最快，进口隐含能从 1997 年的 864.3 万吨标准煤增加到 2013 年的 10457.5 万吨标准煤，增长了 11 倍；而进口隐含能绝对值增长最多的是采掘和加工业，从 1997 年的 7726.5 万吨标准煤增加到 2013 年的 62117.99 万吨标准煤，虽然增幅只有 7 倍，但增加值的绝对量却达到 54391.49 万吨

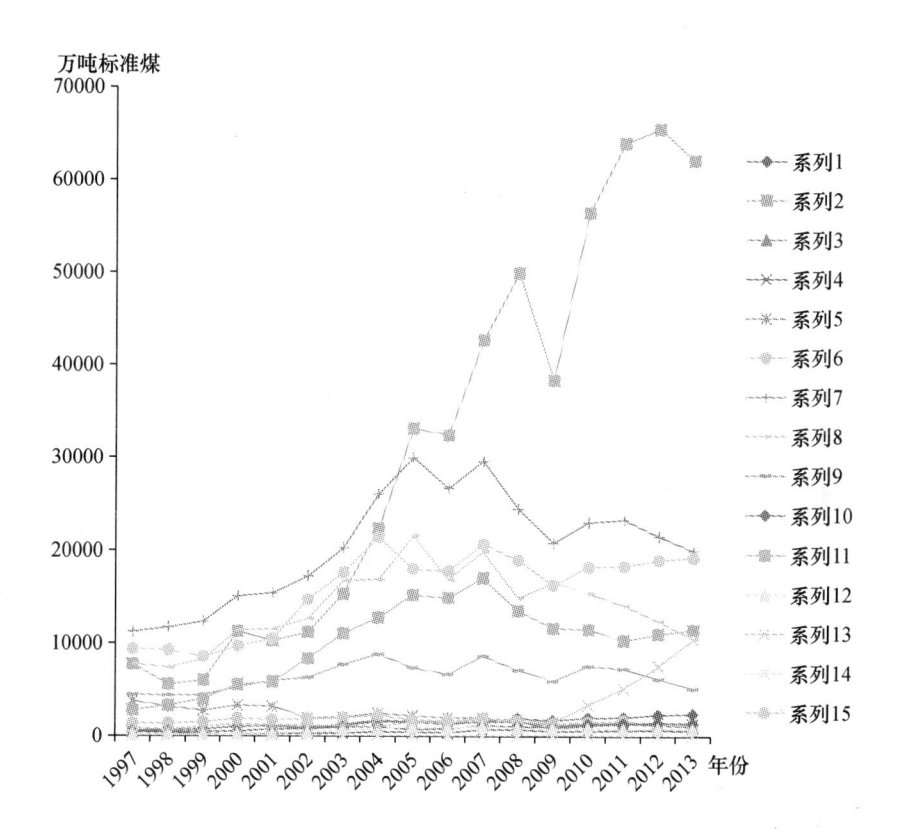

第五章 中国对外贸易隐含能测算方法的改进与结果 | 111

图 5-6 层次一计算中国各行业进口隐含能

注：各系列的含义见图 5-5 注释。

资料来源：同图 5-5。

标准煤。通过分析可以看出，农业进口隐含能的快速增长反映了对生活消费品进口的快速增长，而其他工业的大幅进口则反映了中国产业结构变化的趋势，中国经济发展对能源的迫切需求是导致采掘和加工业隐含能进口飞速增长的根本原因。

3. 中国各行业贸易隐含能净值的对比分析

在前文分析的基础上，将中国各行业贸易隐含能净值的计算结果显示如图 5-7 所示。

在图 5-7 中，中国的 15 个行业根据其在 1997—2013 年隐含能净值的变化趋势可以划分为三大类：

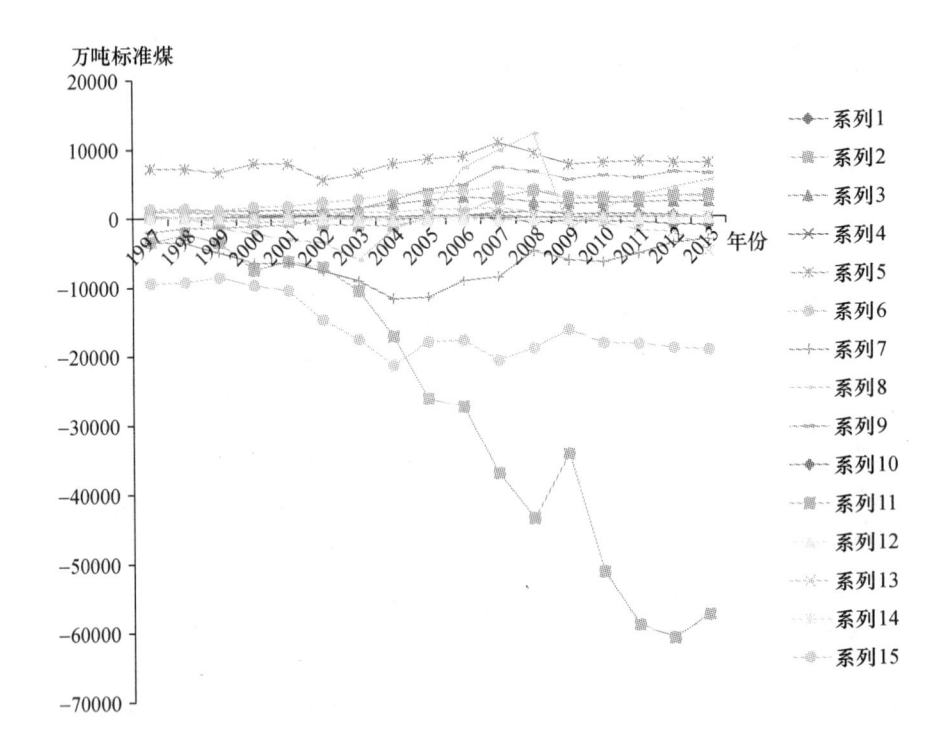

图 5-7 层次一计算中国各行业隐含能净值

注：各系列的含义见图 5-5 注释。

资料来源：同图 5-5。

第一类，隐含能净值为顺差的行业。这类行业的隐含能净值最终结果为顺差，且整体呈现顺差额不断增长趋势。具体包括以下行业：非金属矿物制品业，食品制造业，纺织业，木材和造纸业，金属冶炼制品业，通用、专用设备制造业，交通运输设备制造业，电气、通信、计算机及其他电子设备制造业，建筑业。这些行业中虽然有些行业在初期的隐含能净值为负值（如通用、专用设备制造业，交通运输设备制造业，建筑业），但经过发展其最终的隐含能出口水平都超过了隐含能进口额，说明在这些行业里中国的贸易属能源净输出的状况。

第二类，隐含能净值为逆差的行业。这类行业的隐含能净值最终结果为逆差，且整体呈现逆差额不断扩大趋势。具体包括以下行业：

农业、采掘和加工业、仪器仪表及文化办公用机械制造业、其他工业、其他行业。其中采掘和加工业的贸易隐含能逆差额最大，从一个侧面揭示了中国近年来经济快速发展对来自世界其他国家的能源产品的巨大需求和依赖。这几个行业的隐含能净值逆差说明中国在这些行业的对外贸易中处于能源净输入的地位。

第三类，隐含能净值特殊变化行业。这个行业就是化学工业。化工行业的隐含能净值虽然持续为逆差，但经历了一个 U 形的变化过程；其隐含能净值的逆差呈现先扩大、后缩小，并最终维持与初期接近的水平。

（四）对层次一分析结果的小结

根据对中国贸易隐含能测算层次一的要求，前文对中国 1997—2013 年的隐含能从总量、净值到具体行业都进行了相应的分析并得出了一定的结论，但在对结论的理解上需要注意的关键问题是：层次一的测算由于存在对进口隐含能测算的特殊处理——"进口国技术水平与中国一致假设"，从而使对进口隐含能测算结果与实际情况相比存在"高估"的问题，因此有关层次一的计算结果只能在一定程度上描述进口对中国在经济发展、能源消费和环境保护上的积极作用，而不能准确揭示真实的贸易隐含能水平。有关相对准确的贸易隐含能分析将是后文中需要进行具体分析和介绍的。

二 根据层次二计算得出的中国贸易隐含能

层次一的测算由于其假设导致的不准确性，使其只能提供一个初步认识中国贸易隐含能问题的框架，相对准确的测算只能通过层次二来进行。根据层次二的设定，在计算出口隐含能时，采用"按固定比例进行分配"假设对来自进口的中间产品进行处理，使测算中使用的中间产品为扣除进口中间品后剩余的国产中间产品，确保了对中国真实出口隐含能测算的相对准确性；在测算进口隐含能时，将全部进口根据来源国别经济发展水平的差异，划分为发达国家和发展中国家两类，分别使用日本和中国的投入产出表数据、能耗数据代替，最大限度地确保最终结果与真实中国进口隐含能水平的接近。根据层次二的设定，具体中国出口隐含能、进口隐含能、贸易隐含能净值的计算公式参见式（5.5）至式（5.8）。

（一）中国隐含能总量的分析

按照计算公式的要求，经过对相关数据的处理之后，层次二计算结果如下：

1. 中国出口隐含能总量的分析

从图 5-8 中可以看出在扣除进口中间产品对出口隐含能影响之后，中国出口中隐含能的总量虽然在观察期内有波动，但仍然呈现持续上涨的趋势。具体来说，自 1997—2013 年，中国出口隐含能的整体测算结果的趋势可以分为三个阶段：

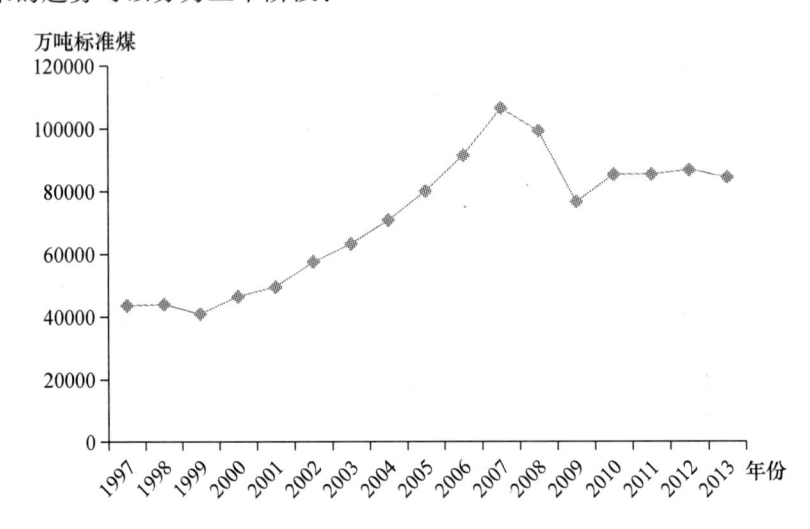

图 5-8　层次二计算中国出口隐含能总量

资料来源：根据历年中国投入产出表、《中国统计年鉴》《中国能源统计年鉴》《中国海关统计年鉴》和《中国对外经济统计年鉴》相关数据整理所得。

第一阶段，快速增长阶段。1997—2007 年的中国出口隐含能总量的变化可以从数量和速度两个方面得到反映。从绝对值数量变化来说，出口隐含能从 1997 年的 43511.34 万吨标准煤增长到 2007 年的 106585.1 万吨标准煤，2007 年比 1997 年的出口隐含能净增 1.45 倍。从速度来说，从 1997 年到 2007 年，环比年均增长都在 10% 以上。

第二阶段，剧烈调整阶段。2008—2009 年，由于外部经济环境发生了很大变化，特别是国际原油价格首次突破每桶 100 美元关口和美国次贷危机的爆发与蔓延,使中国的出口状况受到空前的压力。借助图 5-9 可以看出,由于中国的外贸状况在 2007—2009 年发生明显变化,出口、进口规模同时下降,使中国 2009 年的出口隐含能水平比最高值的 2007 年下降了 29923 万吨标准煤,降幅接近 1/4,中国的出口隐含能在此期间也经历了一次剧烈的调整。

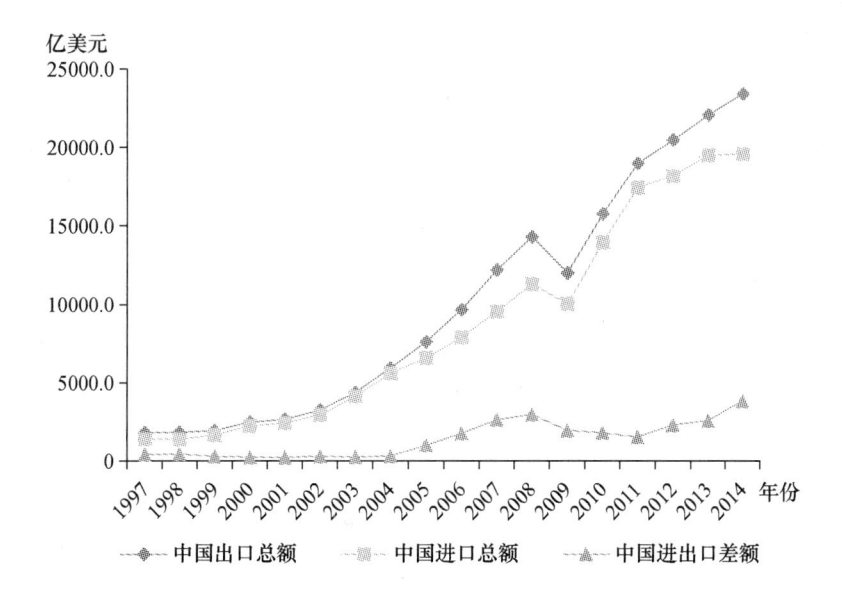

图 5-9 1997—2014 年中国进出口总量与余额

资料来源:根据历年中国投入产出表、《中国统计年鉴》《中国能源统计年鉴》《中国海关统计年鉴》和《中国对外经济统计年鉴》相关数据整理所得。

第三阶段,稳定发展阶段。从 2010 年起,中国的出口隐含能水平已经恢复到 2006 年的水平,并且在随后的几年时间内基本保持不变,持续维持在 85000 万吨标准煤的水平。对于这种隐含能出口规模的变化应该如何理解?结合图 5-9 可以发现,就中国的对外出口而言,2010—2013 年的出口贸易实际上是一个快速恢复和提高的过程,其贸易额已经远超世界性经济波动前最好水平 2007 年的贸易规模,而同期出口隐含能的水平不仅没有随之实现快速增长,反而保持了相对稳定。这两组数据的比较实际上说明,2007—2009 年的全球性经济调整在某种程度上对中国经济反而具有积极和正面的作用,它迫使中国的各行业降低能源消耗水平和提高能源使用效率以适应外部经济环境的变化，从而最终在数据上表现为出口隐含能水平已经摆脱了对出口贸易规模的紧密依赖。据此可以说明，从2010年起，中国的经济发展模式、内部产业合作模式、对外贸易结构等方面都与20世纪末的情况相比发生了明显的变化和改进。

2. 中国进口隐含能总量的分析

在图5-10中根据层次二对进口隐含能测算的假定，中国的隐含能进口总量是由来自发达国家的隐含能进口和来自发展中国家的隐含能进口两部分组成，下面分别对这三条数据线进行分析。对于来自发达国家的进口隐含能数据线来说，其隐含能水平虽然有波动但整体呈现上升趋势，并且其数值在1997—2013年基本占据中国进口隐含能总量80%左右的比例。结合表5-2的数据后可以发现，中国与34个发达国家的进口量只占全部进口量50%左右，但从这34个发达国家进口隐含能规模的比例却远超这个数值并达到80%的水平，发达国家是中国进口隐含能的主要提供国。这说明一方面中国与发达国家之间紧密的经贸联系依旧是中国对外贸易的主要构成部分，另一方面也说明以进口隐含能表示的、中国与发达国家之间在进口贸易中的商品结构和行业结构中存在一些有待继续深入研究的特性。对于这部分的内容将结合行业进口隐含能的分析在后文中展开。对于来自发展中国家的进口隐含能数据线来说，整体呈现低速增长的趋势，从1997年占据中国进口隐含能总量的比例不足10%已经上升到2013年20%的水平。数据的变化说明中国正在不断扩大与亚非拉广大发展中国家的贸易，这对于中国扩大经贸合作对象、分散贸易风险、确保能源安全、优化商品结构等各方面都具有积极的作用。如果考虑表5-2的数据后会发现，中国与广大发展中国家的进口贸易总量虽然占到一半的比例，但从众多发展中国家进口的商品中的隐含能水平并不高。考虑到发展中国家整体的生产力水平、产业结构和能源使用效率，中国从这些国家进口的商品肯定不会是高附加值和高能耗的商品，更多的只会是以农产品、初级工业制成品、纺织品等以劳动密集型为特点的产品。如果进一步剔除中国从发展中国家进口的石油、矿产品等高能商品，中国实际在与发展中国家的贸易来往中是处于能源净输出的不利地位。对于中国整体进口隐含能数据线来说，不仅呈现持续上涨的趋势，而且其变化主要受到中国来自发达国家进口隐含能规模、结构和特点的影响。

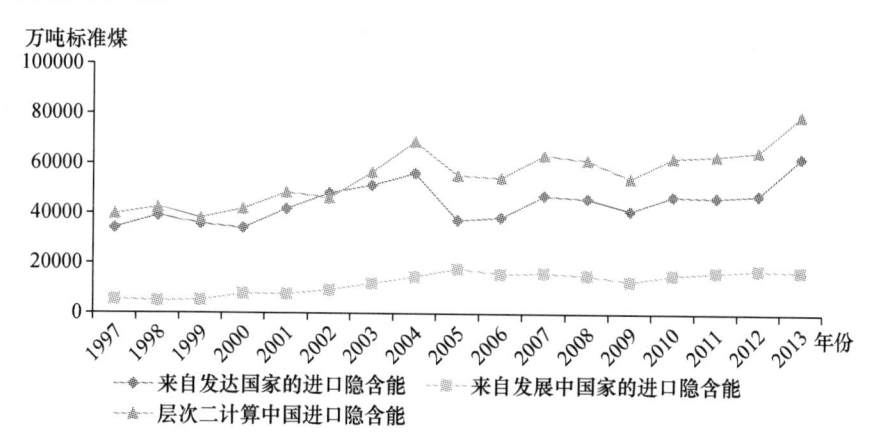

图 5-10 层次二计算中国进口隐含能总量

资料来源：根据历年中国投入产出表、《中国统计年鉴》《中国能源统计年鉴》《中国海关统计年鉴》和《中国对外经济统计年鉴》相关数据整理所得。

（二）中国贸易隐含能净值的分析

根据式（4.24），按照层次二测算要求得到的中国贸易隐含能的净值应该是按照层次二假定测算得到的中国出口隐含能与进口隐含能的差额。具体结果见图 5-11。

从图 5-11 中我们可以看出在层次二测算的约束下，中国贸易隐含能呈现以下特点：

第一，中国对外贸易隐含能净值的变化主要依赖于出口隐含能并整体呈现增长的趋势。与出口隐含能的特点相类似，中国隐含能净值的变化主要由三个阶段构成，分别是 1997—2006 年的增长期、2007—2009 年的调整期和 2010—2013 年的稳定期。之所以将 2004 年的隐含能净值划分为增长期主要是由于该年隐含能进口的特殊变化。通过观察图 5-11 中出口与进口隐含能线在 2006 年之前的位置就可以看出，如果没有 2004 年进口隐含能的异常变化，实际该年度的隐含

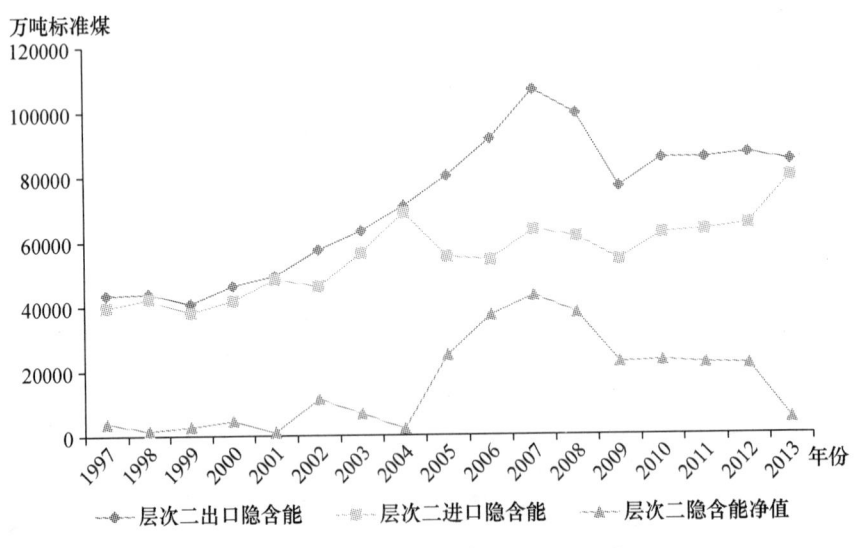

图 5-11　层次二计算中国隐含能净值

资料来源：根据历年中国投入产出表、《中国统计年鉴》《中国能源统计年鉴》《中国海关统计年鉴》和《中国对外经济统计年鉴》相关数据整理所得。

能净值的趋势应该与邻近年度是一致的。对于 2007—2009 年的波动前文中已经解释过，主要是由于外部经济环境的变化使得中国的进出口都受到了一定的影响，所以表现为隐含能净值在此期间的大幅调整。2010 年以后的显著特点是进口与出口隐含能的水平趋于一致，从而使得隐含能净值的规模相对稳定。

第二，中国贸易隐含能净值的水平始终保持顺差的局面。从图 5-11 中可以看出，当按照层次二测算的要求测算中国隐含能净值后，整个观察期内中国的出口隐含能水平都高于进口隐含能水平，这种隐含能净值的顺差意味着中国在整个贸易过程中处于隐含能源的"净输出"。对这种隐含能源的"净输出"应该如何看待呢？从当今世界经济发展的现状来看，发达国家基本上都处于国际分工链条的上游，负责设计、研发、复杂加工、营销等高附加值环节，在出口高附加值商品的同时大量进口生产所需的能源和高能耗中间产品、初级产品，对本国的能源消耗相对较少。而发展中国家的情况正好相反，主要承担了能源、简单高能耗中间产品、初级产品的生产，在大量消耗本国能源的同时又在从发达国家进口各类高附加值产品。因此，现阶段发达国家基本上都处于贸易隐含能的逆差或"净输入"的状态，而发展中国家则处于贸易隐含能的顺差或"净输出"的状态。由此可以看出，我国当前这种贸易隐含能的状况是不利于长期和可持续发展的，更不用说为了满足出口需要而生产高能耗、高污染的产品对我国能源安全、环境保护、人民身体健康等方面的不利影响。

（三）中国贸易隐含能的行业分析

与前文分析的思路相同，下面对基于层次二测算要求下得出的行业间隐含能进出口状况进行简单分析。

1. 中国各行业出口隐含能分析

中国 1997—2013 年 15 个行业出口隐含能变化见图 5 - 12。

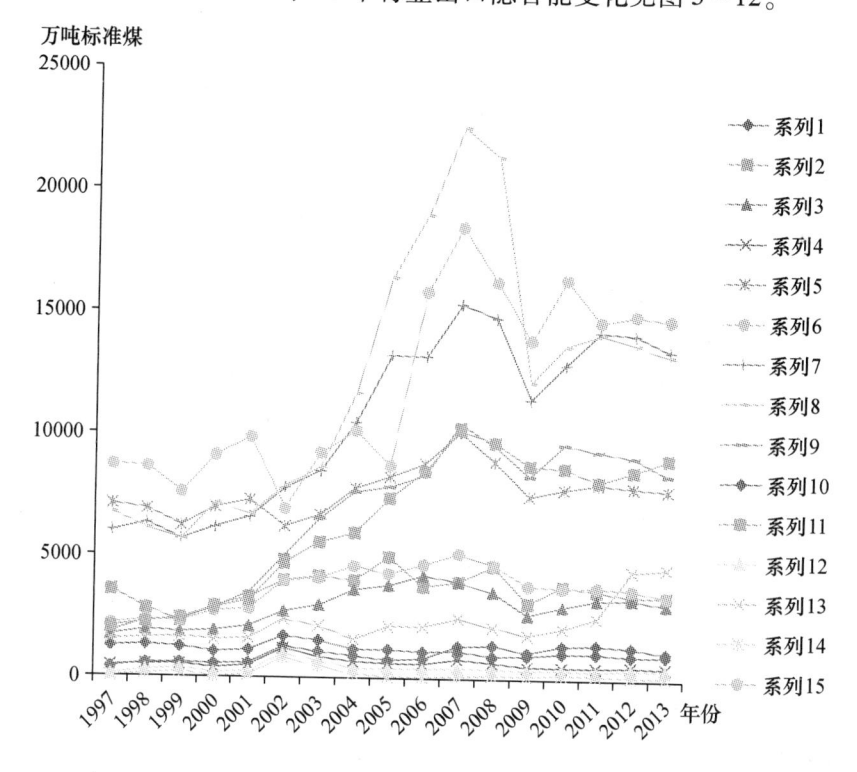

图 5 - 12 层次二计算中国各行业出口隐含能

注：各系列的含义见图 5 - 5 注释。

资料来源：同图 5 - 5。

在图 5-12 中，扣除进口中间产品对出口影响后的 15 个行业出口隐含能水平整体呈现不断增长的趋势，但根据各行业出口隐含能增长速度的差异，可以将这些行业大致分为三类：

第一类，隐含能出口高速增长行业。这些行业的特点是出口隐含能水平在观察期内增长迅速远超其他行业，具体包括化学工业、金属冶炼制品业、其他行业。虽然这三个行业都有出口隐含能高速增长的趋势，但具体情况又有所差异。对于化学工业和金属冶炼加工业来说，其出口产品的本质依然是对石油、金属矿产品的加工，因此在生产过程中能耗非常严重，这种出口的增长从能源的节约和产品价值的增加上来说都不是最优的。而与之形成鲜明对比的是其他行业，该行业虽然出口隐含能增长迅速，但考虑到其内部构成的具体次级行业全部都属于服务行业的实际情况，该行业的出口隐含能的增长实际是该行业整体对外出口迅速增长在能源消耗上的具体写照。而大力推动服务业和第三产业的发展正是中国近年来在产业结构调整上努力实现的目标。

第二类，隐含能出口中速增长行业。这些行业的出口隐含能水平增长相对于第一类较慢，具体包括以下行业：食品制造业，通用、专用设备制造业，电气，通信、计算机及其他电子设备制造业。结合图 5-13 可以看出，通用、专用设备制造业，电气、通信、计算机及其他电子设备制造业是观察期内中国各行业中出口增长速度最快的，但其隐含能出口的增速反而位于第二梯队，这说明这两个行业的整体能耗水平和能耗效率与早期相比都有显著的改进。反而对于食品制造业来说，其贸易额的增速属于出口增速最低的集团，但出口隐含能的增长却相对较高。这说明中国食品制造业的能源消耗水平较高，还有进一步改进能源使用效率的空间。

第三类，隐含能出口低速增长行业。这些行业的隐含能出口变化相对最为缓慢，具体包括以下行业：农业、采掘和加工业、非金属矿物制品业、纺织业、木材和造纸业、交通运输设备制造业、仪器仪表及文化办公用机械制造业、其他工业、建筑业。在这些行业中参考图 5-13 可以发现，纺织业的表现最为优异。1997—2013 年，纺织业的出口总额在中国 15 个出口行业中排名第三，对外贸易的贡献巨大，但其隐含能出口的规模却排在增量最少的第三层次。这两组数据的比较说明中国近年来在纺织业已经实现了较为成功的转型，在确保其依然是传统出口重点部门的同时，能源使用总量和能源使用效率与其他行业相比都有了显著的改进。

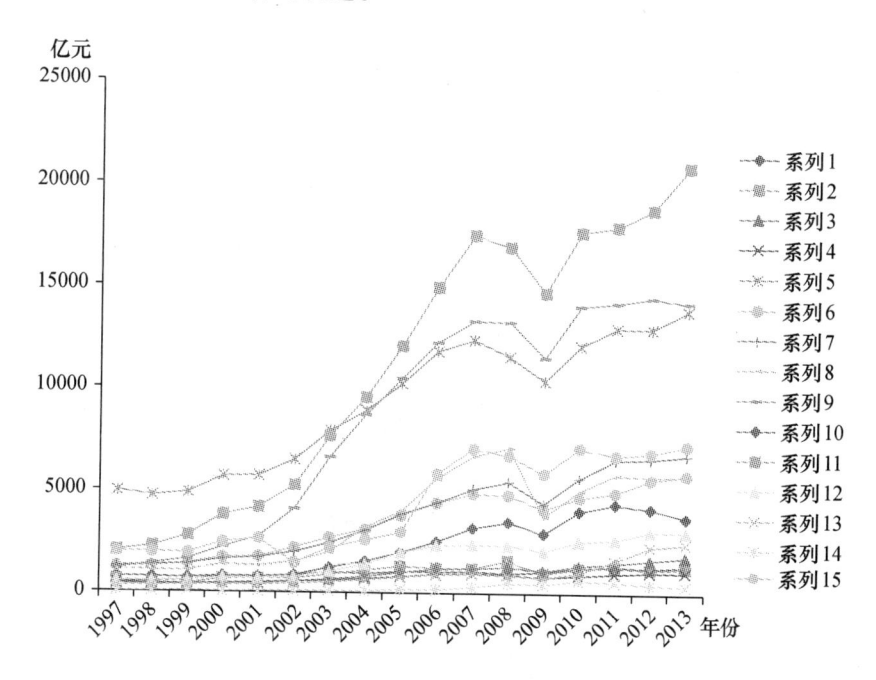

图 5-13　中国 1997—2013 年 15 个行业出口额

注：各系列的含义见图 5-5 注释。

资料来源：同图 5-5。

2. 中国各行业进口隐含能分析

对于中国进口隐含能分行业的分析，由于层次二在计算进口时将中国的总进口分解为来自发达国家和发展中国家两类分别计算，故本书也从这两个方面进行分析。

图 5-14 中描述了中国各行业来自发达国家的隐含能进口状况。从图中可以看出，根据不同行业隐含能进口数量的变化可以将中国的 15 个行业大致分为三类：

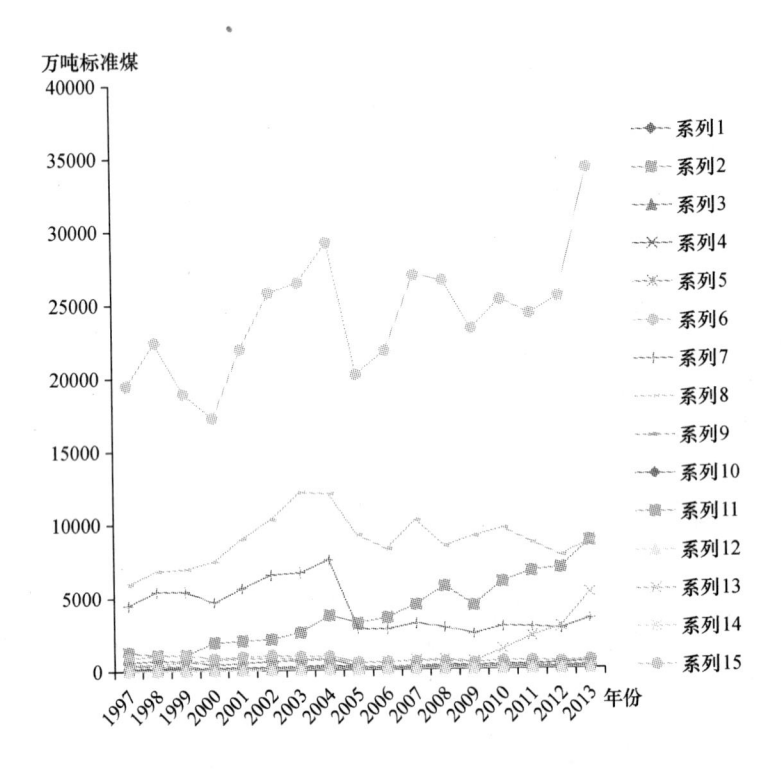

图 5-14 中国各行业来自发达国家的进口隐含能

注：各系列的含义见图 5-5 注释。

资料来源：同图 5-5。

第一类，隐含能进口快速增长行业。只有一个行业——其他行业——属于这种情况。由于其他行业的具体构成已经决定了其次级行业均为服务型行业或从属于第三产业，而这些行业也正是中国与发达国家之间在经贸关系上联系最紧密的领域，因此中国对这些行业的隐含能进口数据实际上折射出中国在这些领域内对发达国家相关产品的巨额需求。

第二类，隐含能进口中速增长行业。这些行业隐含能进口的增速相对于其他行业来说明显较低，具体包括以下行业：采掘和加工业、化学工业、金属冶炼制品业、其他工业。这些行业也都是发达国家在生产技术上具有优势的行业，中国在大量进口相关产品的同时也必然会出现相应的隐含能进口的增长。其中表现较为突出的是采掘和加工业，由于采掘业本身就是高能耗部门，中国近年来伴随着经济快速发展而不断加大对石油、矿产品的进口，其中有相当大的比例是来自发达国家，因此，表现在图 5-14 中就是来自发达国家采掘加工业（系列 2）隐含能进口的稳定持续的增长。

第三类，隐含能进口低速增长行业。这些行业的整体特点是隐含能进口水平不仅较低而且增长不明显，具体包括以下行业：农业，非金属矿物制品业，食品制造业，纺织业，木材和造纸业，通用、专用设备制造业，交通运输设备制造业，电气、通信、计算机及其他电子设备制造业，仪器仪表及文化办公用机械制造业，建筑业。结合图 5-15 可以看出，中国按来自发达国家进口额排序最多的 5 个行业是

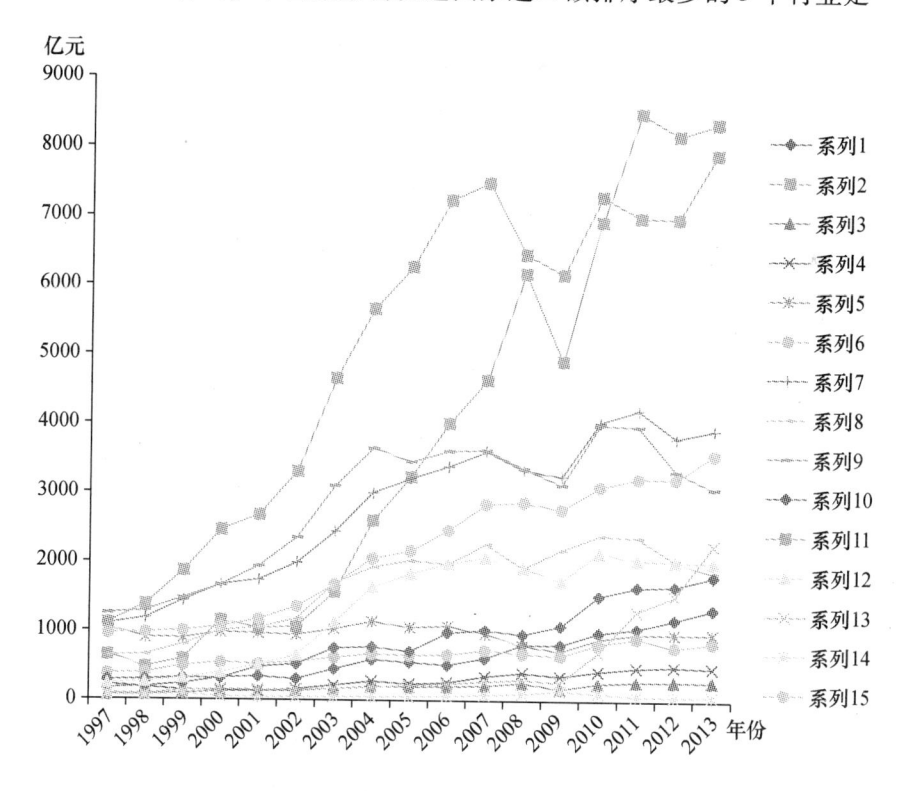

图 5-15　中国各行业来自发达国家的进口额

注：各系列的含义见图 5-5 注释。
资料来源：同图 5-5。

采掘加工业，通用、专用设备制造业，电气、通信、计算机及其他电子设备制造业，化学工业，其他行业，其中其他行业的进口隐含能水平最高，采掘加工业、化学工业的进口隐含能次之，通用、专用设备制造业，电气、通信、计算机及其他电子设备制造业的进口隐含能水平最低。这也从另一个侧面反映出发达国家在设备制造业上已经形成的技术优势和能耗优势，也可以看作是中国设备制造业进口应该努力的方向。

图 5-16 描述了中国各行业来自发展中国家的进口隐含能情况。从图中可以看出，根据不同行业隐含能进口数量的变化可以将中国的 15 个行业大致分为三类：

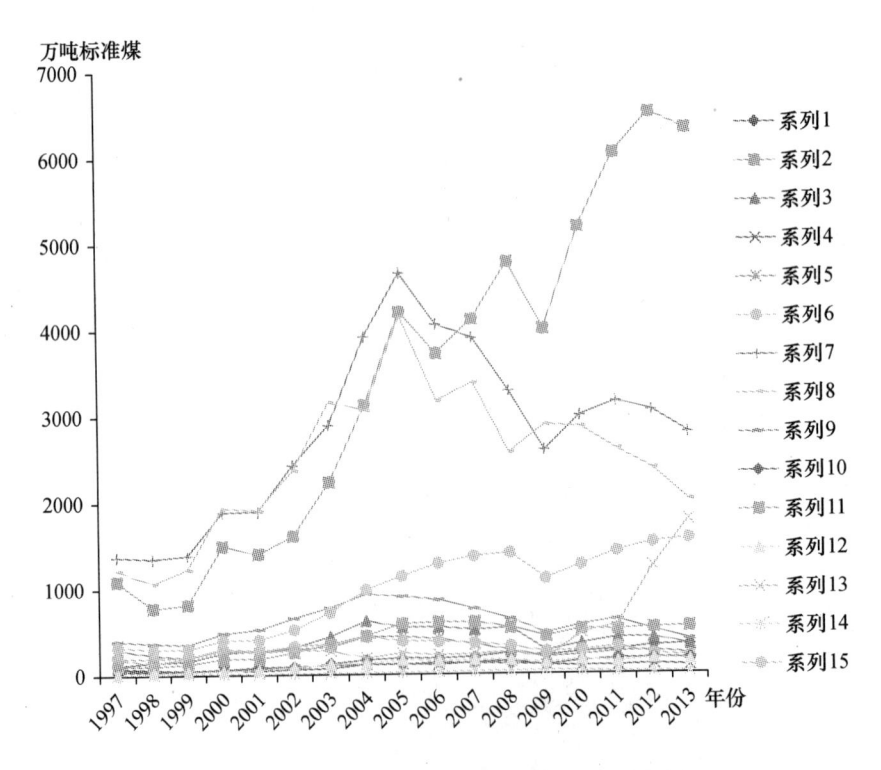

图 5-16 中国各行业来自发展中国家的进口隐含能

注：各系列的含义见图 5-5 注释。

资料来源：同图 5-5。

第一类，隐含能进口快速增长行业。这一类行业按照进口隐含能增长水平排序具体包括：采掘和加工业、其他行业、其他工业。对于采掘和加工业来说，是发展中国家向中国出口的传统部门，图5-17中描述了作为中国从发展中国家进口最多的行业，采掘和加工业成为中国自发展中国家进口隐含能最高的行业也不难理解。而其他行业和其他工业隐含能进口的快速增长则反映了中国与发展中国家全面经贸合作关系的加强，已经从传统的初级采掘业向更高层次的加工工业和服务业过渡。

第二类，隐含能进口快速减少行业。这类行业的整体特点是其向中国出口的隐含能水平自2005年之后开始出现明显下降，具体包括以下行业：化学工业、金属冶炼制品业。

第三类，隐含能进口低速增长行业。这类行业的特点是进口隐含能水平虽然也呈现增长趋势，但在整个观察期内的增长幅度较小，具体包括以下行业：农业，非金属矿物制品业，食品制造业，纺织业，木材和造纸业，通用、专用设备制造业，交通运输设备制造业，电气、通信、计算机及其他电子设备制造业，仪器仪表及文化办公用机械制造业，建筑业。参考图5-17对于第二类和第三类行业中部分行业隐含能进口的状况还需要做进一步说明：在图5-17中，中国来自发展中国家的行业进口额排序除了最高的采掘和加工业之外，其他排名靠前的行业依次为电气、通信、计算机及其他电子设备制造业，化学工业，通用、专用设备制造业，其他行业，金属冶炼制品业，仪器仪表及文化办公用机械制造业，交通运输设备制造业，其他工业。对于这些行业较高的贸易水平和相对较低的隐含能进口规模并存的解释，本书认为，主要是由于层次二在计算进口隐含能时假设导致的结果。由于层次二假设用中国的相关投入产出表数据和能耗数据代替所有发展中国家的相关数据，因此，这些数据的最终结果可能更多的是对中国这些行业发展和进口状况的描述，而用这些数据来说明发展中国家对中国出口隐含能的变化可能会存在一定的误差。

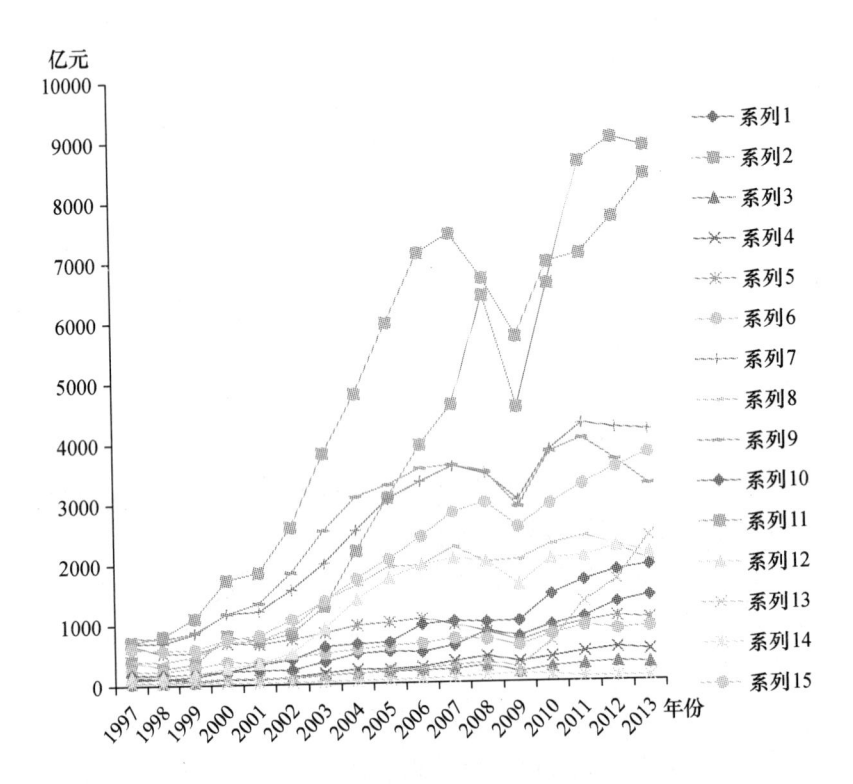

图 5-17　中国各行业来自发展中国家的进口额

注：各系列的含义见图 5-5 注释。

资料来源：同图 5-5。

3. 中国各行业贸易隐含能净值的对比分析

在图 5-18 中，中国 15 个行业根据其在 1997—2013 年隐含能净值的变化趋势可以划分为三大类：

第一类：隐含能净值逆差行业。这类行业的特点是其出口与进口隐含能的净值为负，即该行业处于贸易隐含能逆差或隐含能"净输入"的局面。按照隐含能逆差大小排列的各行业是：采掘和加工业、其他行业、其他工业。对于采掘和加工业来说，巨额隐含能逆差不仅反映该行业每年从海外进口的隐含能要远远大于向外部出口的隐含能，而且说明中国高速发展的经济对海外大量石油、煤炭、矿石净流入的高度依赖。在该行业，中国处于逆差或"净输入"，从确保经济

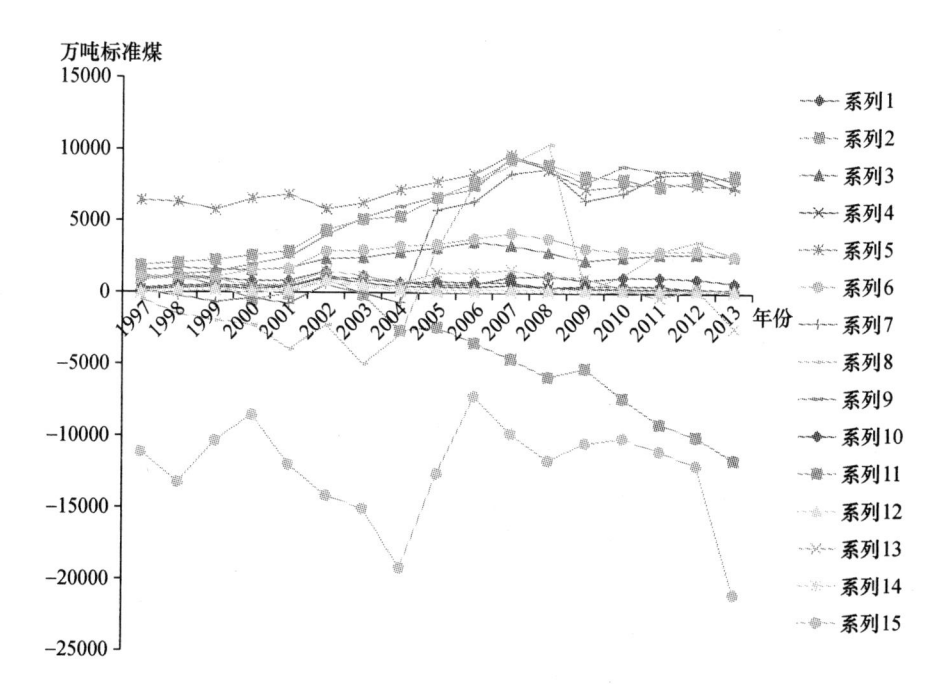

图 5-18　层次二计算中国各行业隐含能净值

注：各系列的含义见图 5-5 注释。

资料来源：同图 5-5。

发展、节约本国能源储备来说都是有利的。对于其他行业来说，其构成以服务业和第三产业为主，出现逆差不仅意味着中国在这些部门还处在发展的初级阶段、对来自外部的相关产品和服务有迫切的需要，而且通过该行业大量进口隐含能的输入还缓解了国内相关产品和服务供给不足的缺陷，同时还在一定程度上节约了由本国生产此类产品所需要耗费的能源。

第二类：隐含能净值高顺差行业。这类行业的共同点是不仅处于隐含能贸易的顺差地位，而且该差额的绝对数量水平很高。具体包括以下行业：纺织业，化学工业，通用、专用设备制造业，电气、通信、计算机及其他电子设备制造业。纺织业和制造业是中国出口中主要的构成部分，虽然对整体进出口贸易顺差有着积极的贡献，但从隐含能贸易的状况来看其作用却不容乐观。参考前文中对中国各部门出口隐含能变化的分析，这几个行业虽然出口隐含能水平的变化较为稳定，但由于进口隐含能水平较小，因此要实现在这些部门扭转隐含能巨额顺差的局面还需要在提高能源使用效率、降低单位能耗、改进生产工艺和各环节有效协作上做出更大的努力。

第三类：隐含能净值低顺差行业。这类行业的特点是其隐含能进出口的余额虽然是顺差，但绝对额较小。这类行业具体包括：农业、非金属矿物制品业、食品制造业、木材和造纸业、金属冶炼制品业、交通运输设备制造业、仪器仪表及文化办公用机械制造业、建筑业。对于该类行业今后的发展策略应该是在保持现有优势的前提下继续推进节能技术的推广和运用，提高能源使用效率，在确保能源安全和国际收支平衡的前提下尽量扩大对来自进口产品的消费。

（四）对层次二分析结果的小结

根据对中国贸易隐含能测算层次二的要求，上文对中国1997—2013年的隐含能从总量、净值到具体行业都进行了相应的分析并得出了一定的结论。其中，以下几个方面需要重点关注：

第一，按照层次二测算的要求，在扣除进口中间产品对出口产品隐含能的影响和区别发达国家与发展中国家对中国的进口隐含能之后，中国对外贸易隐含能的净值整体表现为顺差。贸易隐含能的顺差意味着中国不仅向世界输出各类质优价廉的商品，而且还在商品中隐含输出了大量的能源；而现阶段中国经济发展的实际情况是已经开始受到越来越严重的能源问题的制约。因此，在中国对外贸易隐含能顺差的问题上要引起高度的关注，要在如何提高能源使用效率、降低能源使用总量上出台更多的具体措施。

第二，从具体贸易隐含能测算的结果来说，中国传统意义上的优势出口行业，例如，纺织业和制造业，不仅在国际收支项目的核算过程中贡献了大量的贸易顺差，而且在隐含能贸易的过程中也是处于顺差的地位。与国际收支项目的顺差正好相反，在隐含能核算中出现顺差实际意味着一个国家在能源贸易过程中处于能源"净输出"的地位，而对于中国现有的资源储备状况来说，这种持续的能源"净输出"是极其不利的，可持续发展目标是无法实现的。因此，对于这些行业如何调整、改造和升级，使之在隐含能贸易的过程中减少顺差水平，还是需要继续深入思考和研究的。

三 根据层次三计算得出的中国贸易隐含能

为了克服前两个层次在隐含能测算时对中国政府公布的投入产出数据、能源消费数据和贸易数据的依赖，在层次三的测算中本书全面使用由 WIOD 公布的相关投入产出表数据、贸易数据、能源消耗数据和相应的各行业产出数据。这样不仅便于与国外学者使用相同数据而使最终结果可以进行比较，而且也借助 WIOD 公布的连续中国 IO 表数据避免了由于对中国官方公布的间断年度之外的投入产出表所做的自行估算而造成的误差；同时还可以弥补国内对使用 WIOD 相关数据进行测算的不足之处。

在这种情况下，有关中国贸易隐含能的相关计算公式与本章第二节的定义相同，即式（5.9）和式（5.10）。

（一）中国隐含能总量的分析

按照计算公式的要求，经过对相关数据的处理之后，层次三计算结果如下：

1. 中国出口隐含能总量的分析

在图 5-19 中可以看出，根据 WIOD 提供的 IO 表数据、贸易数据和能源消耗数据测算出的中国隐含能出口状况整体呈现递增的趋势，具体可以将其大致分为三个阶段：

第一阶段，隐含能低速增长阶段。1997—2001 年根据 WIOD 数据计算的中国出口隐含能就体现出这种特点，中国经历了 5 年时间才从 1997 年的 37228.06 万吨标准煤的隐含能出口量增加到 2001 年的 44032.46 万吨标准煤，年均增速在 5% 左右。这种绝对值与增速的变化结合图 5-2 可以看作是中国与世界贸易低速增长阶段的直观反映。

第二阶段，隐含能出口快速增长阶段。2002—2005 年的隐含能出口量呈现快速增长的局面，同样是 4 年时间，2005 年的隐含能出口量 96814.59 万吨标准煤已经比 2001 年净增长 1 倍多，年均增速为 24%。图 5-2 显示，这段时间也是中国对外贸易出口发展迅速的阶段，与贸易相对的隐含能出口在绝对值与增速上也表现为快速增长。

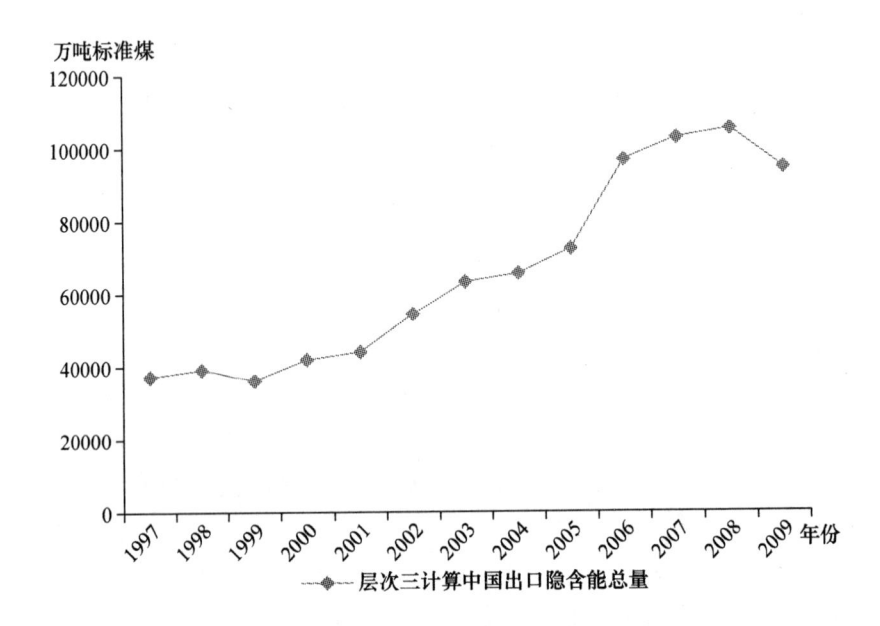

图 5-19　层次三计算中国出口隐含能总量

资料来源：根据历年中国投入产出表、《中国统计年鉴》《中国能源统计年鉴》《中国海关统计年鉴》和《中国对外经济统计年鉴》相关数据整理所得。

第三阶段，隐含能高位调整阶段。2006—2009 年中国的隐含能出口规模已经突破十万万吨标准煤的关口，2006 年的出口隐含能水平为102778.6 万吨标准煤；但由于 2008—2009 年世界经济领域发生的重大调整，使中国的出口隐含能在 2009 年为 94639.95 万吨标准煤，出现了一个向下的调整。但是，就整体未来发展趋势而言，层次三的计算结果与前面两个层次的趋势基本一致。

2. 中国进口隐含能总量的分析

从图 5-20 中可以看出，根据 WIOD 数据计算的中国隐含能进口规模整体依旧保持增长的趋势，但根据增速变化的差异大致可以分为两个阶段：

第一阶段，进口隐含能低速增长阶段。从 1997—2002 年，中国的进口隐含能水平才从 22430.12 万吨标准煤增长到 29624.69 万吨标准煤，年均增速维持在 6% 左右。

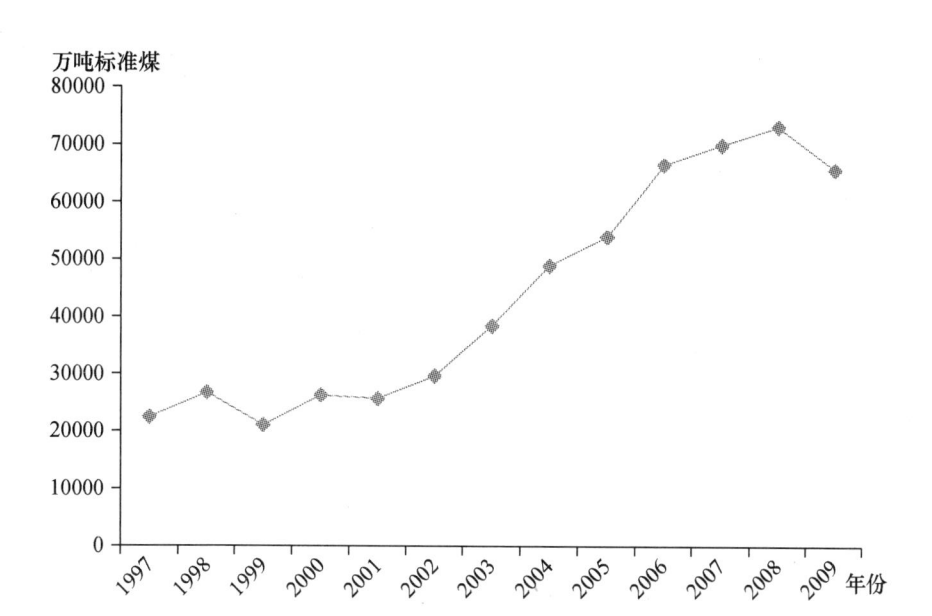

图 5-20 层次三计算中国进口隐含能总量

资料来源：同图 5-19。

第二阶段，进口隐含能快速增长阶段。2003 年的进口隐含能规模已经突破 3 万万吨标准煤的关口，达到 38457.4 万吨标准煤；而到 2008 年中国的进口隐含能水平已经达到 73193.8 万吨标准煤的规模，比 2002 年净增 1.47 倍。2003—2008 年，中国进口隐含能的增速年均达到 18% 的水平。2009 年进口隐含能规模的下调可以看作是 2007—2008 年全球性经济调整对中国进口带来影响的表现。

（二）中国贸易隐含能净值的分析

还是根据式（4.24）的要求，层次三使用 WIOD 相关数据测算中国贸易隐含能的净值等于按照层次三测算得到的中国出口隐含能与进口隐含能的差额。具体结果见图 5-21。

通过对图 5-21 的分析可以看出以下两个特点：

第一，根据 WIOD 相关数据测算得到的中国出口隐含能与进口隐含能的总体趋势几乎趋于一致，都表现为相同的增长和波动趋势。这种出口与进口趋同的特点是前面测算中所没有的，对于这个特点的解

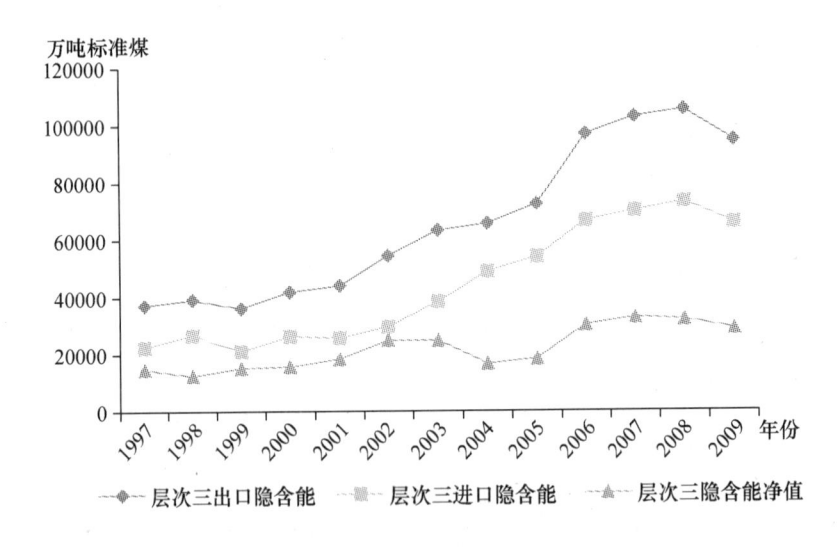

图 5-21　层次三计算中国隐含能净值

资料来源：同图 5-19。

释是：由于在使用 WIOD 数据测算中国进口隐含能时，无法处理所有向中国出口商品的国家的完全需求系数，所以，本书在测算时使用的是用由 WIOD 提供的中国投入产出表的数据来代替。具体方法类似于层次一的进口处理方法，即假设由于来自国外的进口产品是对中国自己生产该产品的"节省"，所以计算由中国自己生产该产品时所消耗的能源水平。但层次三与层次一测算进口的方法还是有明显区别的，即在层次三中使用的是由 WIOD 提供的中国 1997—2009 年连续的投入产出表，而层次一测算进口时使用的是中国官方公布的间断、不连续的 IO 表。

第二，根据 WIOD 相关数据测算得到的中国贸易隐含能的差额在整体保持为顺差的前提下呈现低速增长的趋势。在图 5-21 中，虽然由于 2004—2005 年中国进口的快速增长使这两年的贸易隐含能水平出现了波动，但中国贸易隐含能的整体趋势依然呈现增长的趋势。

第二个特点说明即使使用国际数据来测算中国的贸易隐含能净值，结论也是中国不仅向世界贡献各种优质商品，还向世界"净输出"了大量宝贵的能源。单纯就这个结论而言，今后中国贸易结构调整的方向也应该是在继续扩大贸易规模、实现国际收支均衡、提高贸易附加值的前提下向如何进一步降低和减少隐含能"净输出"的方向而努力。

（三）中国贸易隐含能的行业分析

与前文分析的思路相同，下面对基于层次三测算要求下得出的行业间隐含能进出口状况进行简单分析。

1. 中国各行业出口隐含能分析

图 5-22 中描述了基于 WIOD 数据测算的中国各行业隐含能出口状况。从图 5-22 中可以看出，根据不同行业隐含能进口数量的变化可以将中国的 14 个行业大致分为三类：

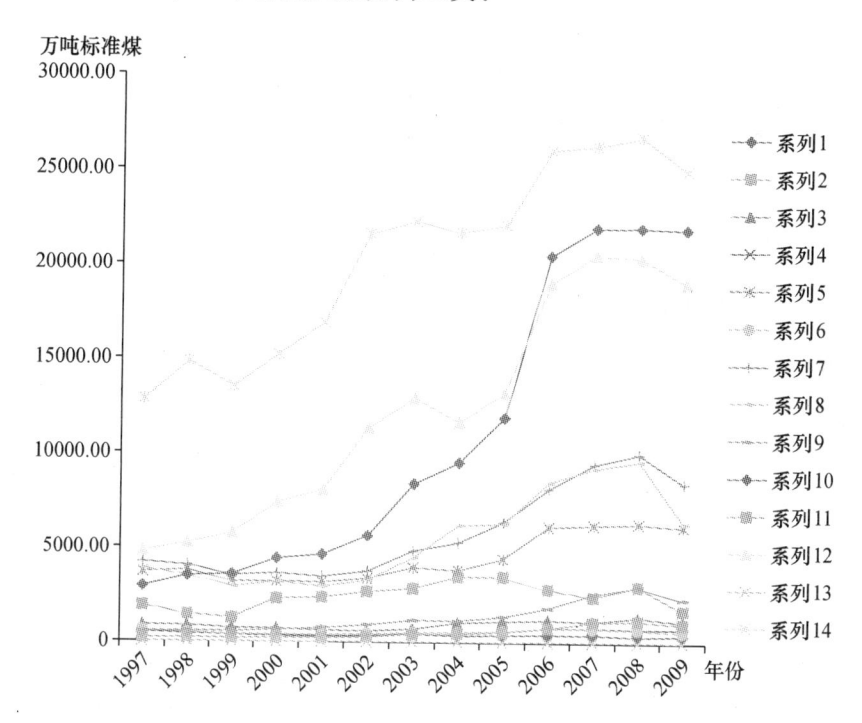

图 5-22 层次三计算中国各行业出口隐含能

注：系列1—农业；系列2—采掘和加工业；系列3—非金属矿物制造业；系列4—食品制造业；系列5—纺织业；系列6—木材和造纸业；系列7—化工产品业；系列8—金属冶炼制品业；系列9—设备制造业；系列10—电子设备制造业；系列11—运输设备制造业；系列12—其他工业；系列13—建筑业；系列14—其他行业。

第一类，出口隐含能高速增长行业。这些行业的特点是不仅整体隐含能出口的规模大，而且增长迅速。按照出口隐含能水平的高低排序具体包括电子设备制造业和其他工业。对于其他行业来说，其出口隐含能水平高的原因前文中已经分析过，主要是由于其包括了服务业和其他第三产业的出口，由于构成的次级行业众多所以出口隐含能水平最大。其中，需要重点关注的是电子设备制造业，其出口隐含能水平虽然没有其他行业高，但该行业出口隐含能的增长速度是14个行业中最快的，其出口隐含能从2001年的4618.57万吨标准煤到2006年就达到20448.78万吨标准煤，用5年时间几乎净增长了3倍。

第二类，出口隐含能快速增长行业。这些行业的出口隐含能水平也呈现持续增长趋势，但绝对量的变化相对于第一类明显较小。具体包括化工产品业、金属冶炼制品业和纺织业。这三个行业作为中国传统出口中的重点行业，其出口隐含能水平较高也是正常的。

第三类，出口隐含能低速增长行业。这些行业的出口隐含能水平的增长相对于前两类行业来说变化不明显，具体包括农业、采掘和加工业、非金属矿物制造业、食品制造业、木材和造纸业、设备制造业、运输设备制造业和建筑业。

2. 中国各行业进口隐含能分析

图5-23中描述了基于WIOD数据测算的中国各行业隐含能进口状况。从图5-23中可以看出，根据不同行业隐含能进口数量的变化可以将中国的14个行业大致分为两类：

第一类，进口隐含能快速增长行业。这些行业按照进口隐含能水平高低排序具体包括：其他行业、采掘和加工业、金属冶炼制品业、其他工业、电子设备制造业、化工产品业。这些行业的特点是一方面进口隐含能的绝对值远高于其他行业，2005年后的进口隐含能水平就已经超过6000万吨标准煤的规模；另一方面是这些行业的进口隐含能增速非常明显，其中，增速最慢的化工产业从1997—2008年的年均增速都达到了17%。这类行业都是中国与世界经济联系最为紧密的领域，几乎涵盖了能源进口和机械设备加工制造的主要行业，因此具有高水平的进口隐含能也是正常的。

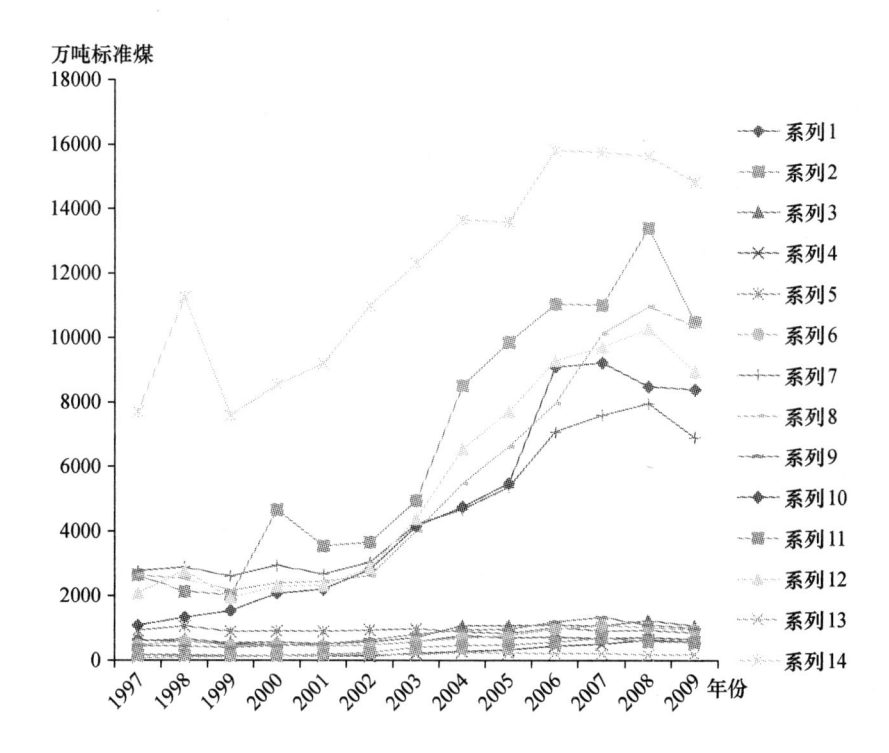

第五章 中国对外贸易隐含能测算方法的改进与结果 | 135

图 5-23 层次三计算中国各行业进口隐含能

注：各系列的含义见图 5-22 注释。

第二类，进口隐含能低速增长行业。与这些行业产品相对较小的进口需求相对应，这些行业隐含能进口的绝对值虽然有变动，但变动的幅度都非常小，具体包括农业、非金属矿物制造业、食品制造业、纺织业、木材和造纸业、设备制造业、运输设备制造业和建筑业。

3. 中国各行业贸易隐含能净值的对比分析

图 5-24 描述了层次三测算的中国 14 个部门贸易隐含能净值的状况。通过观察可以将各行业分为两大类：

第一类，贸易隐含能逆差行业。这些行业在 1997—2009 年，贸易隐含能的最终结果为负值，按照隐含能逆差大小排序，具体包括以下行业：采掘和加工业、金属冶炼制品业、木材和造纸业、农业、建筑业。对于其中逆差额最大的采掘和加工业来说，贸易隐含能测算的结果验证了中国近年来逐渐加大对外部能源依赖的假设，这也是中国

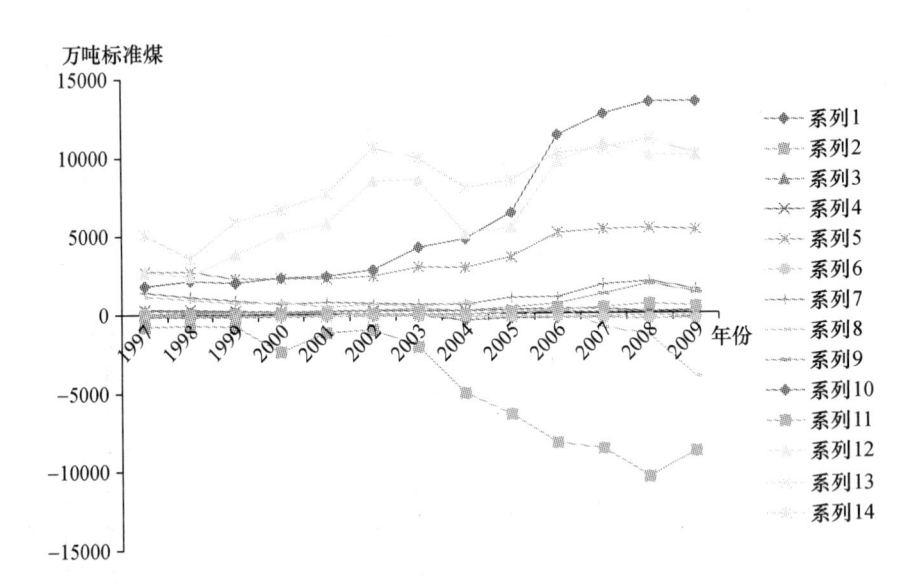

图 5-24 层次三计算中国各行业隐含能净值

注：各系列的含义见图 5-22 注释。

大量进口石油、煤炭、矿石等大宗产品的真实写照。金属冶炼制品业的大量隐含能净输入也是中国制造业不断深化国际分工参与程度的直接表现。木材和造纸业、建筑业的进口则主要源于中国近年来房地产业迅速发展后催生的对相关产品的消费增量，农业进口则是伴随着经济发展中国逐渐有能力加大对国外各类农产品消费的必然结果。对于这些行业来说，贸易隐含能的逆差实际意味着能源的净输入，尤其对于采掘和加工业来说，通过减少对国内能源生产的依赖转而更多地依靠国际能源的净输入对中国的经济发展来说实际是更为有利。

第二类，贸易隐含能顺差行业。这些行业的贸易隐含能虽然都为正值，但根据具体情况又可以分为两部分，第一部分是高隐含能顺差的行业，具体包括电子设备制造业、其他行业、其他工业、纺织业。这些行业中除了其他行业是服务业和第三产业聚集的行业外，其他都是中国的出口优势部门，特别是纺织业一直在中国的出口中占据重要位置，因此这些行业隐含能贸易的差额往往表现为较大的顺差。第二部分是低隐含能顺差行业，具体包括：非金属矿物制造业、食品制造业、化工产品业、设备制造业、运输设备制造业。这些行业的隐含能输出水平与其在整体贸易总的比重相类似。

（四）对层次三分析结果的小结

层次三通过借助 WIOD 提供的相关数据对中国贸易隐含能进行了测算，上文据此对中国 1997—2009 年的隐含能从总量、净值到具体行业都进行了相应的分析并得出了一定的结论。从中可以总结出以下几个关键结论：

第一，使用 WIOD 数据测算得出的中国出口和进口隐含能的发展趋势更为趋同，波动性有所减少，这种特点与 WIOD 提供的有关中国连续投入产出表的数据相关。

第二，使用 WIOD 数据测算的中国贸易隐含能的净值依然表现为整体顺差，说明中国在世界能源贸易流动中的地位依然是处于"净输出"的状态，而这种情况与发达国家表现出的顺差或"净输入"状态截然相反；从而揭示出中国经济发展水平还处于较低的层次，与发达国家更具有可持续性的经济发展模式之间还存在一定差距的真相。

第三，就具体行业隐含能贸易差额的测算结果来看，中国传统优势出口部门如纺织业、制造业都是制造隐含能大额"净输出"的行业，从长期来看这种贸易模式并不是最具优势的，还需要做深层次的改进。对隐含能贸易逆差贡献最大的是采掘和加工业，这说明中国已经开始意识到对国内能源的合理保护和加大对外部能源的消费，这对经济的长期可持续发展是有积极意义的。同时还要对一些新表现出来的能够带来隐含能贸易逆差的行业给予高度关注，例如，金属冶炼制品业与木材和造纸业。这些行业所依托的国内自然资源基础较为薄弱，如何充分利用国际市场的供给来满足中国经济发展的需要也是今后可以继续关注的问题。

第四节　三个层次中国隐含能数据的比较

本章前三节介绍了对中国贸易隐含能进行测算的三个不同层次的方法和不同的结果，下面就对这三个不同层次的测算结果进行一下比较。由于层次一的假设存在明显不足，所以只对其进行简单分析，而将分析对比的重点放在层次二与层次三测算的结果上，而这也正是本书对有关隐含能问题研究的主要贡献和可能创新之处。

一 三个层次中国出口隐含能的比较

通过对图 5-25 的观察可以看出，对于三个层次测算的出口隐含能而言，层次一得出的结果最大，这是由于其在测算出口时假设——中国出口中使用的中间产品全部由本国生产且没有任何进口产品对最终产品的生产产生影响——存在偏差造成的。由于这种简化处理人为地忽略了进口中间产品对中国出口产品生产过程的影响，所以在计算过程中用能耗更高的国产中间产品代替了进口的能耗较低的进口中间产品，从而使最终计算的出口隐含能水平被"高估"。虽然层次一的结果是"高估"的，但仍然可以将其看作是中国出口隐含能的最高边界。

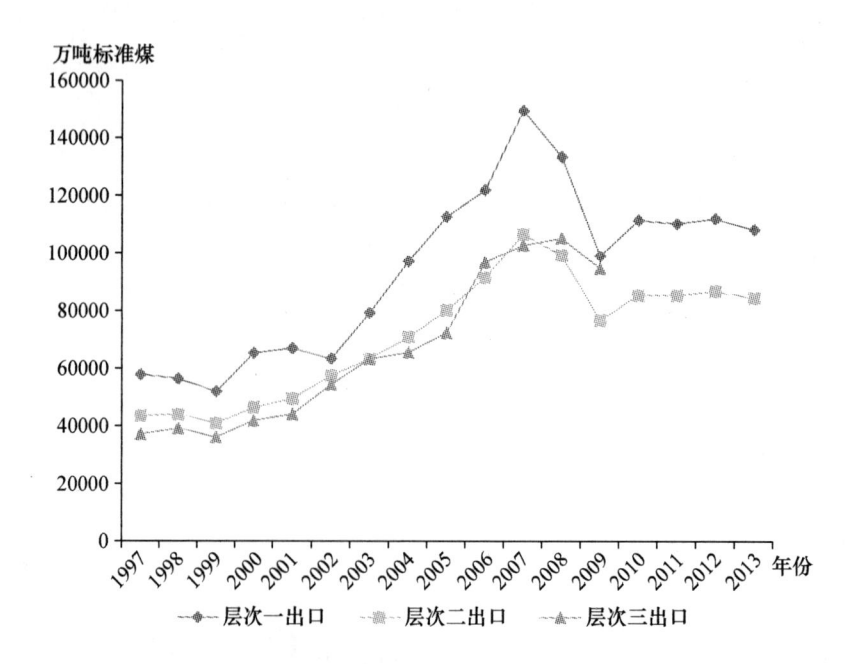

图 5-25　1997—2013 年三个层次出口隐含能比较

注：数据来自本章第三节三个层次计算的相关结果。

对于层次二和层次三结果的比较来说，第一，就出口隐含能变化的基本趋势来说,与层次一的结论相同,都表现出随时间的变化而不断增长的趋势;这种趋势也是对中国不断增长的出口商品数量势必会带来隐含能持续增加判断的肯定。第二,就层次二与层次三出口隐含能的绝对值来看,1997—2009年两者测算的结果存在较大差异。到2005年为止,层次二测算得到的出口和进口隐含能水平都大于层次三的结果;但从2006年起到2009年为止,使用层次三国际数据得到的出口和进口隐含能开始大于层次二的结果。如果按照这种趋势,使用国际数据得到的结果在之后的时期都会大于中国数据得到的结果。

二 三个层次中国进口隐含能的比较

通过对图5-26的观察可以看出,对于三个层次测算的进口隐含能而言,同样是层次一得出的结果最大,这种"偏大"或"高估"也是由层次一在测算中国进口隐含能时所使用的假设造成的。由于层次一假设在进口时进口国技术水平与中国一致,来自国外的进口产品是对中国自己生产该产品的"替代"和"节省",因此计算结果为中

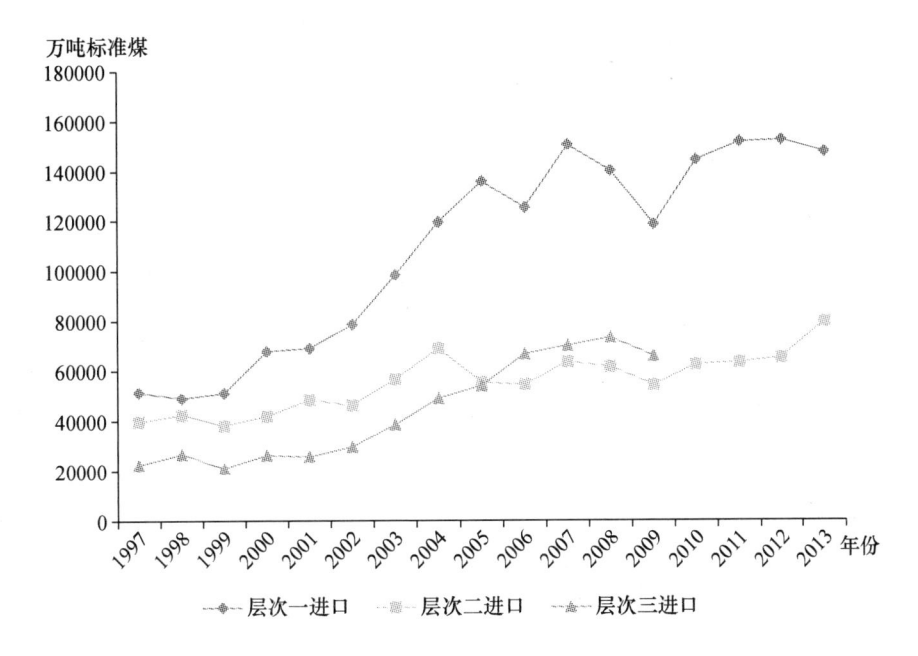

图 5-26 1997—2013年三个层次进口隐含能比较

注:数据来自本章第三节三个层次计算的相关结果。

国自己生产该产品时所消耗的能源水平。这个结果没有考虑在实际贸易过程中来自发达国家进口产品中所蕴含的较低水平的隐含能,而代之以中国较高的能耗水平,所以使最终结果被"高估"。但层次一计算的进口隐含能水平同样可以作为理解中国进口隐含能节约的最大边界,也就是中国参与国际贸易对节约本国能源最大限度的贡献。

对于层次二和层次三结果的比较来说,第一,两者得出的进口隐含能变化趋势与层次一接近,同样呈现为随时间变化不断增长的趋势;这同样是中国进口总量不断增长所必然带来的结果。第二,就层次二与层次三进口隐含能的绝对值来看,除2009年外两者结果的差异比两者在出口隐含能结果上的差异要大。但与出口隐含能测算相同的是,层次二与层次三测算的进口隐含能同样在2006年出现了转变,由之前的层次二结果大于层次三结果转变为前者小于后者的测算结果。

三 三个层次中国贸易隐含能净值的比较

相对于图 5-25 与图 5-26 以及图 5-27 与前者相比最大的区别在于测算得出的中国贸易隐含能的净值发生了根本性的转变。

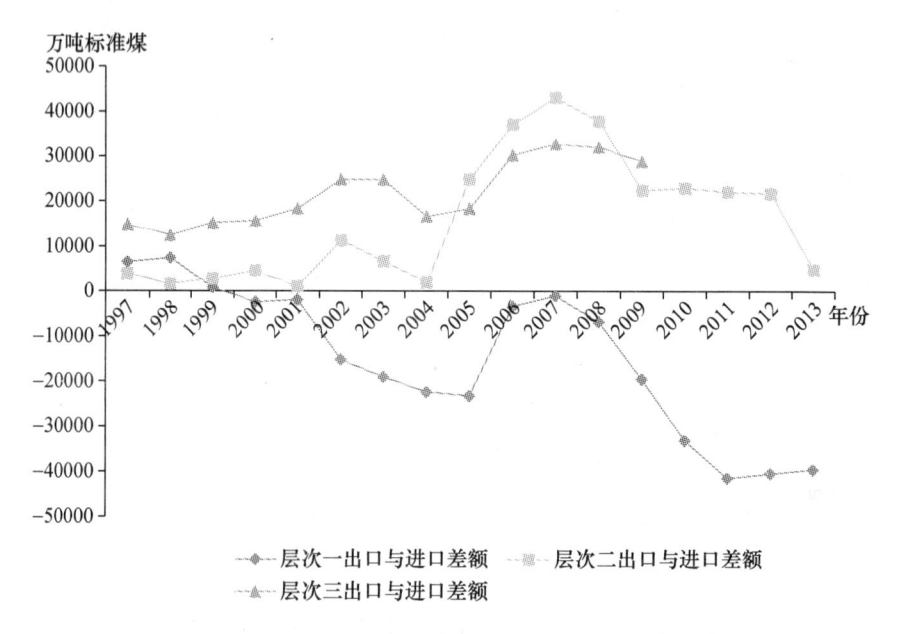

图 5-27 1997—2013 年三个层次贸易隐含能净值比较

注:数据来自本章第三节三个层次计算的相关结果。

在层次一的测算结果中,当使用中国的完全需求系数与能耗系数测算中国的出口与进口隐含能时最终结果整体表现为逆差,并且这种逆差的绝对数值还呈现逐年扩大的趋势;即使发生了如 2008—2009 年影响重大的全球性经济调整,也依然没有改变中国贸易隐含能逆差的局面。虽然这种结果是在"高估"进口隐含能的假设下得出的,但也从反面说明了中国的整体经济发展水平、产业结构、能源使用效率与当今世界主要发达国家之间存在的巨大差异。

对于层次二和层次三计算得出的中国贸易隐含能的净值而言,第一,两者结果的变化趋势相同,都呈现出贸易隐含能顺差的局面,真实反映了当前中国在国际贸易中不仅向全世界输出各种商品,还向世界输出能源和为发达国家"节约"能源消耗的真实状况。第二,层次三得出的贸易隐含能净值结果变化的幅度较小,虽然整体呈现递增的趋势但其波动性要小于层次二净值的结果。对此可能的解释是由于层次三的测算中使用的是由 WIOD 提供的连续中国投入产出表,其数据具有一定的连贯性;而层次二的测算中所使用的中国投入产出表不仅数量少,而且还用已公布年度的 IO 表数据代替邻近年度的 IO 表数据,所以造成层次二测算结果比层次三测算结果具有了更大的波动性。

四 中国贸易隐含能计算结果的总结

关于中国贸易隐含能的测算已经完成,下面对测算得到的主要结论予以总结,并对今后在测算过程中应该关注的相关问题给予说明。

(一)对中国贸易隐含能计算结果的基本认识

第一,层次一的测算虽然由于其假设的不合理之处而导致结果存在明显的"高估",但并不妨碍其发挥作为我们认识中国贸易隐含能出口和进口最大边界的作用。以层次一测算的结论来看,中国 2013 年出口中所包含的隐含能水平为 108246.09 万吨标准煤,这个数据意味着如果中国所有出口产品中所消耗的中间产品都由本国来生产时出口商品中的最大隐含能水平。中国 2013 年进口隐含能水平为 147723.17 万吨标准煤,这个数据意味着如果中国放弃所有来自外部世界的进口,全部由本国自己生产时所需要耗费的隐含能水平。虽然

2013年中国最终贸易隐含能净值为逆差，但这一结果由于对进口测算处理的先天缺陷而使其结论没有实际意义。层次一测算结果最大的作用在于通过对进口隐含能的测算，证明了进口对中国经济的积极作用不仅仅表现在满足商品、原材料和服务的需求上，还对理解中国的能源消耗和节省、内部能源供给和外部能源供给、实现能源环境与经济的可持续发展具有重要的参考作用。

第二，层次二的测算可以作为对中国贸易隐含能真实结果的有益参考，其结论的合理性已经借助层次三的结果得到了验证。即从1997—2013年的发展来看，中国的出口和进口隐含能水平均保持持续增长的趋势，在2013年年末分别达到84471.45万吨标准煤和79570.65万吨标准煤的水平；且最终贸易隐含能的净值为顺差。虽然从绝对值来看小于层次一的结果，但由于其在测算过程中合理地解决了进口中间品对最终出口品隐含能测算的影响和进口产品中不同来源产品相关系数差异的问题，所以结论比较接近于中国真实的贸易隐含能水平。同时中国贸易隐含能测算净值为顺差的结果也反映出中国在国际经贸往来中的真实角色：中国一方面获得了以商品货币价值表现的长期国际收支顺差的利益，另一方面中国也付出了以能源消耗表示的巨额"净输出"的代价。其中作为传统贸易优势部门的纺织业和制造业，实际在隐含能顺差的形成中发挥了巨大的作用。有鉴于此，一方面在已有长期顺差和大量外汇储备的背景下，需要对如何通过进一步扩大进口来实现国际收支的平衡和节约国内能源消耗要有新的认识和举措；另一方面对于传统出口优势部门的结构升级与改造、国内其他关联行业结构的优化和能源使用效率的提高也应该做出更多的改进。

第三，虽然层次三测算结果的实际作用受到其能源数据时限性的制约，但仍然可以发挥积极的作用。首先，就其测算得出的1997—2009年的结果来看，其最终结果从侧面验证了层次二结论的可靠性。层次三测算出的中国出口与进口隐含能的变化趋势与层次二结果趋于一致，但更为平滑。造成这种情况的原因主要是由于层次三中的有关中国投入产出表数据是连续的，而非层次二中使用的间断数据。同时层次三得出的中国贸易隐含能净值也是顺差，发现中国传统优势出口部门如纺织业、制造业都是造成隐含能"净输出"的主要行业。这些都说明本书在对中国贸易隐含能测算时方法的使用、数据的处理、最终得出的结论都是合理的和可信的。其次，由于层次三使用的数据全部是来自已公开的国际数据，据此得出的测算结果也便于同国外学者相关测算的结论进行比较，避免了由于数据来源差异对不同测算结果进行比较时造成的不便。最后，层次三的结果从2006年起开始超过层次二的结果，这说明使用国际数据测算得到的结果可能会高于中国实际的结果，因此，当学者们使用不同来源的数据时就会对中国的真实隐含能水平的估算产生偏差，出现国外学者的结果偏大，而国内学者的结果偏小的情况。

（二）对测算贸易隐含能过程中应该注意的问题

最后对有关贸易隐含能测算过程中应该注意的问题进行一个总结。先回顾第四章和本章有关隐含能测算的基本公式，具体如下：

$$EEX = eX = e(I-A)^{-1}EX$$

$$EEM = eM = e(I-A)^{-1}IM$$

从上述公式的基本结构中可以看出，影响贸易隐含能测算的关键是对相关测算所需要数据的处理，具体涉及以下三个方面。

第一，对IO表中相关数据的处理与使用。对于测算中国的贸易隐含能而言，中国投入产出表数据的来源是最为关键的问题。由于中国官方公布的是不连续年度的竞争型投入产出表，因此在对进口中间品的处理上造成了困难。如果使用中国公布的IO表则必须人为对其进行处理以去除进口中间产品的影响。由于不同学者的处理方法不同，从而会使最终结果出现各种程度的误差。如果使用诸如WIOD等国际来源数据中的中国投入产出表，虽然解决了时间上的连续性问题，但由于WIOD也是对中国间断IO表之间的空缺年度的IO表采取RAS法推算得出，因此WIOD的数据存在一定的误差。所以综上所述，在具体研究过程中只能根据研究的具体要求有所侧重地选择不同来源的中国投入产出表，从而对 $(I-A)^{-1}$ 的最终形式造成不同的影响。

第二，对能源相关数据的处理与使用。能源数据的来源问题主要是中国官方公布的数据与国际组织公布的数据之间存在误差，加之在测算直接消耗系数 e 时需要考虑对不同年度国家或行业的数据按照固定的年度进行平减，所以采取不同来源的数据也会对最终结果的准确性产生影响。

第三，贸易相关数据的处理与使用。贸易数据主要是测算中使用的相关进口和出口数据，对此同样存在中国官方公布的数据与国际组织公布的数据之间存在误差的问题。例如，在 WIOD 提供的相关数据中有关进出口数据就与中国政府公布的数据差异较为明显。加之还需要根据不同年度的汇率将贸易数据最终折算为本国货币，因此贸易数据来源的不同也同样会对最终结果的准确性产生影响。

第六章 中国对外贸易隐含碳测算及影响因素分解

中国改革开放以来在经济发展上取得的成就令人注目，具体表现在对外贸易领域就是出口和进口水平的持续增长、国际收支与外汇储备的双顺差，并且中国也借助这种双顺差的有利局面进一步促进了经济的全面发展。但伴随着全球经济可持续发展与环境保护之间矛盾的日益凸显，如何实现两者之间的协调发展就成为一个越来越重要的问题。尤其是全球气候变暖已经开始对世界经济发展产生一定的负面影响，这些全球性问题已经开始影响到中国的对外贸易，并向中国内部经济的发展传递。特别是许多西方发达国家以实现环境保护和促进二氧化碳减排和保护地球环境为借口，一方面开始在部分进口产品和行业（如航空业）征收"碳排放税"或"碳税"；另一方面又要求发展中国家为了承担全球碳减排责任而必须减少国内的碳排放量，这些都对中国的对外贸易和经济发展产生了深远的影响。为了更好地分析和解决有关碳排放的问题，就需要从根本上解决下面两个问题：第一，需要准确测算出中国对外贸易的碳排放水平；第二，需要准确判断出影响中国碳排放水平变化的因素和采取相应的措施。本章的主要目的就是要解决这两个问题。

第一节 中国对外贸易中隐含能与隐含碳的关系

一 中国对外贸易隐含碳

在全球环境保护和碳减排的大背景下，中国要遵循国际规则参与全球贸易和气候问题的相关谈判，并在具体国际贸易和气候谈判过程中最大限度地确保本国利益，首先要做到的就是对中国贸易隐含碳的真实规模和特点的认识。

（一）世界与中国的碳排放量

图6-1对中国和世界碳排放的基本状况进行了简要描述。从图6-1中可以看出，第一，世界与中国的二氧化碳排放水平都呈现持续增长的趋势。在图6-1中表示中国和世界的柱状图部分中，1980—2000年，世界与中国的二氧化碳排放水平增长较为缓慢，但从2001年起，包括中国在内的全世界的二氧化碳排放水平都有了明显的变化。可以说在整体上中国经济的发展与世界保持了大体的一致。第二，中国与世界环比二氧化碳排放水平变化的差异较为明显。从图6-1中反映环比增速的折线图来看，在1980—2012年虽然世界二氧化碳的排放水平整体在增加，但各年度环比增速的波动却不是十分激烈；与之形成鲜明对比的是中国历年的环比二氧化碳排放水平增速却呈现出明显的波动。在整个观察期内出现了6次明显的波动，几乎5年左右的时间就会发生一次波动；其中最为明显的变化发生在2001—2007年。第三，中国二氧化碳排放水平在世界排放总量中的比重越来越高。从绝对值来看，中国1980—2012年，二氧化碳排放总量从1448.46百万吨增加到8106.43百万吨，33年间二氧化碳的排放量净增了4.6倍。从中国二氧化碳排放量在世界总排放量中所占的比重来看，1980年中国的二氧化碳排放量只占世界的7.86%，而到2012年时这一比例已经增加到25.09%。也就是说，如果EIA的数据和结果都是准确的，这就意味着到2012年时全球每排放4单位二氧化碳其中就有1单位来自中国。而中国2012年的贸易进出口总额为38671亿美元，只占同期世界370120亿美元贸易总额约10.5%的水平。这两组数据的比较给有关中国二氧化碳排放问题的研究提出了一些新的疑问：有关中国二氧化碳排放结果的数据是否正确？如果不正确则应该如何准确测算？中国今后二氧化碳减排的主要思路和切入点应该是什么？应该配合哪些具体措施？而这些问题都是本书在后面的研究中应该予以解决的关键内容。

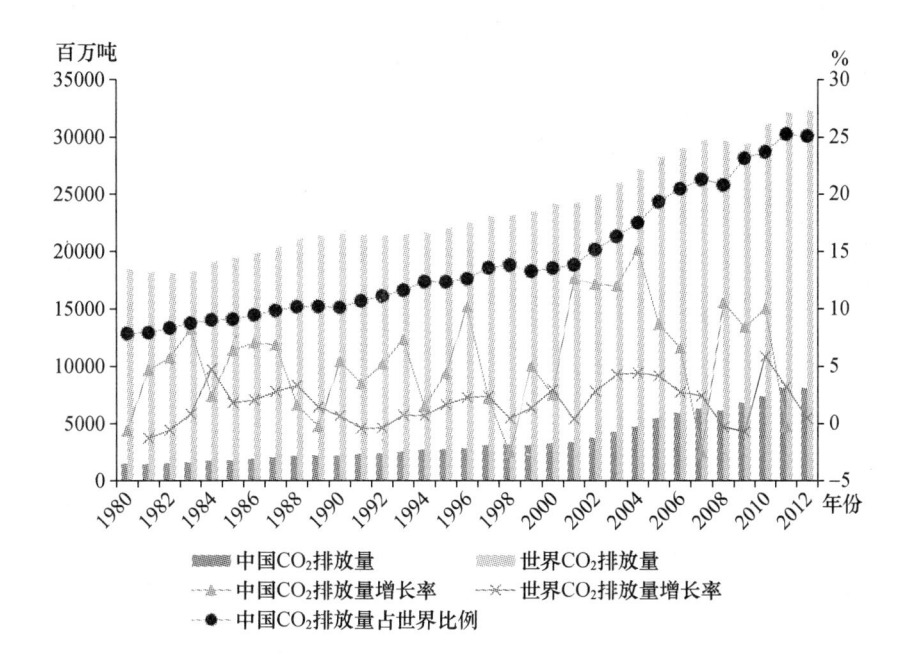

图 6-1 世界与中国二氧化碳排放量与增长率

资料来源：EIA，http://www.eia.gov/。

(二) 外资企业和加工贸易对中国经济的影响

中国作为吸引外资最多的发展中国家，整个经济体系和对外贸易过程中都有大量外商投资企业的参与。这些企业在中国利用各种有利条件组织生产，在获得巨大得益的同时也排放了大量的二氧化碳，而这些二氧化碳的排放量也被计入了中国的二氧化碳排放总量当中。图 6-2 中就反映了外资企业在中国进出口中占据的重要地位。从图 6-2 中可以看出，从改革开放到 20 世纪末，从企业资金来源看，外资企业的进出口总量占中国进出口总量的比例持续上涨；进入 21 世纪后就基本维持在 40%—50%。而外资企业在生产过程中由于大量进口来自国外的中间产品，使用中国的能源在中国境内进行深加工，使中国的二氧化碳排放水平也相应地出现了迅速增长。

从贸易模式来看，加工贸易在中国的进出口贸易中发挥着举足轻重的作用。加工贸易的显著生产特点是"两头在外"，即大量从国外进口中间产品、在中国国内组织生产的同时，又将大量产品用于再出口。中国大量从事加工贸易的企业虽然在解决就业和贸易创汇上发挥了积极的作用，但是，在生产过程中却实实在在地增加了中国的能源消耗和二氧化碳排放总量的水平。在图6-3中，中国的加工贸易伴随着

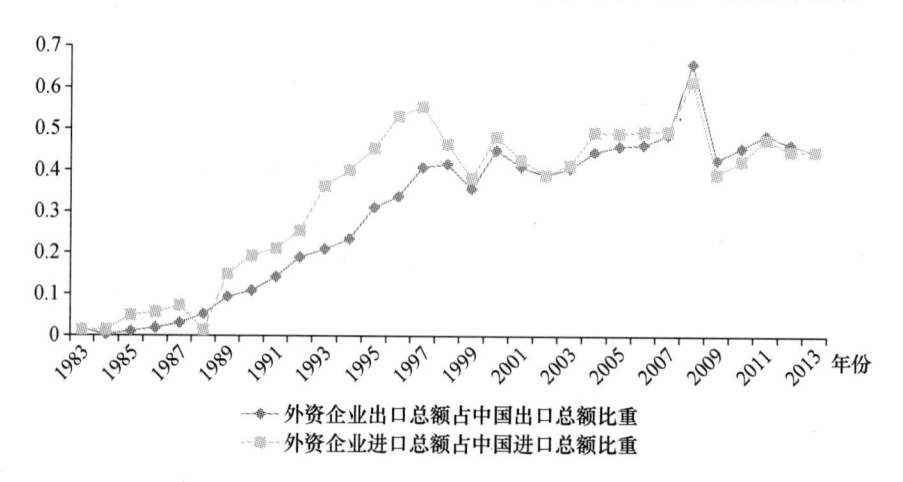

图6-2 外商投资企业在中国进出口在中所占比重

资料来源：根据历年《中国统计年鉴》和《中国对外经济统计年鉴》相关数据整理所得。

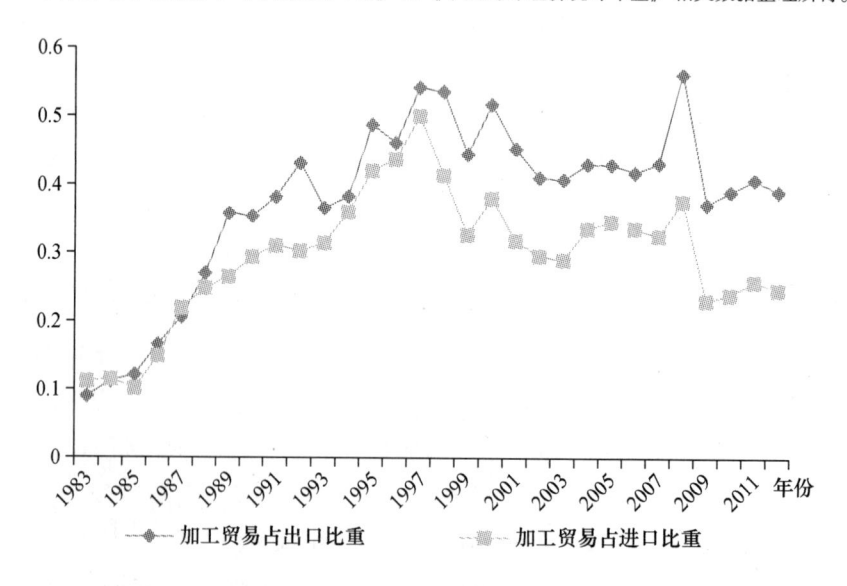

图6-3 加工贸易进出口在中国进出口总额中所占比重

资料来源：根据历年《中国统计年鉴》和《中国对外经济统计年鉴》相关数据整理所得。

改革开放有了一个快速的提高，在中国进出口总量中所占比例迅速增长，到20世纪90年代已经超过50%的水平，虽然进入21世纪后该比值有所下降，但仍然保持在40%左右的水平。

综合这两部分的内容可以看出，在中国加速与世界经济融合、参与全球产业链条不断加深的过程中，中国的二氧化碳排放总量必然会随之增长，但其中有相当大的比重是由外资企业和中国从事加工贸易企业对进口中间产品的需求造成的。从对碳排放责任明确的角度来看，这些企业生产的绝大多数出口产品最终是被外国消费者消费的，因此这部分产品所对应的二氧化碳排放责任也应该由国外消费者来承担，而不应该计算在中国的碳排放总量之中。如何在去除这些进口中间产品的影响后测算出中国真实的碳排放水平也是下文中将要重点分析的问题之一。

（三）隐含碳对理解中国经济真实碳排放水平的作用

从前文中有关投入产出表基本性质的描述中可以看出，任何产品的生产过程都是在与其上游各部门或行业有机结合之后进行的，在实际生产过程中根本不存在不依赖任何其他部门或行业而独立存在的产品。有鉴于此，一个出口商品中的二氧化碳排放量也不仅仅是生产该商品最后一个环节所消耗的能源和生产过程中造成的二氧化碳排放量，还应该包括其在从最初的自然产品或矿物质一直到最终产品形成过程中的所有能源消耗和生产过程中所造成的二氧化碳排放量。而这个涵盖全过程的二氧化碳排放量就是本书所研究的"隐含碳"的概念范围。对于本书而言，研究中国贸易隐含碳的积极作用在于：

第一，准确认识中国真实的二氧化碳排放水平。与单纯计算生产过程中能源消耗造成的二氧化碳水平相比，隐含碳是对整个生产过程中所消耗的全部能源所造成的二氧化碳的全面测算，其结果能够真实反映中国整体经济发展水平和产业结构的碳排放量，对中国真实碳排放量的认识是研究有关问题的关键性起点。

第二，为分析中国的碳减排提供依据。只有准确地测算出中国二氧化碳的各种构成，才能够为碳减排的具体措施指明方向，将具体的减排措施落实到具体的行业和具体的生产过程。

第三，为中国参与全球气候问题合作与碳减排谈判提供坚实依据。虽然中国政府在2014年9月参加联合国气候峰会时发布了《国家应对气候变化规划（2014—2020年）》，明确承诺到2020年中国要实现单位国内生产总值二氧化碳排放比2005年下降40%—45%的目标，是对2009年丹麦哥本哈根世界气候大会承诺的正式答复。但发达国家根据国际能源署（IEA）等国际机构的数据认为，从2007年起，中国消费化石燃料而排放的二氧化碳已经超过美国，中国成为全球最大的二氧化碳排放国，不断要求中国应当为全球范围的碳减排承担更大的责任与承担更多的义务。对此，中国政府的态度已经在哥本哈根气候变化会议领导人讲话中做了明确的阐述。

近代工业革命二百年来，发达国家排放的二氧化碳占全球排放总量的80%，而且发达国家仍维持着远高于发展中国家的高消费型人均排放。而作为发展中国家一员的中国，工业化的进程最近几十年才开始，其发展水平和人均排放量还远远低于发达国家的水平。应对气候变化必须在可持续发展的框架下统筹安排，绝不能以延续发展中国家的贫穷和落后为代价；应该坚持规则的公平性，以"共同但有区别的责任"原则作为国际合作应对气候变化的核心和基石。因此，科学、准确地测算出中国贸易隐含碳水平，对明确中国在国际气候合作与碳减排谈判中应该承担的责任和享有的义务、采取降低碳排放的具体措施等方面都具有积极的作用。

二 中国对外贸易中隐含能与隐含碳的关系

对贸易商品隐含碳的测算不仅要借助于生产过程中的能源消费数据，还要包括其在生产过程中可能出现的二氧化碳排放数据。其中对于完整生产过程能源消耗数据的使用就与前面两章中有关隐含能的最终结果有密切的关系。所以，本书对于贸易隐含碳的测算要从以下两个方面予以调整。

（一）隐含碳的基本计算公式

从第四章的分析中可以看出，在隐含能问题的分析过程中以投入产出表为基本工具、再辅之以相关能源消耗系数是当前测算过程中更为准确和通用的方法。因此本书中延续前文分析的结论，在测算隐含

第六章　中国对外贸易隐含碳测算及影响因素分解

碳的过程中对可能使用的其他方法的具体内容不再进行重复讨论，直接使用投入产出法对中国的贸易隐含碳问题进行测算和分析；并根据本书研究的特点对相应的测算内容和方法进行部分的调整。本书所做的第一个关键性调整是对隐含碳测算公式的简化处理。在不考虑具体计算过程变化的前提下，有关隐含碳计算的基本公式如下：

$$ECX = eUX = Ue(I-A)^{-1}EX \qquad (6.1)$$
$$ECM = eUM = Ue(I-A)^{-1}IM \qquad (6.2)$$
$$NEC = ECX - ECM \qquad (6.3)$$

式 (6.1)、式 (6.2)、式 (6.3) 中，ECX 表示中国出口隐含碳水平，单位是万吨；ECM 表示中国进口隐含碳水平，单位是万吨；e 是一个 $1 \times n$ 矩阵，其矩阵元素 e_i 表示中国 i 行业的直接能耗系数，其单位是万吨标准煤/万元；A 是直接消耗系数矩阵，组成矩阵的元素 a_{ij} 为 $a_{ij} = \dfrac{x_{ij}}{X_j}$，$(i, j = 1, 2, \cdots, n)$；$U$ 是一个 n 阶对角矩阵，其对角线上每一个元素 u_i $(i = 1, 2, \cdots, n)$ 表示第 i 种能源的二氧化碳排放系数；$(I-A)^{-1}$ 则表示根据中国 IO 表得出的完全需求系数；EX 表示中国出口水平的 $n \times 1$ 矩阵，单位是万元；EM 表示中国进口水平的 $n \times 1$ 矩阵，单位是万元；NEC 表示贸易隐含碳净值，单位是万吨。

在前两章的实际测算过程中，由于所选取的各行业能源消耗数据在历年《中国统计年鉴》中已经被统一为万吨标准煤，所以对于上述隐含碳出口和进口的计算公式来说，U 是不再由不同能源的二氧化碳排放系数构成的矩阵，而是统一为单位标准煤的二氧化碳排放量，即 1 千克标准煤燃烧的二氧化碳排放量为 2.493 千克，或 1 吨标准煤燃烧的二氧化碳排放量为 2.493 吨，单位碳排放系数为 0.67。[1] 经过简化处理后的隐含碳进出口量计算公式为：

$$ECX = 2.493EEX \qquad (6.4)$$
$$ECM = 2.493EEM \qquad (6.5)$$

---

[1] 2050 中国能源和碳排放研究课题组：《2050 中国能源和碳排放报告》，科学出版社 2009 年版，第 889 页。

即隐含碳的进出口等于隐含能的进出口量与单位标准煤 2.493 的二氧化碳排放系数的乘积。对式 (6.5) 需要说明的是：理论上在计算中国进口隐含碳水平时应该用来自不同国家的隐含能水平乘以不同国家的标准煤燃烧后的二氧化碳排放系数，但显然如此庞大和复杂的数据收集与整理工作是无法完成的。因此参考第四章的分析，假设由于外部世界与中国完全一致，所以具有相同的单位标准煤二氧化碳排放系数。这样就可以借助已经得到的进口隐含能数据，直接测算中国的进口隐含碳水平。

上述两个公式处理的优势在于可以与前文中的隐含能计算直接建立起紧密的联系，减少了相关具体能源类型在计算过程中转换的问题；但缺陷在于由于所有能源都是以标准煤的形式出现，所以在本书对相关隐含能与隐含碳的数据分析过程中无法观察出不同能源消费结构变化对隐含能和隐含碳总量的最终影响。图 6-4 是对中国 1990—2014 年煤炭生产和消费在中国能源生产和消费中所占比例的描述。从图 6-4 可以看出，虽然中国近年来能源结构有所调整，但煤炭在中国能源生产和消费中的比重依然保持在 60% 以上的水平，尤其在能源生产上表现得更为明显。由于中国的能源储备受"富煤、贫油、少气"的自然条件制约，同时考虑到煤炭是中国储量最为丰富的能源，因此中国的能源消费在今后相当长的时期内都无法摆脱对煤炭的依赖，所以使用将其他能源统一折算为标准煤代替的简化方法是可以接受的。

(二) 生产过程的碳排放

2004 年出版的《中华人民共和国气候变化初始国家信息通报》中引用 1994 年中国国家温室气体清单的内容指出，能源活动和工业生产过程是中国排放二氧化碳的主要来源。其中，能源活动清单中指出矿物燃料燃烧是导致二氧化碳排放的主要原因，其中能源活动 88.13%、工业生产过程 6.97%、城市废弃物 4.9%、土地利用变化和林业部门总体表现为碳吸收[1]；工业生产过程清单的排放源则主要来

---

[1] 国家发展和改革委员会：《中华人民共和国气候变化初始国家信息通报》，中国统计出版社 2004 年版，第 1 页。

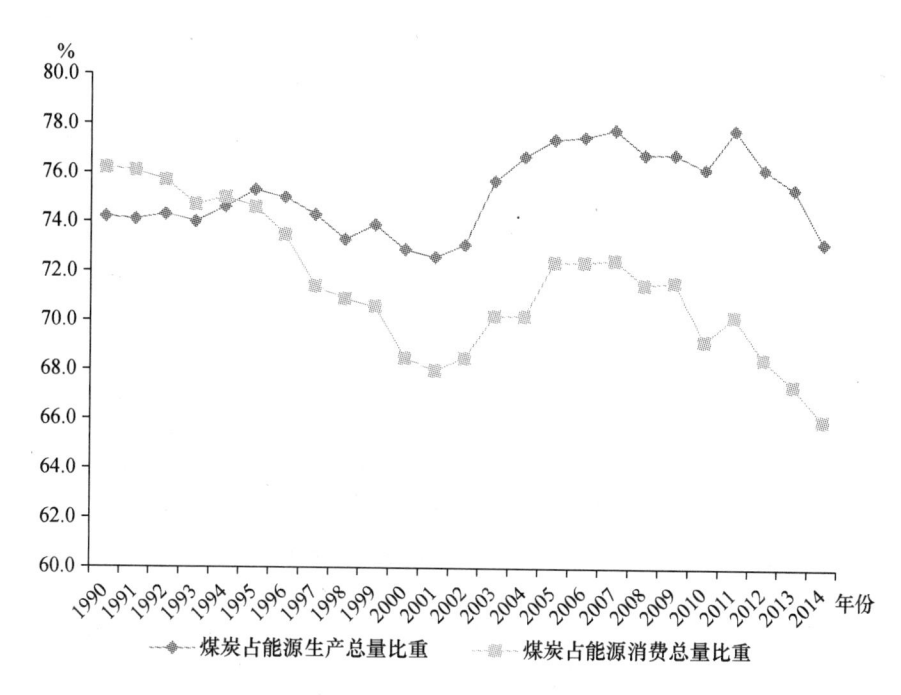

图 6-4　中国煤炭生产与消费在能源产销中所占比重

资料来源：根据《中国统计年鉴》(2015) 中相关数据整理所得。

自水泥、石灰、钢铁、电石生产过程的二氧化碳排放。[①] 因此，本书在测算贸易隐含碳排放水平时，除了测算能源消耗过程中的二氧化碳排放，还需要对工业生产过程中的碳排放量予以测算。根据数据的可获得性本书选取钢铁和水泥的工业生产过程二氧化碳排放进行研究和测算。

从图 6-5 中就可以看出中国钢铁产量在世界钢铁总产量中的重要性。中国的钢铁产量（含生铁、粗钢、钢材）从 2004 年的 272798 千吨增长到 2013 年的 821990 千吨，净增长了 2 倍；2013 年中国钢铁的产量已经达到世界总产能的一半（49.8%）。这么巨大的钢铁产能肯定会在生产过程中形成巨大的二氧化碳排放，并且会通过出口转移

---

① 国家发展和改革委员会：《中华人民共和国气候变化初始国家信息通报》，中国统计出版社 2004 年版，第 1 页。

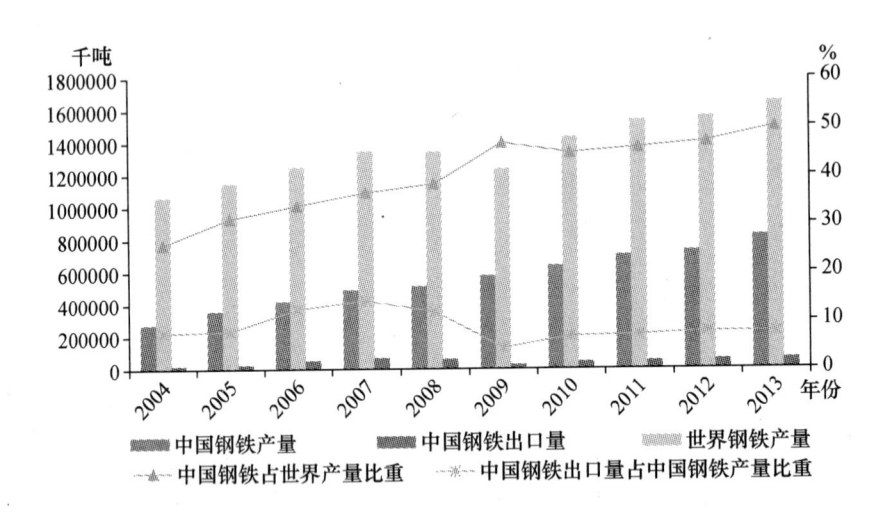

图 6-5 中国钢铁产量、出口量占世界产量比重

资料来源：根据《世界钢铁年鉴》（2014）相关数据整理所得。

到国外，因此在测算中国贸易隐含碳的过程中考虑钢铁出口的二氧化碳排放是合理的。基于同样的原因，因为水泥生料的化学方程式为：$CaCO_3 \xrightarrow{\text{加热}} \text{二氧化碳} + CaO$，所以水泥生产过程中也是二氧化碳排放的主要原因。中国自 1985 年以来水泥产量就一直居世界第一位[①]，因此也有必要考虑水泥生产过程二氧化碳排放对中国隐含碳的影响。有关钢铁和水泥出口二氧化碳的排放量计算公式如下：

从钢铁的生产过程来看，其二氧化碳的排放主要由碱性氧气转炉、电弧炉和平炉三种方式产生，三者在钢铁生产过程中的比重分别为 57.97%、34.78% 和 7.25%，具体三种方式的二氧化碳排放系数为 1.46、0.08 和 1.72[②]，则钢铁的平均二氧化碳排放系数可以估算为：

钢铁二氧化碳排放系数 = 57.97% × 1.46 + 34.78% × 0.08 +

[①] 魏军晓等：《中国水泥生产与碳排放现状分析》，《环境科学与技术》2015 年第 8 期。

[②] 樊星：《中国碳排放测算分析与减排路径选择研究》，博士学位论文，辽宁大学，2013 年，第 45 页。

7.25% × 1.72 = 0.9989（吨二氧化碳/吨钢）

则中国出口钢铁的二氧化碳排放量计算公式为：

$$ECX_{钢铁} = 0.9989EX_{钢铁} \tag{6.6}$$

式（6.6）中，$ECX_{钢铁}$为中国出口钢铁的二氧化碳排放量，单位万吨；$EX_{钢铁}$为中国钢铁出口量，单位万吨。

对于水泥来说，由于水泥的具体出口数据无法准确获得，根据李锴等（2009）介绍的方法，在水泥类型和不同类型水泥中熟料比未知的情况下，"综合中国水泥掺配配方和综合产品混合的熟料含量，可以假定综合熟料含量为75%"。[①] 同时参照 IPCC 指南中设定的水泥熟料二氧化碳排放系数为0.52吨二氧化碳/吨水泥，得出中国水泥生产的二氧化碳排放量计算公式为：

$$ECX_{水泥} = 0.75 \times 0.5272 \times EX_{水泥} = 0.3945EX_{水泥} \tag{6.7}$$

式（6.7）中，$ECX_{水泥}$为中国出口水泥的二氧化碳排放量，单位万吨；$EX_{水泥}$为中国水泥产量，单位万吨。

图6-6具体描述了中国1997—2013年钢铁和水泥出口二氧化碳排放量变化情况。

从图6-6中可以看出，就中国出口钢铁和水泥所应当承担的生产过程二氧化碳排放水平而言，钢铁不仅承担更大的数量，而且增长较为明显。相对而言，水泥应该承担的生产过程二氧化碳排放量总额较小且变动幅度较为平缓。

据此，中国出口商品隐含碳的最终计算公式调整为：

$$ECX = 2.493EEX + 0.9989ECX_{钢铁} + 0.3945ECX_{水泥} \tag{6.8}$$

$$或\ ECX = 2.493EEX + \sum_{i}^{n} ECX_i, i = 1, 2, \cdots, n \tag{6.9}$$

式（6.9）是一个开放的公式，在本书中i为2，分别表示钢铁和水泥行业，其他研究者也可以根据各自研究的需要和数据的可得性相应地增加其他对生产过程二氧化碳排放量可能产生影响的不同行业。

[①] 李锴等：《贸易开发、经济增长与中国二氧化碳排放》，《经济研究》2011年第11期。

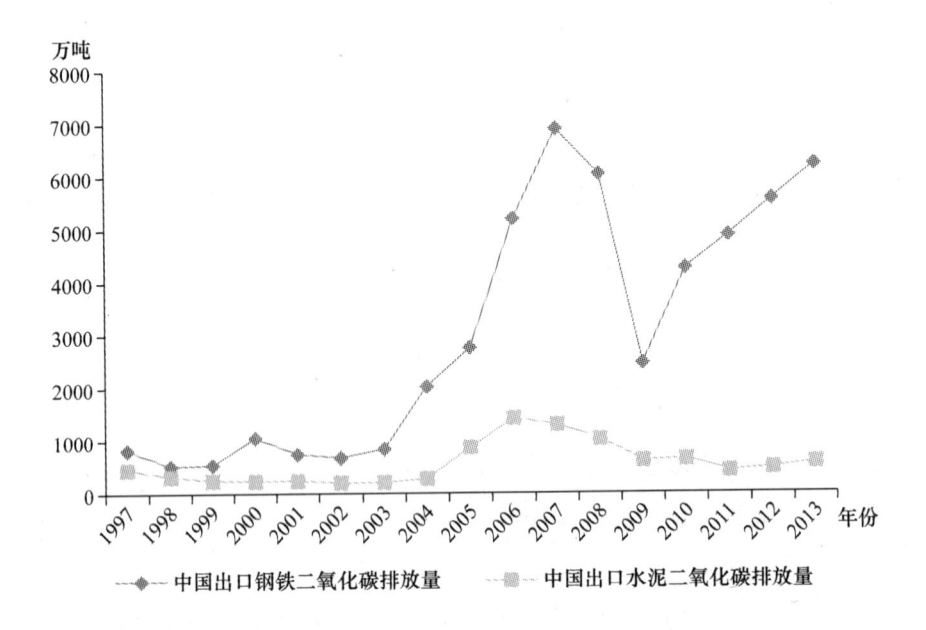

图 6-6 中国出口钢铁和水泥在生产过程中的二氧化碳排放量

资料来源：根据《中国统计年鉴》(2014)《中国水泥年鉴》(2014) 和《世界钢铁年鉴》(2014) 的相关数据整理所得。

第二节 中国对外贸易隐含碳的测算结果与分析

在第四章和第五章分析中，将中国贸易隐含能的测算设计为一个包含三个层次的框架。其中，层次一在出口和进口测算时采用的假设由于存在明显缺陷，而使其结论只能作为了解中国贸易隐含能基本状况的外部边界。所以，下文中关于中国贸易隐含碳的结果和分析主要借助于来自层次二和层次三的隐含能数据。

一 层次二测算的中国贸易隐含碳结果与分析

在上一节中已经对中国出口和进口隐含碳的相关计算公式进行了明确，下面就对其具体测算结果进行介绍和分析。以层次二计算的贸

第六章 中国对外贸易隐含碳测算及影响因素分解

易隐含能数据计算出基础中国贸易隐含碳数据后，增加按照本章第一节有关方法界定的生产过程二氧化碳排放数据，最终得出中国1997—2013年出口、进口隐含碳总量与差额。相关计算公式如下：

$$ECX = eUX + \sum_{i}^{n} ECX_i$$
$$= 2.493 e_{中国}(I - A)^{-1} EX_{中国} + ECX_{钢铁} + ECX_{水泥} \quad (6.10)$$

$$ECM = eUM = 2.493 \begin{Bmatrix} e_{日本}(I - A_{日本})^{-1} IM_{发达国家} \\ e_{中国}[I - I(I - M_{中国})A_{中国}]^{-1} IM_{发展中国家} \end{Bmatrix}$$
$$(6.11)$$

$$NEC = ECX - ECM$$

（一）中国贸易隐含碳的总量

就中国出口隐含碳的总量来说，1997—2013年，中国的出口隐含碳水平从109759.63万吨增加到217387.07万吨，出口隐含碳总量的绝对值净增加了约1倍。虽然在隐含碳总量的计算过程中增加了钢铁和水泥出口中应该包含的生产过程二氧化碳排放量，但图6-8也反映了出口钢铁和水泥在生产过程中造成的二氧化碳排放量在中国出口隐含碳总量中所占比例有所提高的趋势，这一比例从1997年的1.17%提高到2013年的3.13%，其影响力几乎翻了一番；但图6-7里中国出口隐含碳的整体变化趋势仍然与第五章中图5-8反映的中国出口隐含能的趋势高度一致。这个发现也说明生产过程的二氧化碳排放量对中国整体出口隐含碳的影响较小。

就中国进口隐含碳的总量来说，从1997—2013年，中国的进口隐含碳水平从98932.66万吨增加到198369.62万吨，进口隐含碳总量的绝对值也净增加了约1倍；但其最终结果的趋势变化也与第五章图5-10反映的中国进口隐含能的趋势高度一致，而与出口隐含碳相比，中国的进口隐含碳的变动幅度较小。

（二）中国贸易隐含碳差额的分析

图6-7中同样揭示了中国贸易隐含碳净值的变化特点。从差额的净值来看，中国处于贸易隐含碳的顺差地位，也就是说，中国在国际二氧化碳交换过程中处于净输出的地位。从差额的结果来看，中国的

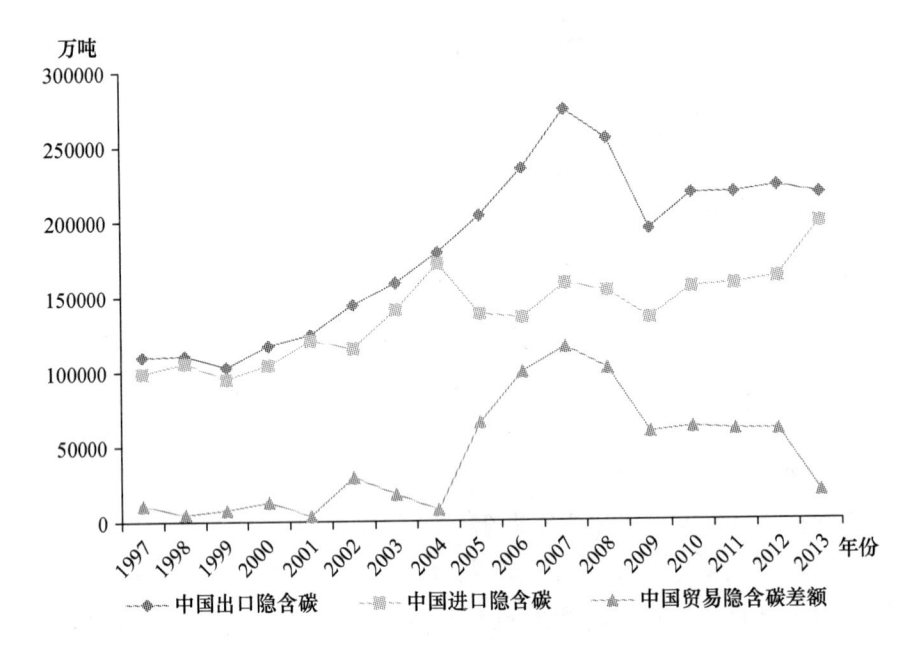

图 6-7　1997—2013 年中国出口、进口隐含碳及其差额

资料来源：根据《中国统计年鉴》（2014）《中国水泥年鉴》（2014）和《世界钢铁年鉴》（2014）的相关数据整理所得。

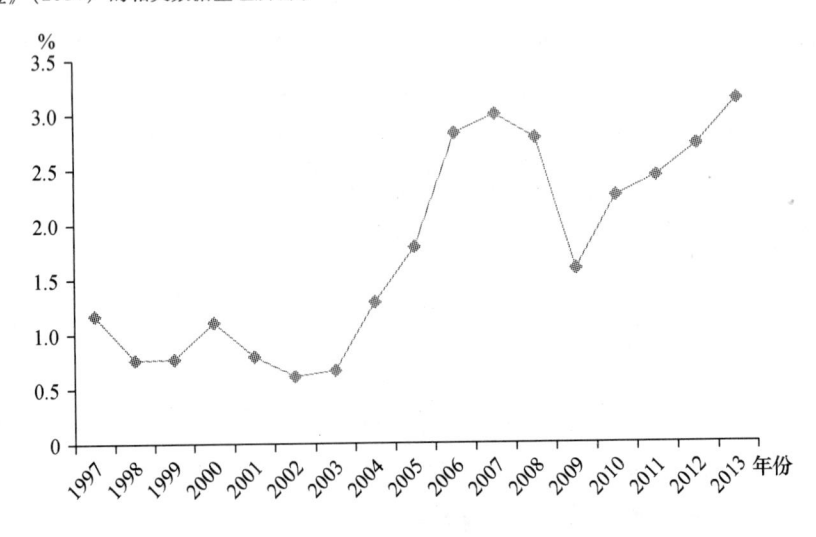

图 6-8　生产过程中二氧化碳排放在中国出口隐含碳中所占比重

资料来源：根据《中国统计年鉴》（2014）《中国水泥年鉴》（2014）和《世界钢铁年鉴》（2014）的相关数据整理所得。

确面临着越来越大的减排压力。从贸易隐含碳顺差的变化趋势来看，中国的贸易隐含碳差额的变化呈现明显阶段性的特点：1997—2004年，中国的贸易隐含碳顺差持续保持在40000万吨的水平之下；而从2005年起出现了一个快速的发展过程，除2013年外，其余年度隐含碳顺差都突破了60000万吨的水平，其中2007年隐含碳的顺差水平甚至达到了115687.63万吨的历史最高值。

二 层次二测算的中国出口行业贸易隐含碳结果与分析

由于层次二在测算进口各行业隐含能时对进口进行了一系列假设，使其结果的准确性受到影响，所以，本书在对行业隐含碳进行分析时主要集中在对更为准确的中国各行业出口隐含碳数据的分析上；同时只分析出口也是与后文中对隐含碳的分解相对应的。

中国贸易隐含碳的结果与使用隐含能结果测算得出的隐含碳结果最大的差别在于对出口的钢铁和水泥在生产过程中所产生二氧化碳的处理方式不同。所以前文中得出的有关钢铁和水泥的二氧化碳排放数据在进行行业分析时要根据其在国民经济中的位置归类到所属的行业之中去。根据中国国民经济各部门分类的方法，本书将出口钢铁在生产过程中的二氧化碳排放量计入金属冶炼制品业的隐含碳排放量中；将水泥在生产过程中的二氧化碳排放量计入非金属矿物制品业的隐含碳排放量中。据此可以得到描述有关中国各行业隐含碳排放量的数据，具体结果见图6-9。

从各行业隐含碳排放量的绝对值来看，中国15个行业出口隐含碳根据各行业增长速度的差异可以大致分为三类：

第一类，隐含碳出口高速增长行业。具体包括化学工业、金属冶炼制品业、其他行业。

第二类，隐含碳出口中速增长行业。具体包括食品制造业，通用、专用设备制造业，电气、通信、计算机及其他电子设备制造业。

第三类，隐含碳出口低速增长行业。具体包括农业、采掘和加工业、非金属矿物制品业、纺织业、木材和造纸业、交通运输设备制造业、仪器仪表及文化办公用机械制造业、其他工业、建筑业。

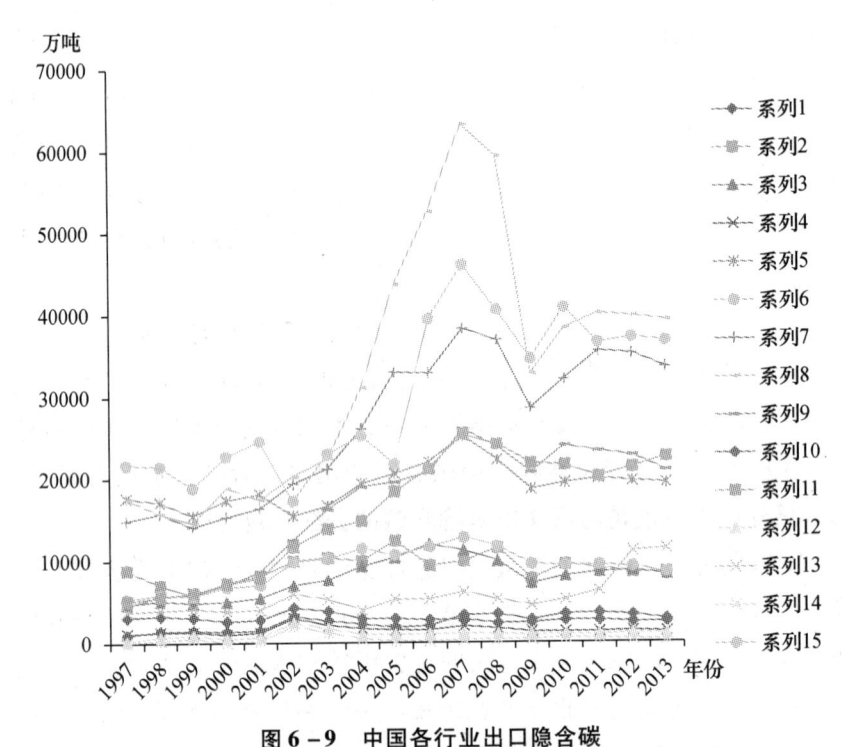

图 6-9　中国各行业出口隐含碳

注：系列1—农业；系列2—采掘和加工业；系列3—非金属矿物制品业；系列4—食品制造业；系列5—纺织业；系列6—木材和造纸业；系列7—化学工业；系列8—金属冶炼制品业；系列9—通用、专用设备制造业；系列10—交通运输设备制造业；系列11—电气、通信、计算机及其他电子设备制造业；系列12—仪器仪表及文化办公用机械制造业；系列13—其他工业；系列14—建筑业；系列15—其他行业。

对于各行业在隐含碳排放中的深层次特点则需要借助表6-1揭示出来。

与图6-9不同的是，表6-1揭示的是中国出口各行业二氧化碳完全排放系数变化的规律。二氧化碳完全排放系数才是真正揭示各行业在经济发展过程中碳排放量变化的核心依据。从表6-1中我们可以发现以下特点：

第一，除"系列12—仪器仪表及文化办公用机械制造业"和"系列14—建筑业"下降趋势不明显外，中国其他行业1997—2013年的二氧化碳排放水平都呈现明显下降的趋势，这说明中国经济整体的碳排放水平都比初期有明显改进。结合图6-9中各行业出口

表6-1 中国各行业出口隐含碳完全排放系数

单位：万吨二氧化碳/亿元

年份	1997	1998	1999	2000	2001	2002	2003	2004	2005	2006	2007	2008	2009	2010	2011	2012	2013
1	1.65	1.65	1.48	1.32	1.35	1.11	1.07	1.09	1.12	1.05	1.05	0.95	0.91	0.85	0.80	0.78	0.73
2	6.05	6.16	5.28	4.46	4.64	4.66	4.16	3.50	3.79	3.07	3.27	2.87	3.11	3.10	2.76	2.84	2.70
3	4.36	4.90	4.32	4.34	4.48	3.65	3.89	4.37	3.77	3.54	3.26	2.75	2.38	2.18	2.18	2.00	1.70
4	1.01	1.06	0.91	0.90	0.89	0.78	0.66	0.77	0.77	0.65	0.82	0.73	0.66	0.58	0.52	0.52	0.48
5	1.43	1.43	1.24	1.22	1.26	0.84	0.79	0.86	0.81	0.75	0.82	0.77	0.72	0.65	0.62	0.61	0.56
6	1.75	1.76	1.50	1.58	1.57	1.46	1.36	1.43	1.13	1.06	1.05	0.97	0.93	0.80	0.77	0.66	0.59
7	4.76	4.70	3.98	3.80	3.80	3.53	3.26	3.40	3.43	2.98	3.02	2.72	2.62	2.29	2.29	2.14	1.99
8	6.07	5.69	5.15	5.20	5.08	4.67	4.16	3.59	4.11	3.39	3.36	3.01	3.24	2.72	2.43	2.40	2.29
9	1.61	1.57	1.34	1.27	1.25	1.04	0.92	0.86	0.75	0.68	0.79	0.72	0.72	0.69	0.66	0.63	0.59
10	0.90	0.86	0.72	0.71	0.68	0.61	0.51	0.50	0.38	0.32	0.42	0.40	0.38	0.34	0.33	0.32	0.30
11	1.00	0.94	0.81	0.75	0.74	0.75	0.67	0.61	0.61	0.57	0.58	0.58	0.60	0.49	0.45	0.46	0.44
12	0.19	0.32	0.30	0.27	0.29	0.24	0.19	0.20	0.17	0.18	0.18	0.18	0.16	0.13	0.15	0.14	
13	5.20	4.67	4.23	4.07	4.04	3.72	3.18	2.27	2.74	2.58	2.63	2.22	2.02	1.55	1.94	1.86	
14	0.38	0.44	0.37	0.50	0.50	0.48	0.47	0.49	0.42	0.40	0.38	0.31	0.32	0.33	0.33	0.32	0.32
15	4.39	4.36	3.84	3.70	3.71	4.23	3.99	3.87	2.94	2.70	2.62	2.41	2.37	2.31	2.17	2.17	2.04

注：根据式（6.1）可知隐含碳的基本计算原理，为了便于理解本书将$Ue(I-A)^{-1}$定义为隐含碳的完全排放系数以便于后文中的分析。表中第一列的数字代表各行业序号，具体内容参照图6-9注释。

隐含碳绝对值的图示来看，造成中国出口隐含碳总量增长的主要因素是贸易总量的快速提高，实际上各行业二氧化碳排放水平的变化对隐含碳的排放具有递减的作用。

第二，1997—2013年，中国各行业出口隐含碳完全排放系数极值的排位情况基本没有发生变化，完全排放系数最高和最低的依然是"系列8—金属冶炼制品业"和"系列12—仪器仪表及文化办公用机械制造业"。这说明中国各行业以二氧化碳排放完全系数表现的行业间结构没有发生明显的变化。

第三，各行业出口隐含碳完全排放系数的下降速度不一致。其中有6个行业的年均降幅超过10%的水平，这6个行业按照年均降幅由高到低排列为"系列8—金属冶炼制品业""系列2—采掘和加工业""系列13—其他工业""系列7—化学工业""系列3—非金属矿物制品业"和"系列15—其他行业"，其年均下降幅度分别达到22.22%、19.69%、19.67%、16.28%、15.63%和13.83%。其余行业的年均降幅都在10%以下，特别对于"系列12—仪器仪表及文化办公用机械制造业"和"系列14—建筑业"来说，其年均降幅分别仅为0.3%和0.34%。这说明1997—2013年，中国各行业隐含碳减排的效果还是存在一定差异的。

三 层次三测算的中国贸易隐含碳结果与分析

第五章层次三的测算依托 WIOD 公布的数据对中国贸易隐含能进行，下面就层次三的结论为基础从出口、进口和差额三方面对中国贸易隐含碳进行分析。相关计算公式如下：

$$ECX = UeX = 2.493 e_{WIOD}(I - A_{CNIOT})^{-1} EX_{CNIOT} \quad (6.12)$$

$$ECM = UeM = 2.493 e_{WIOD}(I - A_{CNIOT})^{-1} IM_{CNIOT} \quad (6.13)$$

$$NEC = ECX - ECM$$

（一）层次三测算的中国贸易隐含碳总量

就出口隐含碳来说，根据 WIOD 公布数据测算的中国出口隐含碳总量，从1997年的92809.55万吨提高到2009年的235937.4万吨，净增长了1.5倍，整体保持持续上涨的趋势。由于出口隐含碳的测算使用了第五章中出口隐含能的数据，所以两者的变化趋势保持一致。1997—2009年的出口隐含碳大致可以分为三个阶段：1997—2001年为低速增长时期，中国出口隐含碳水平从1997年的92809.55万吨提高到2001年的109772.94万吨，年均增速只有4.5%。2002—2005年为中速增长时期，在此期间中国的出口隐含碳从135711.18万吨增加到180386.52万吨，年均增长11%。2006—2009年为高速调整时期，在此期间的出口隐含碳规模已经突破200000万吨的规模，2008年的最高出口隐含碳水平达到262409.42万吨。虽然2009年的出口隐含碳水平有所调整，但其绝对值依然维持在高位。

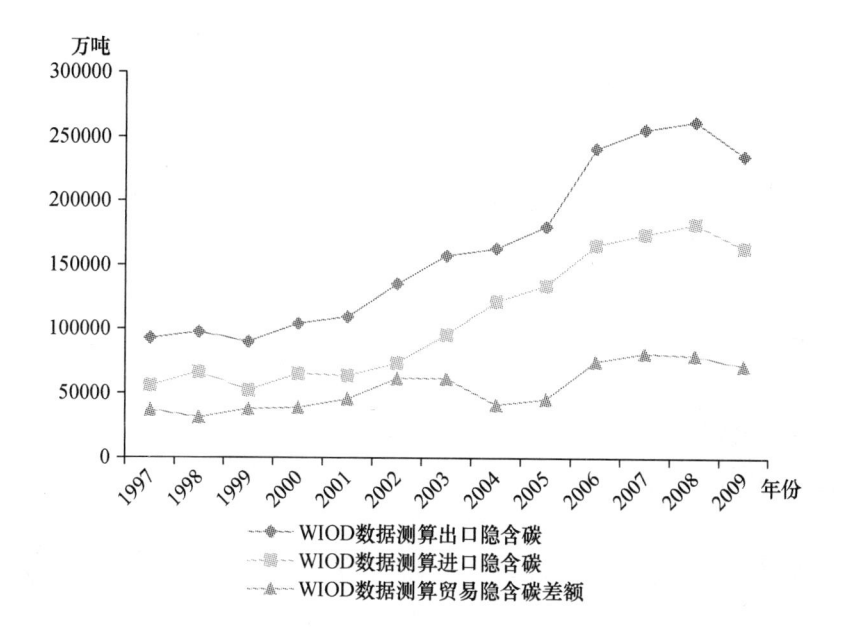

第六章 中国对外贸易隐含碳测算及影响因素分解 | 163

图 6-10 WIOD 数据测算的中国贸易隐含碳及其差额

　　从进口隐含碳的角度来说，根据 WIOD 公布数据测算的中国进口隐含碳总量从 1997 年的 55918.29 万吨提高到 2009 年的 163960.52 万吨，净增长了 1.9 倍；基于与出口隐含碳测算一样的原因，中国进口隐含碳持续上涨并与第五章层次三测算的进口隐含能结果的趋势保持一致。1997—2009 年的出口隐含碳大致可以分为两个阶段：1997—2002 年为低速增长阶段，中国进口隐含碳水平从 1997 年的 55918.29 万吨提高到 2002 年的 73854.35 万吨，年均增速只有 6.4%。2003—2009 年为高速调整时期，在此期间的进口隐含碳规模不仅突破 10 亿吨而且超过 1.5 亿吨的规模，2008 年的最高进口隐含碳水平已经达到 182472.15 万吨。根据 WIOD 数据测算的中国出口与进口隐含碳的整体变化来说，不仅两者的变动趋势基本保持一致，而且波动的幅度也都较小。这种情况的原因是由于 WIOD 提供的中国连续年度的投入产出表并非真实的数据，而是由 WIOD 采用 RAS 法推算所得，因此使得间断年度之间数据的波动在推算过程中被处理了。

(二) 层次三测算的中国贸易隐含碳差额

图 6-10 中同样揭示了中国贸易隐含碳净值的变化特点。从差额的净值来看，中国不仅处于贸易隐含碳的顺差地位，而且顺差水平的变化相对平稳。虽然 2004—2005 年贸易隐含碳顺差水平有所波动，但从 1997—2009 年来看，中国的贸易隐含碳顺差的总量仍然以年均 7.9% 的增速从 36891.26 万吨增加到 2009 年的 71976.88 万吨，隐含碳顺差的绝对值增加了约 1 倍。

(三) 层次三测算的中国出口行业贸易隐含碳

从各行业隐含碳排放量的绝对值来看，图 6-11 中将中国 14 个行业大致分为三类：第一类，出口隐含碳高速增长行业。具体包括以下行业：其他行业、电子设备制造业、其他工业。第二类，出口隐含碳快速增长行业。具体包括以下行业：化工产品业、金属冶炼制品业、纺织业。第三类，出口隐含碳低速增长行业。具体包括以下行业：农业、采掘和加工业、非金属矿物制造业、食品制造业、木材和造纸业、设备制造业、运输设备制造业、建筑业。但对于各行业在隐含碳排放中的深层次特点同样需要借助表 6-2 来表现。

与图 6-11 不同的是，表 6-2 反映的是中国出口各行业二氧化碳完全排放系数变化的规律。参考表 6-1 的内容，从表 6-2 中我们可以发现以下特点：第一，在根据 WIOD 数据测算的中国 14 个行业隐含碳出口中，只有"系列 10—电子设备制造业"的完全排放系数是提高的，其余 13 个行业从 1997—2009 年的二氧化碳排放水平都具有下降的趋势。这说明从国际数据测算的结果看也支持中国经济整体碳排放水平比初期有明显改进的结论。同样结合图 6-11 中各行业出口隐含碳绝对值的图示来看，贸易总量数据的变化是造成中国出口隐含碳总量增长的主要因素，而各行业二氧化碳排放水平的变化则对隐含碳的排放具有递减的作用。第二，1997—2013 年，中国各行业出口隐含碳完全排放系数极值的排位情况也没有发生变化，完全排放系数最高和最低的是"系列 12—其他工业"和"系列 13—建筑业"。这说明中国各行业以二氧化碳排放完全系数表现的行业间结构没有发生明显的变化。第三，各行业出口隐含碳完全排放系数的下降速度不一致。

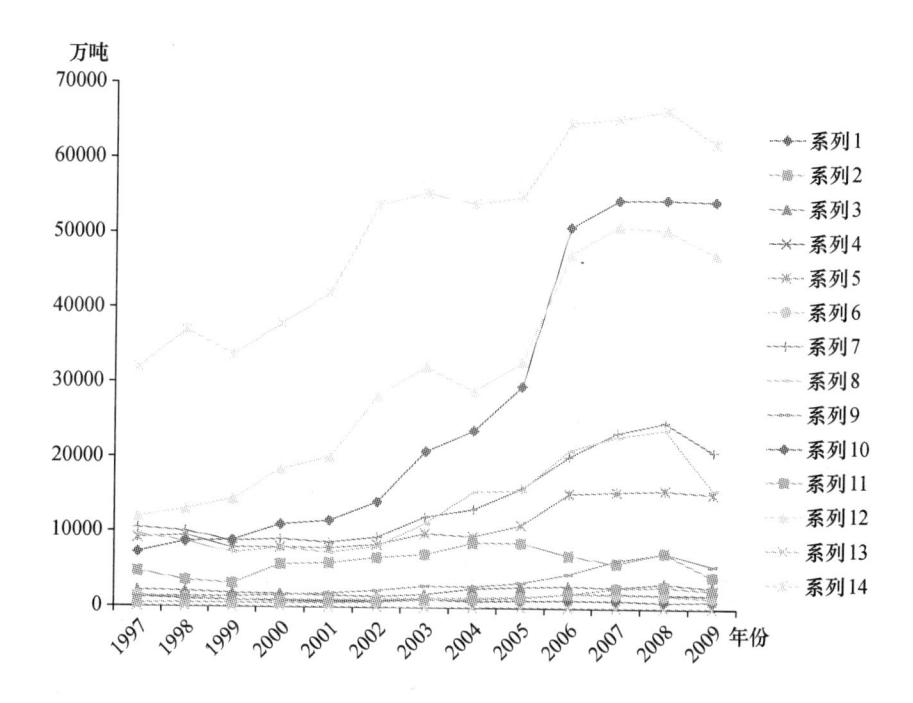

图 6-11　WIOD 数据测算的中国各行业出口隐含碳

注：系列 1—农业；系列 2—采掘和加工业；系列 3—非金属矿物制造业；系列 4—食品制造业；系列 5—纺织业；系列 6—木材和造纸业；系列 7—化工产品业；系列 8—金属冶炼制品业；系列 9—设备制造业；系列 10—电子设备制造业；系列 11—运输设备制造业；系列 12—其他工业；系列 13—建筑业；系列 14—其他行业。

表 6-2　　　　　　　中国各行业出口隐含碳完全排放系数

单位：万吨二氧化碳/亿元

年份	1997	1998	1999	2000	2001	2002	2003	2004	2005	2006	2007	2008	2009
1	1.17	1.17	0.97	0.80	0.77	0.75	0.74	0.72	0.71	0.76	0.69	0.65	0.68
2	4.07	3.90	3.44	3.33	3.03	2.81	2.76	2.95	2.77	2.75	2.56	2.53	2.55
3	1.90	2.00	1.70	1.53	1.42	1.38	1.44	1.74	1.56	1.44	1.30	1.49	1.45
4	0.58	0.60	0.49	0.40	0.39	0.38	0.40	0.39	0.41	0.46	0.44	0.45	0.47
5	0.90	0.97	0.77	0.67	0.65	0.63	0.61	0.50	0.48	0.58	0.55	0.59	0.65
6	1.36	1.33	1.11	1.04	1.00	0.95	0.96	0.89	0.86	0.97	0.90	0.93	0.92
7	2.50	2.49	2.11	1.92	1.80	1.75	1.78	1.54	1.49	1.64	1.58	1.58	1.64
8	2.89	2.81	2.40	2.12	2.05	1.92	1.89	1.71	1.69	1.73	1.68	1.63	1.73

续表

年份	1997	1998	1999	2000	2001	2002	2003	2004	2005	2006	2007	2008	2009
9	0.91	0.97	0.85	0.76	0.76	0.74	0.67	0.48	0.45	0.50	0.49	0.54	0.52
10	0.90	0.97	0.84	0.77	0.77	0.73	0.74	0.60	0.57	0.79	0.77	0.80	0.92
11	0.51	0.54	0.46	0.41	0.43	0.43	0.41	0.34	0.32	0.34	0.37	0.36	0.36
12	10.19	9.67	8.65	8.43	7.96	7.90	8.55	8.29	7.91	8.37	7.79	7.41	7.56
13	0.14	0.16	0.14	0.13	0.13	0.12	0.09	0.11	0.10	0.10	0.09	0.08	0.08
14	4.53	4.71	4.10	3.60	3.60	3.58	3.11	2.62	2.39	2.57	2.47	2.50	2.82

注：对完全排放系数的定义参见表 6-1。表中第一列的数字代表各行业序号，具体内容参照图 6-11 注释。

其中有两个行业的年均降幅超过 10% 的水平，这两个行业按照年均降幅由高到低排列为"系列 12—其他工业"和"系列 14—其他行业"，其年均下降幅度分别达到 15.46%、10.03%。其余行业的年均降幅都在 10% 以下，但其中"系列 2—采掘和加工业""系列 8—金属冶炼制品业"和"系列 7—化工产品业"年均降幅在 5% 以上，分别达到 8.92%、6.84%、5.05%。其余行业的降幅都较低，特别对于"系列 13—建筑业"来说，其年均降幅分别仅为 0.37%。如果考虑到"系列 10—电子设备制造业"的情况则说明，1997—2009 年中国各行业隐含碳减排的效果存在明显的差异。

四 不同层次测算的中国贸易隐含碳比较

在上述两种隐含碳测算结果的基础上，下面对两者之间的结论进行比较，这也是本书可能的创新之处。

（一）不同层次测算的总量和差额比较

从图 6-12 中可以看出以下几点：

第一，依据两种不同方法测算得出的隐含碳出口、进口、差额的趋势基本一致，都表现出随时间延续而提高的趋势。但层次二与层次三测算结果在发展趋势上还是存在一定的差异的，这种差异主要表现在两者的波动性上。整体上看，由层次三测算得出的结果要比层次二得出的隐含碳结果显得更为平稳，造成这种情况的原因在于层次三在测算

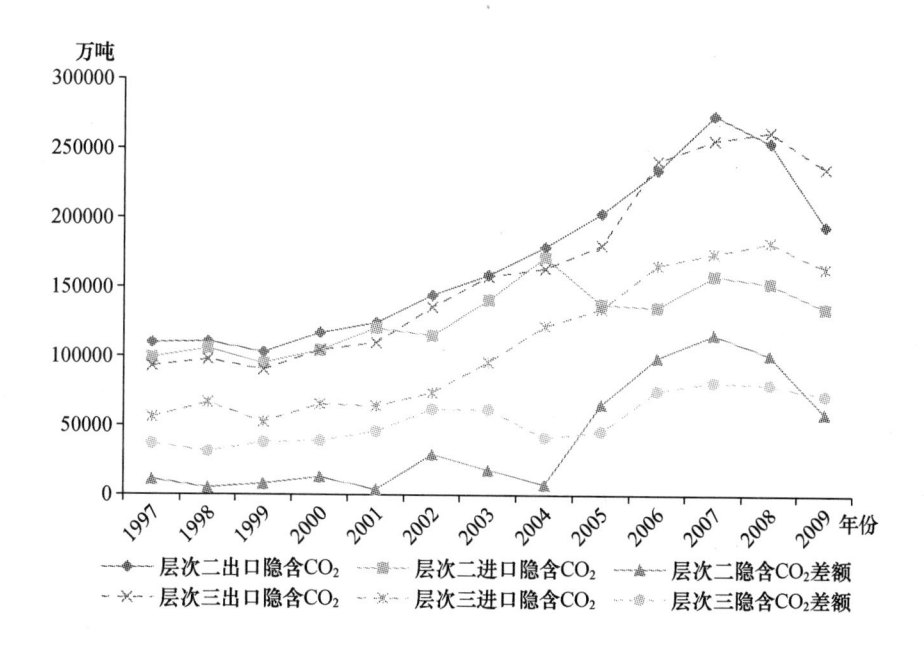

图 6-12 两种不同隐含碳方法结果的比较

时使用的是由 WIOD 提供的连续时间序列的中国投入产出表，而这个实际不存在的数据是由 WIOD 的研究者推算得出的；与之相对的层次二的测算则使用的是由中国政府公布的间断时间点的投入产出表，且用已有年份来代替邻近年份，因此后者比前者的变化就更为明显。

第二，两种方法测算得出的中国贸易隐含碳的差额都是顺差，说明中国在国际二氧化碳交换过程中的确处于二氧化碳净输出的地位，也因此会承担国际社会提出的相应减排压力，这也就要求中国今后还需要在如何进一步提高能源使用效率、减少二氧化碳排放的问题上做出不懈的努力。但就结果而言，层次三结果的水平整体要高于层次二测算得到的隐含碳差额。

第三，两种方法测算中国贸易隐含碳的结果大小存在变化。从出口隐含碳的角度来说，至 2005 年，都是层次二测算的出口隐含碳高于层次三的结果；而从 2006 年起，层次三的结果出现反超。从进口隐含碳的角度来看也存在类似情况，并且双方转换的时间点也是同一年。这说明两种方法测得的出口和进口隐含碳的变化趋势是一致的。

但从贸易隐含碳的差额来说情况有所不同。截止到2004年都是层次三测得的贸易隐含碳差额大于层次二的结果，而从2005年起发生逆转，使用中国投入产出表、贸易数据和能源消耗数据测算的隐含碳差额开始反超使用以WIOD相关国际投入产出表、贸易和能源数据为基础的层次三的结果。

（二）不同层次测算的出口行业比较

结合表6-1和表6-2从行业内部的比较来看，两种方法的主要差别实际是反映在具体行业出口隐含碳完全排放系数的差异上。

表6-3　　两种行业的出口隐含碳完全排放系数年均变化结果

	年均降低行业				年均提高行业
	>20%	10%—20%	5%—10%	<5%以下	
层次二	金属冶炼制品业	采掘和加工业、其他工业、化学工业、非金属矿物制品业、其他行业	木材和造纸业；通用、专用设备制造业；农业；纺织业	交通运输设备制造业；电气、通信、计算机及其他电子设备制造业；食品制造业；建筑业；仪器仪表及文化办公用机械制造业	无
层次三		其他工业、其他行业	采掘和加工业、金属冶炼制品业、化工产品业	农业、非金属矿物制造业、木材和造纸业、设备制造业、纺织业、运输设备制造业、食品制造业、建筑业	电子设备制造业

注：在层次三的具体测算过程中，层次二的"通用、专用设备制造业"和"仪器仪表及文化办公用机械制造业"的相关数据合计结果与层次三"设备制造业"的相关数据相同。

从表6-3中可以看出，第一，层次三测算得出的出口隐含碳完全排放系数结果整体小于层次二的结果，这可以从这种结果的绝对值和系数年均降低的幅度中看出。第二，两种测算方法下出口隐含碳排放系数年均降低幅度相同的5个行业是：其他工业、其他行业、交通运输设备制造业（对应层次三中为运输设备制造业）、食品制造业、建筑业。其余9个行业在不同方法下测得的出口隐含碳排放系数的年均降幅都存在明显差异。其他行业按照年均降幅结果差异的排序是：金属冶炼制品业、非金属矿物制造业、化学工业（对应层次三中为化工产品业）、采掘和加工业、木材和造纸业、设备制造业（对应层次二的通用、专用设备制造业和仪器仪表及文化办公用机械制造业）、纺织业、农业。也就是说，由于前5个行业不同方法得到的出口隐含碳排放系数基本水平接近，所以在分析这些行业的出口隐含碳排放量时受测算方法差异的影响较小；而后9个行业因为在不同方法下得到的出口隐含碳完全排放系数结果存在明显差异，则会使在分析这些行业的出口隐含碳排放量时要慎重对待由于具体采取方法的差异而对最终结果产生的重大影响。第三，在层次三的测算结果中出现了唯一一个出口隐含碳完全排放系数提高的部门——电子设备制造业（对应层次二中电气、通信、计算机及其他电子设备制造业）；而这种出口隐含碳完全排放系数提高的情况在层次二的结果中没有出现。因此在具体研究电子设备制造业或电气、通信、计算机及其他电子设备制造业的情况时，一定要明确其在不同方法下出口隐含碳完全排放系数的变化方向以及对最终结论的影响。

（三）对比较的小结

通过对两种不同方法得出的贸易隐含碳的比较，有以下两点主要结论。

第一，从贸易隐含碳的出口、进口和差额的总量来看，两种方法结果的发展趋势近似，但层次三的结果在观察期的后段开始超过层次二的结果。换句话说，国外学者测算的中国隐含碳水平会高于国内学者的结果。而造成结果差异的主要原因在于数据来源和处理手段。因此在具体测算过程中一定要明确不同投入产出表、贸易数据和能源数据的来源和处理方法的差异。

第二，从行业分析结果来看，其他工业、其他行业、交通运输设备制造业（对应层次三中为运输设备制造业）、食品制造业、建筑业在两种测算方法下出口隐含碳排放系数变动的结果接近，对最终测算结果的影响较小。金属冶炼制品业、非金属矿物制造业、化学工业（对应层次三中为化工产品业）、采掘和加工业、木材和造纸业、设备制造业（对应层次二的通用、专用设备制造业和仪器仪表及文化办公用机械制造业）、纺织业、农业在不同方法下测得的出口隐含碳排放系数的变动存在明显差异，就会使在分析这些行业的出口隐含碳排放量时要慎重对待。

第三，电子设备制造业（对应层次二中电气、通信、计算机及其他电子设备制造业）出口隐含碳完全排放系数的结果在两种方法中截然相反，对于该行业的测算一定要明确其在不同方法下系数的正负方向以及对最终结论的影响。

第三节　中国出口隐含碳的影响因素分解

一　对中国出口隐含碳进行影响因素分解的原因

前文中对中国贸易隐含能出口与进口总量、差额进行了分析，并对隐含能从具体行业的角度对其进口和出口的特点进行了分析。但对于中国的贸易隐含碳则仅从出口、进口、差额以及不同行业的出口进行了分析，而未对不同行业隐含碳的进口特点进行研究。下文对于中国隐含碳的分解研究与上文对隐含碳的分析保持一致，将只对中国出口隐含碳的总量和具体行业进行分解研究而不考虑有关进口行业的特点。对于这种差异性研究对象选取的原因是：

对于隐含能问题来说，研究进出口总量和差额的目的是为了了解中国在国际能源贸易中所处的真实地位；研究分行业的出口和进口特点是为了明确中国各行业在能源出口和进口的具体过程中所发挥的作用，从而为后续研究中关于中国的能源消费结构、能源进口结构以及相关能源安全问题的研究提供参考。

对于隐含碳问题的研究来说，研究的重点与隐含能存在明显的差别。为了准确判断中国在国际二氧化碳交换中所处的地位，的确需要对隐含碳的出口、进口和总量进行分析。在具体行业分析的过程中，中国各出口行业的最终隐含碳排放结果一方面由于数据来源非常准确，不存在大量推算所需相关数据的情况；另一方面由于具体研究方法中有关前提性假设对最终结果的干扰也较小,因此最终得出的结论也更为可靠,可以作为相关决策的参考。但是对于有关进口行业的隐含碳测算来说,一方面相关进口来源的数据难以获得,以各国投入产出表为例就表现得非常突出,还要考虑到各国具体行业的能源消耗数据更是难以获取;另一方面在测算进口隐含碳时,为了得出一定的结论往往会做出比研究出口隐含碳时更多的假设,这一点在前文中有关隐含能和隐含碳的分析中都可以得到反映。正因为如此,使得有关各行业进口隐含碳的最终结果与真实结论的差距越发明显。

鉴于以上原因,本书在研究隐含碳的分解问题时选取了区别于其他内容的研究对象,将只考虑出口过程中的中国隐含碳总量和具体行业的隐含碳水平的分解问题,而对涉及有关进口各行业的隐含碳分解问题不做进一步的分析。

二 隐含碳影响因素分解研究的要求

对于隐含碳影响因素分解问题的研究,需要在解决以下两个方面问题后才能够进行:一是关于隐含碳排放水平总量的测算,二是基于已测得隐含碳排放水平条件下对具体影响因素的分解。对于第一个方面的问题,从分析的基本框架来看,虽然分为基于时间序列数据的指数分解法(IDA)和基于投入产出表(I-O table)数据的结构分解法(SDA)这两大类基本框架,但本书选取更为准确和规范的具有 IO 技术的 SDA 方法。对于第二个方面问题的解决,根据分解过程中具体数学处理技巧的不同,目前已知的分解方法包括:拉氏法(Laspeyres method)、精炼拉氏法(Refined Laspeyres method)、帕氏法(Pasche method)、M—E 方法(Marshall – Edgeworth method)、算数平均迪氏法(AMDI method)、对数平均迪氏法(LMDI I method/LMDI II method)、广义费雪法(Generalized Fisher method)、D&L 法(Dietzenbacher & Los method)、S/S 法(Shapley/Sun method)等方法。这些方法由于具体假设、分解过程、分解结果等都存在较大差异,从而使每一种分解方法都有其特定的优势和不足。因此,面对众多的分解方法,根据研究的需求和实际情况选择合理的方法并予以运用就是分解方法确定的出发点。本书通过总结国外学者的文献,借助 Hoekstra 和 Bergh

(2003) 与 Ang (2004) 的思路,构建一个简便、实用的评价标准,具体内容如下:

(一) 具体分解方法数学特性的要求

对于各种分解结果是否准确,首先要从对其数学特性的判断入手。综合目前已有国内外文献得出的表 6-4 列举了主要的分解方法及其检验结果。具体内容见表 6-4。

表 6-4　　各种分解方法的数学特点

方法	时间反转测试 (Time-reversal test)	因子互换测试 (Factor-reversal test)	零值稳健性测试 (Zero-value robust)	负值稳健性测试 (Negative value robust)	残差 乘法 (Multi)	残差 加法 (Addi)
Laspeyres	未通过	未通过	通过	通过	有	有
Re-Laspeyres	通过	通过	通过	通过	—	无
Pasche	未通过	未通过	通过	通过	有	有
AMDI	通过	通过	未通过	未通过	无	无
LMDI	通过	通过	通过	未通过	无	无
M—E	通过	未通过	通过	—	无	有
Fisher	通过	通过	通过	通过	无	—
D&L	通过	未通过	通过	—	无	无
S/S	通过	—	通过	—	—	无

注:"—"表示无相关检验结果。LMDI Ⅱ method 因其测试结果与 LMDI Ⅰ 基本一致而在此表中未列示。

表 6-4 中的检测内容包括 Fisher (1922) 提出的因子互换检验、时间互换检验,Ang 和 Choi (1997) 提出的零值稳健检验,Chung 和 Rhee (2001) 提出的负值稳健检验,以及是否在加法和乘法分解形式下存在残差。通过表 6-4 的总结可以看出,对于这些常用的分解方法来说,没有一种方法能够绝对满足所有检测的研究。也就是说,在实际分解过程中,任何一种方法在满足某一方面要求的同时也会在其

他方面存在误差。以分解研究中最重要的指标残差为例，没有残差的分解方法可能无法通过其他检验，而通过其他检验的分解方法可能又会出现残差。这就给我们理解各种分解结果提供了一种思路：不同的分解结果只是不同学者使用不同分解方法的产物；即便使用相同的数据来源，如果使用的方法不同也可能会使结果出现较大的差异，从而导致最终得出的建议出现截然相反的情况。具体来说，S/S 法和 LMDI 法虽然在相关研究中被经常使用，但在遇到负值和零值状况时如果不对数据进行处理或使用变量进行替换，则这两种方法对于特定的研究对象就可能会失效。

（二）具体分解方法的数据要求

在选择测算隐含碳排放水平和分解方法之前，对已有数据的特点也必须予以考虑，而这正是确定使用基于 IDA 或 SDA 框架进行分解的关键。相对于 IDA 框架可以使用连续时间序列数据的特点来说，使用基于 IO 表的数据是 SDA 框架进行隐含碳相关问题研究的必然要求。也正是基于这种对数据来源的要求，使选择不同分解方法时会出现两种情况：一是对于所有使用时间序列数据的分解方法来说，只能对数据之间由于存在直接需求而产生的效应进行分析；而使用 IO 表数据的分解方法则可以借助于 IO 表对经济总量分层次描述的特性而对数据之间基于隐含的间接需求以及由此产生的间接效应予以研究。二是对于使用时间序列数据的分解方法来说，既可以分析绝对值数据和强度数据，又可以使用加法分解和乘法分解；而使用 IO 表数据的分解方法则只能够对绝对值数据进行研究，并只能进行加法分解。这也就是说，如果数据类型已经确定，那么可供选择的分解方法的范围也会相应缩小，特别是对于那些试图分析经济数据中间接效应或深层次影响的研究者来说，能够选择的就只有相对复杂的基于 SDA 框架的相关分解方法。而对于数据要求不高的情况，研究者使用基于 IDA 框架的相关分解方法可能会使研究更加便利。

（三）方法论的适用性要求

从理论上说，上述的各种分解方法都可以在 IDA 或 SDA 框架下展开相关的研究，只是结果的准确性和说服力存在差异。但在具体使用过程中，从具体方法论的角度来看，却存在以下两种趋势：一是从具体分解方法的组合来看，以 IDA 框架为基础的数据分解一般倾向于使用拉氏指数、迪氏指数及其引申的分解方法，其中又以 LMDI 和 S/S 方法为主，特别是近年来使用 LMDI 进行分解的文献占据主流地位。而对于 SDA 框架下的具体分解方法的选择则相对随意，一般都由研究者根据自己的研究目的自行选择，没有一种相对集中使用的分解方法。二是从具体分解过程来看，对于 IDA 框架的分析来说，现有文献中对加法分解和乘法分解都有使用；而对于 SDA 分解来说，由于分解过程中的指标数量为 $n!$，庞大的计算过程使目前只见到使用加法分解过程的实例而没有见到有关乘法分解的文献。因此，D&L 法和 S/S 法在 IDA 框架下能够得到完全分解的结果，而在 SDA 框架下就无法实现这个目标。

（四）数据分解的深度

对于具体经济数据研究的深度而言，IDA 框架下分解方法的选择也与 SDA 框架下有所区别。在 IDA 框架下，由于数据多数来源于部门和行业的加总数据，因此在这种背景下，研究的范围以行业和部门为主，同时兼顾对整体经济加总数据的分析。至于行业加总数据的具体形式，既可以是连续数据，也可以是非连续数据，并且可以根据研究目标设计众多指标，具体研究指标从 2—11 个不等。当然，在获取研究指标广度优势的同时就不得不放弃研究深度，一般在 IDA 框架下只能进行 1 阶段分析，得出的结果也仅限于对经济数据直接影响的分析。而在 SDA 框架下，由于其数据全部来源于 IO 表，而 IO 表数据的公布先天就具有非连续性，使 SDA 框架下具体方法的选择只能是那些适用于非连续数据分析的方法。由于数据较少，反而分析的深度得到保证。虽然其研究的具体指标也为 2—10 个，但却可以借助 IO 表提供的中间品和最终产品的分类数据进行 2 阶段分析，这对于揭示经济关系中隐藏的间接影响具有积极的作用，特别是在对供给侧和需求侧进行相关分析时优势更加明显。有鉴于此，当需要对经济数据进行 2 阶段的分析时，D&L 和 LMDI 的优势就得以体现，而 Fisher 方法由于受自身有限的研究指标的限制而使得其适用性受到影响。

（五）最终结论运用的便利性

不论使用何种分析框架与分解方法，对最终结论的解释和运用都是经济研究的目标。但是对 IDA 与 SDA 框架来说两者之间存在明显差异。对于以 IDA 框架为基础的分析来说，由于其数据来源于行业与部门的加总，因此其研究范围较广，只要是具有一定年限的连续数据的行业和部门的加总数据都可以展开分析，具体研究范围涉及能源消费、二氧化碳排放、能源与二氧化碳排放关系、能源与环境关系、二氧化碳与经济发展关系等诸多方面。通过对上述研究领域连续历史数据的分析，其结论的具体指向性明确，相关政策建议的操作也较为简单，因此，对于政府官员和公众来说易于理解。对于以 SDA 框架为基础的分析来说，相对狭窄的数据基础制约了应用的领域，虽然 SDA 框架的分析对上述研究范围也都有所涉及，但整体研究的数量和水平与 IDA 框架下的研究结果比较起来明显地相形见绌。更为被动的是，由于对 IO 表数据的解析需要更加复杂和专业的理论背景，这就使政府官员和公众对基于 SDA 框架下分解结果的理解比较模糊和困难，因此对其具体政策建议的实施也缺乏可操作性。而这正是影响和制约基于 SDA 框架下对隐含碳相关问题进行深入研究的主要原因。

（六）对隐含碳分解研究的小结

从上文的分析可以看出，基于 IDA 框架或 SDA 框架的分析是隐含碳分析的起点，两者的区别主要是受数据来源的制约。而对于具体隐含碳分解方法的选取来说，每种方法都有其优点和不足，可以根据研究者对特定研究对象的选取而灵活选择。虽然从研究方法的数学特性来说各种方法之间存在一定的差异，但这种差异相对比较薄弱，并且已有学者，如 Hoekstra 等（2003）就已经通过数学方法证明在相当多的情况下，在 IDA 框架下使用的方法可以与在 SDA 下使用的同一方法之间存在一定的数学转换关系。

三 本书采取的研究方法

由于本书采取的数据来源于 IO 表，并且试图对行业层面的数据展开深层次分析，综合考虑各方面因素后最终选择对数平均迪氏法（LMDI method）对中国出口商品隐含碳水平进行分解。为了更好地表达分解结果的经济学含义，本书采取加法分解的方式。参考格罗斯曼和克鲁格（1991）的研究成果，国际贸易对环境的影响可以分为规模效应、结构效应和技术效应，则具体分解过程如下：

设 ΔEC 为隐含碳整个观察期内的变化量，上标 T 和 0 分别表示报告期和基期，则有：

$$\Delta EC = EC^T - EC^0 = \Delta E_{规模} + \Delta E_{结构} + \Delta E_{技术} \tag{6.14}$$

又因为：

$$\Delta E_{规模} = \sum_i w_i \ln\left(\frac{Q^T}{Q^0}\right) \tag{6.15}$$

$$\Delta E_{结构} = \sum_i w_i \ln\left(\frac{S_i^T}{S_i^0}\right) \tag{6.16}$$

$$\Delta E_{技术} = \sum_i w_i \ln\left(\frac{I_i^T}{I_i^0}\right) \tag{6.17}$$

且 w_i 为：

$$w_i = \frac{E_i^T - E_i^0}{\ln E_i^T - \ln E_i^0} \tag{6.18}$$

进一步推导后为：

$$\begin{aligned}\Delta EC = & \sum_i \frac{EC_i^T - EC_i^0}{\ln EC_i^T - \ln EC_i^0} \times \ln\left(\frac{Q^T}{Q^0}\right) + \\ & \sum_i \frac{EC_i^T - EC_i^0}{\ln EC_i^T - \ln EC_i^0} \times \ln\left(\frac{S_i^T}{S_i^0}\right) + \\ & \sum_i \frac{EC_i^T - EC_i^0}{\ln EC_i^T - \ln EC_i^0} \times \ln\left(\frac{I_i^T}{I_i^0}\right)\end{aligned} \tag{6.19}$$

式（6.19）等号右侧的第一项为报告期与基期比较的规模效应的大小；右侧第二项为报告期与基期比较的结构效应的大小；右侧第三项为报告期与基期比较的技术效应的大小。式（6.19）中 Q^T、Q^0、S^T、S^0、I^T、I^0 分别为报告期以及基期的贸易量、贸易结构比例和完全需求系数。对于分解过程中最主要的残差问题，对式（6.19）可以做以下变化：

$$\Delta EC = \sum_i \frac{EC_i^T - EC_i^0}{\ln EC_i^T - \ln EC_i^0} \times \left[\ln\left(\frac{Q^T}{Q^0}\right) + \ln\left(\frac{S_i^T}{S_i^0}\right) + \ln\left(\frac{I_i^T}{I_i^0}\right)\right] \tag{6.20}$$

$$\Delta EC = \sum_i \frac{EC_i^T - EC_i^0}{\ln EC_i^T - \ln EC_i^0} \times \ln\left(\frac{Q^T S_i^T I_i^T}{Q^0 S_i^0 I_i^0}\right) \quad (6.21)$$

$$\Delta EC = \sum_i \frac{EC_i^T - EC_i^0}{\ln EC_i^T - \ln EC_i^0} \times \ln\left(\frac{EC_i^T}{EC_i^0}\right)$$

$$= \sum_i (EC_i^T - EC_i^0) = \Delta EC \quad (6.22)$$

由式（6.20）、式（6.21）、式（6.22）的推导可知，使用 LMDI 的加法分解可以实现对残差的完全分解，从而保证了结果的可靠性。[1]

第四节　中国出口隐含碳影响因素分解结果与分析

根据第三节提出的方法，在将有关钢铁和水泥涉及出口造成的生产过程二氧化碳排放水平分别计入金属冶炼制品业和非金属矿物制品业后，本书对前文中第二节测算得到的中国贸易隐含碳进行修正后使用 LMDI 方法进行了分解。并根据具体情况，分别对使用层次二有关中国 IO 表数据、贸易数据和能源数据测算得出的出口隐含碳结果与使用层次三有关来源于 WIOD 的 IO 表数据、贸易数据和能源数据得出的出口隐含结果进行了分解；最后还对两者间的异同进行了比较。

一　层次二出口隐含碳分解结果与分析

（一）三种效应的总量变化

在图 6-13 中可以看出，从 1997—2013 年中国出口隐含碳从 109759.63 万吨增加到 217387.07 万吨，净增长了约 1 倍。三种效应的具体变化情况如下：

第一，规模效应。从分解后的结果来看，其中对出口隐含碳总量增长贡献最为明显的是出口贸易的规模效应，具体表现为所有行业 1997—2013 年的规模效应都表现为增长。规模效应增长量最大的是其

---

[1] Ang, B. W., "The LMDI approach to decomposition analysis: Apractical guide", *Energy Policy*, Vol. 33, 2005, p. 867.

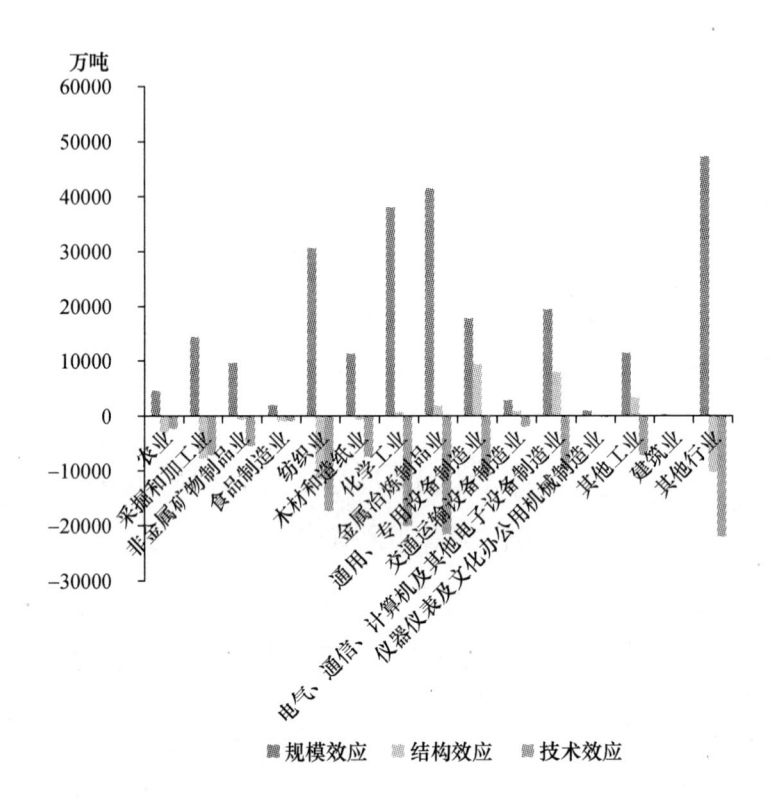

图 6-13　1997—2013 年中国出口隐含二氧化碳变化分解结果

他行业,其出口隐含碳源自规模效应的增长达到 47266.64 万吨,占同期由规模效应引发的隐含碳增长量的 18.77%。同时参考反映中国各行业同期出口在总出口所占比重的图 6-14 可以发现,1997—2013年,其他行业由于贸易的规模效应使出口隐含碳的增长几乎占规模效应总增加量的 20%,但其在出口额总量中所占的比重还不到 10%(0.081)。中国以服务业为代表的第三产业虽然对外贸易的规模发展较快,但其所占的比重却远小于其在出口贸易隐含碳排放增量中所占比重,这说明中国服务性行业和其他第三产业在隐含碳减排的问题上还有巨大潜力。其他规模效应增长量超过 1 亿吨的行业还包括:金属冶炼制品业,41482.94 万吨;化学工业,38028.19 万吨;纺织业,30608.36 万吨;电气、通信、计算机及其他电子设备制造业,19411.64 万吨;通用、专用设备制造业,17758.5 万吨;采掘和加工业，14381.16 万吨；其他工业，11428.04 万吨；木材和造纸业，11288.01 万吨。这些行业基本上都是传统意义上的能耗大户，出口隐含碳增量较高也是正常的。

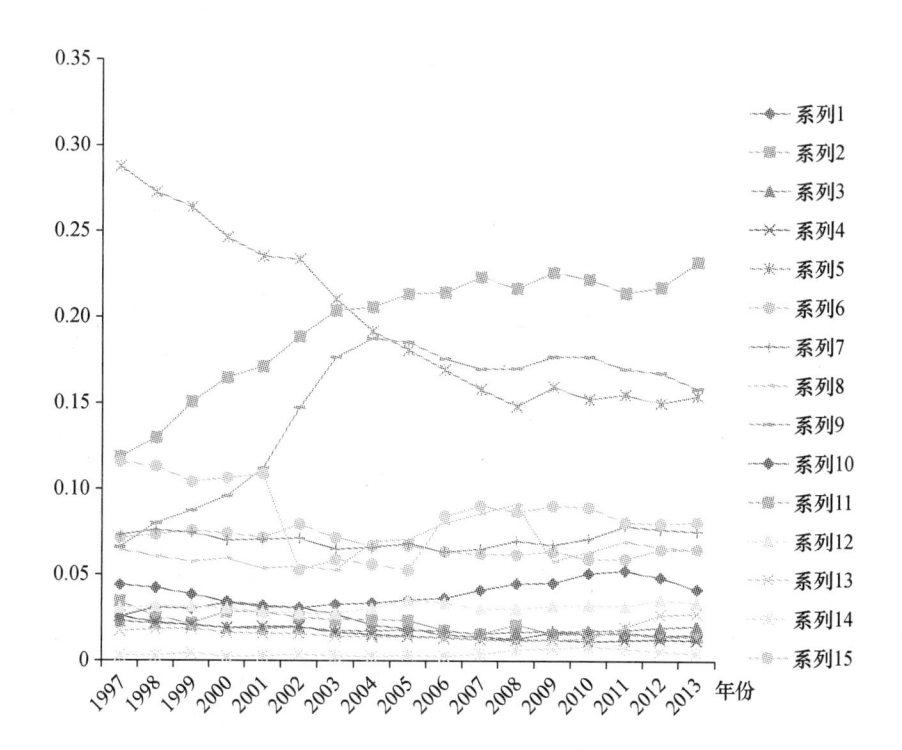

图 6-14　1997—2013 年中国各行业出口在总出口中所占比重

注：图中各行业序号具体内容参照图 6-9 的注释。

第二，技术效应。从图 6-13 中可以看出在 1997—2013 年所有行业都由于生产技术的改进而出现了为负的技术效应，中国整体经济发展中的技术改进对出口隐含碳总量发挥了巨大的递减作用。因此今后进一步推动技术改造、提高能源使用效率、降低能耗、大力推广减排技术将对减少隐含碳排放具有积极的作用。其中技术效应对隐含碳总量的减排作用超过 1 亿吨的行业依次是：其他行业，减排 21952.02 万吨；金属冶炼制品业，减排 21562.10 万吨；化学工业，减排 20055.76 万吨；纺织业，减排 17310.2 万吨；通用、专用设备制造业，减排 10756.02 万吨。

第三，结构效应。图 6-13 中结构效应对中国各行业的出口隐含碳的影响比较分散，对于食品制造业、纺织业、木材和造纸业、农业、采掘和加工业、非金属矿物制品业、木材和造纸业、其他行业来说，结构效应发挥了减少隐含碳排放的作用；但对于剩余的行业来说，结构效应却使其出口隐含碳的总量趋于增长。综合两方面的情况得出的基本结论是：中国经济结构性调整的进程还没有结束，结构性因素对不同行业发展的影响层次也不相同，对于相当多行业的结构性调整今后还能够发挥更大的出口隐含碳减排的作用。

(二) 分阶段三种效应的变化

根据第四章有关研究数据来源的介绍可知，由于在 1997—2013 年中国政府公布的投入产出表数量较少，且 2000 年的中国 IO 表无法满足研究需要，所以，本书使用的中国投入产出表分别为 1997 年、2002 年、2005 年、2007 年和 2010 年中国 IO 表；并且假设在一定年度内中国各产业间的关联程度没有显著变化，投入产出状况未做重大调整，因此使用的是某张特定年度 IO 表代替邻近年度未公布中国 IO 表的研究方法。因此在实际测算过程中，1997—2001 年使用的是 1997 年中国 IO 表，2002—2004 年使用的是 2002 年中国 IO 表，2005—2006 年使用的是 2005 年中国 IO 表，2007—2009 年使用的是 2007 年中国 IO 表，2010—2013 年使用的是 2010 年中国 IO 表。据此将整个中国 1997—2013 年的出口隐含碳变化分解为五个阶段，分别考察在各阶段内的报告期与初始期相比出口隐含碳从总量到具体行业发生的各种变化。不同阶段的三种效应用图 6-15 进行了描述。

在图 6-15 中，从规模效应的角度来看，五个阶段中的四个阶段规模效应都是正值，只有 2007—2009 年的规模效应为负值。这说明与图 6-13 的结论一致，即规模效应是造成中国出口隐含碳水平增长的主要原因；而 2007—2009 年规模效应的负值可以看作是 2007—2009 年世界经济在油价首次突破 100 美元关口和美国次贷危机双重作用下中国出口减少的直接反映。特别是在 2002—2004 年，规模效应最大造成出口隐含碳的排放量增加了 81214.4 万吨，几乎占 2004 年

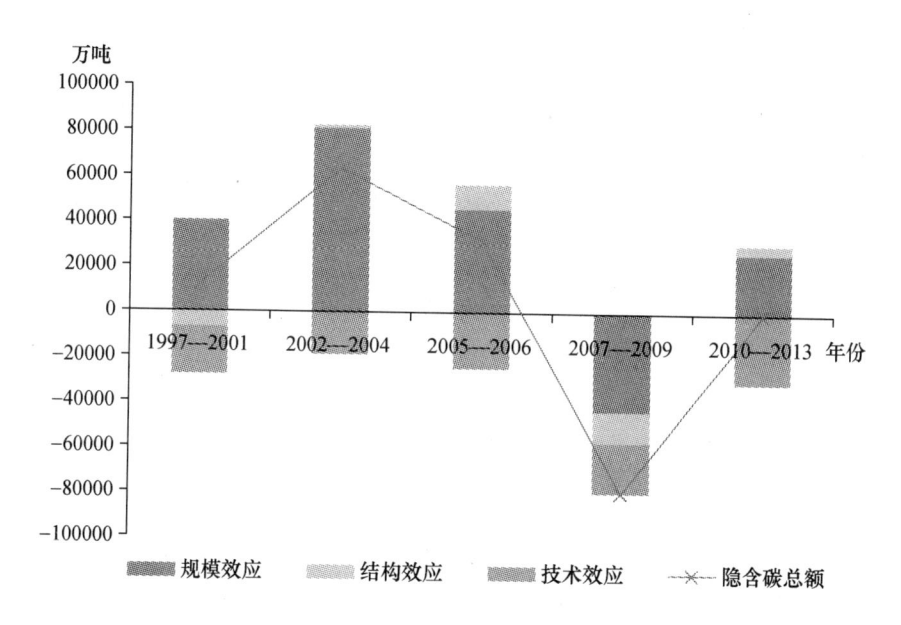

图 6-15 不同阶段三种效应的变化情况

中国出口隐含碳总量的一半。技术效应的结论也与此相同，同样验证了技术水平的变动是减少中国隐含碳排放的主要因素。特别是在 2010—2013 年，由技术效应导致的隐含碳减排达到 30868.43 万吨，超过了同期规模效应和结构效应变动的总额，从而使在整个研究的观察期内，2013 年比 2010 年首次实现了中国出口隐含碳减排 328.25 万吨的转变。虽然 2007—2009 年已经实现了 2009 年比 2007 年出口隐含碳总量的减排，但在此期间内存在的全球性经济波动是造成出口规模效应下降，进而出现出口隐含碳下降的主要原因，而非技术效应的结果所致。对于结构效应来说有一个有趣的现象，在五个阶段中有两个阶段发生结构效应对出口隐含碳总量发挥递减的作用，即 1997—2001 年减排 7043.23 万吨和 2007—2009 年减排 13776.27 万吨，而其他阶段的结构效应都是对出口隐含碳总量的变化起到了推动的作用。对此的解释是在 1997—2001 年有亚洲金融危机对中国出口的影响，2007—2009 年的美元危机和次贷危机同样对中国的出口有负面影响。因此说明中国经济在遇到外部危机时，虽然出口有明显的下降，但与此同时也会成为出口进行调整的有利时期；随着一批竞争力较差的外贸企业由于无法适应外部环境的恶化而退出，反而给那些优质的出口企业以调整的空间和时间，所以表现为在此期间的结构变动会产生对出口隐含碳的递减作用。随后外部经济的回暖又给了这些劣质企业喘息的机会，他们重返出口领域又使得前期结构调整的效力被弱化，甚至会对出口结构产生更大的不利影响。最直观的反映就是2002—2004年、2010—2013年的结构效应对出口隐含碳总量发挥着递增的作用。总结两方面的情况得出的结论是中国出口贸易的结构不够稳定，还有很大通过调整优化促进出口隐含碳减排目标实现的潜力。

（三）每种效应的行业变化

图6-16描述了各出口行业在不同阶段规模效应变化的情况。从图6-16中可以看出，所有行业在2002—2004年达到出口隐含碳规模效应的极大值，同时又在2007—2009年达到出口隐含碳规模效应的极小值。这一结论与前文中关于中国出口整体趋势的描述一致，即在2002—2005年中国出口有一个非常快的增长过程；而在2007—2009年出口迅速下降的原因前文中已经解释过了。在整个观察期内还有个特点需要引起关注，即除去两个出现极值的阶段后可以发现，1997—2001年多数行业整体出口隐含碳的规模效应要大于2010—2013年的规模效应的水平，这说明中国多数行业在出口总量不断增长的同时实现由出口所带动的出口隐含碳水平的下降，这是多数行业出口增长和减排目标同时实现的真实反映。但是，对于通用、专用设备制造业，电气、通信、计算机及其他电子设备制造业、建筑业来说，情况正好相反，其2010—2013年出口隐含碳的规模效应水平要高于1997—2001年的取值。所以今后在推动出口减排的过程中要对这三个行业如何实现减排目标的真正实现予以更多的关注。

图6-17描述了各出口行业在不同阶段技术效应变化的情况。从图6-18中可以看出，在五个阶段内技术效应对各行业出口隐含碳总量几乎全部都发挥了减排的积极作用，其中在采掘和加工业，纺织业、化学工业、金属冶炼制品业、通用、专用设备制造业，其他行业表现得最为明显，这些行业的技术效应在每个阶段对出口隐含碳的减排作用都在1000万吨以上。但是这其中也有几个特殊行业需要引起

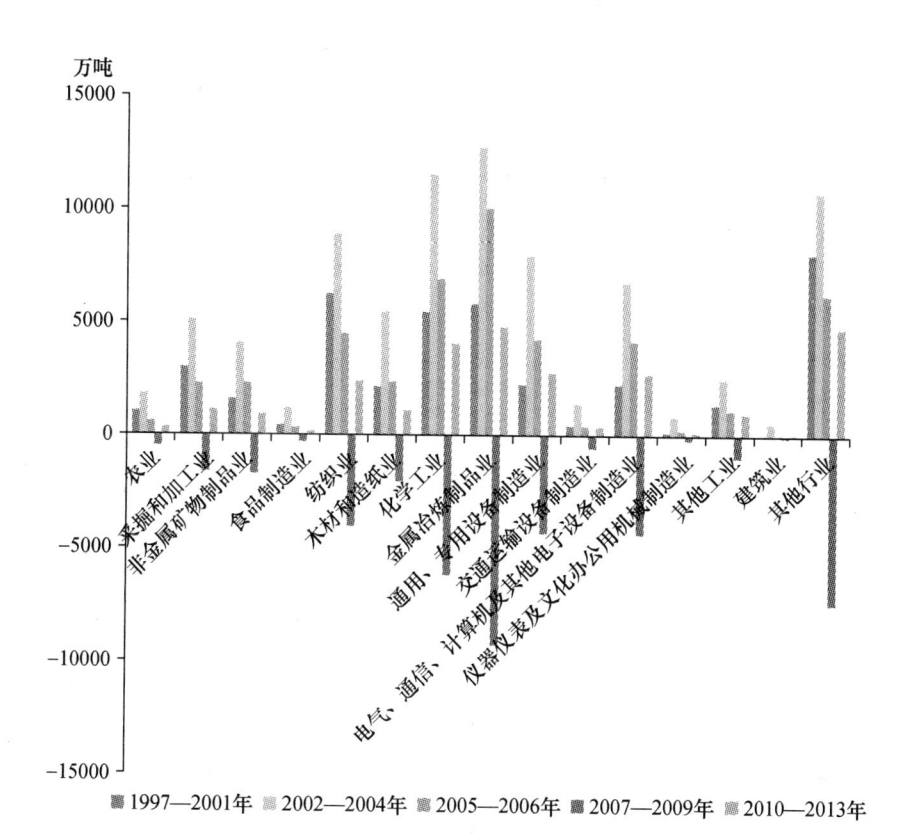

图 6-16 各行业不同阶段规模效应的变化

关注。第一，在 2007—2009 年的全球性经济调整过程中，只有电气、通信、计算机及其他电子设备制造业行业的技术效应是正值；第二，在 1997—2001 年和 2002—2004 年当其他行业的技术效应为负值的时候，非金属矿物制品业和建筑业的技术效应却呈现正值；第三，在 2002—2004 年，虽然技术效应的整体作用是有利于减排，但作为重点出口部门的纺织业在此阶段的技术效应却为正值。对于这些行业的技术效应在某些时期出现有别于整体趋势的特殊结果目前从本书的分析中无法揭示其原因，这也是今后需要进一步深入分析的问题。

图 6-18 描述了各出口行业在不同阶段结构效应变化的情况。从图 6-18 中可以看出，中国各行业出口隐含碳分解后的结构效应是三种效应中变动最为混乱的，从中无法总结出具有一致性规律的特点。

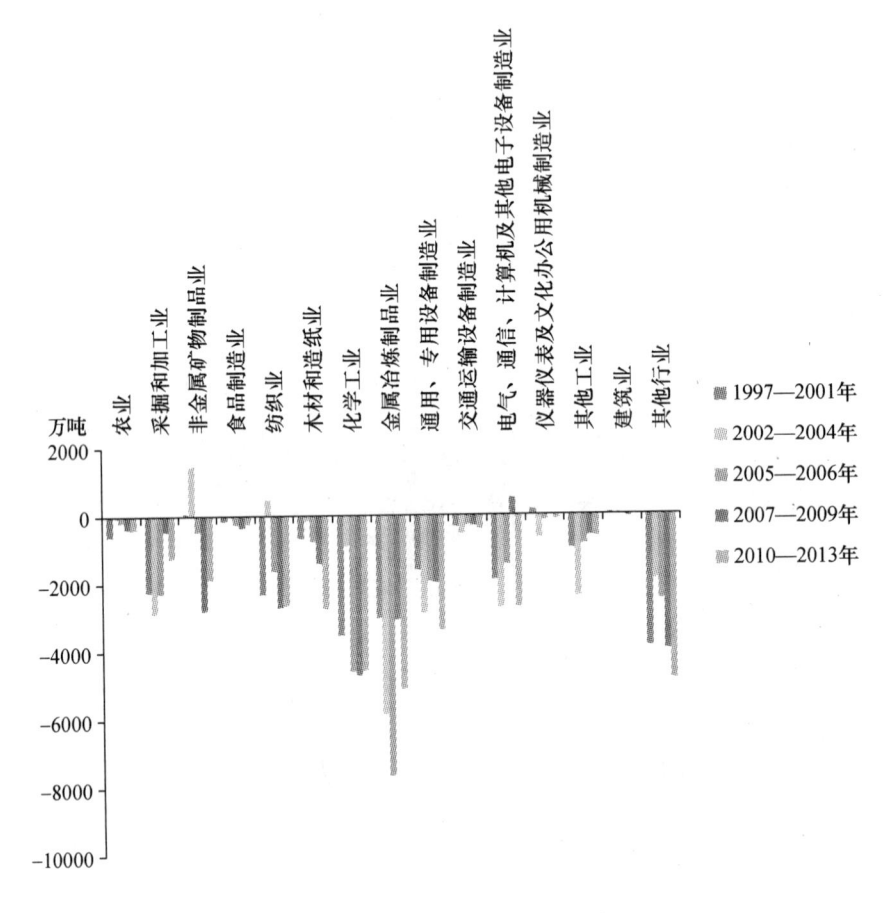

图 6-17 各行业不同阶段技术效应的变化

这种结论只能说明中国经济的结构性调整对不同行业的影响是不一样的。换句话说，希望通过结构性调整来实现中国各行业出口隐含碳的减排目标也是不现实的。但在结构效应的分析中有两个特殊行业需要关注。一个是采掘和加工业，该行业在所有五个阶段中结构效应的测算结果都为负值，说明在该行业内部产业结构的变化对于隐含碳总量减排的作用是持续和稳定的，这证明中国近年来在该行业中所采取的诸多减排措施见到了实效。另一个需要关注的行业是电气、通信、计算机及其他电子设备制造业，该行业的情况与前者正好相反，它在所有五个阶段中结构效应的测算结果都为正值。电气、通信、计算机及其他电子设备制造业内部产业结构变化对于隐含碳总量的增加发挥了稳定的推动作用，说明该行业内部现行结构调整政策是不利于隐含碳总量减排目标实现的，需要对该行业现有的产业结构调整思路和具体措施重新进行检验和调整。

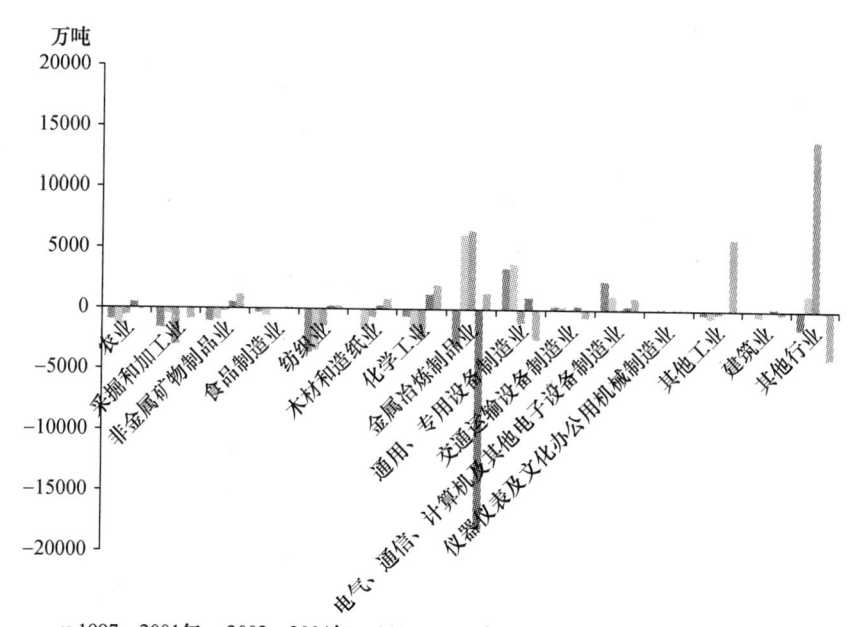

图 6-18　各行业不同阶段结构效应的变化

二　层次三出口隐含碳分解结果与分析

（一）三种效应的总量变化

图 6-19 反映了根据 WIOD 提供的相关中国连续投入产出表、贸易数据和能源数据测算得到的从 1997—2009 年规模效应、技术效应和结构效应的变化。三种效应的具体情况如下：

第一，规模效应。从分解的结果来看，所有 14 个行业 2009—1997 年相比都有正的规模效应存在，这说明即使按照国际数据进行测算也能得出随着中国各行业出口贸易的增长而带来出口隐含碳总量增加的结论。在全部规模效应合计的 198916.67 万吨的隐含碳排放量中，

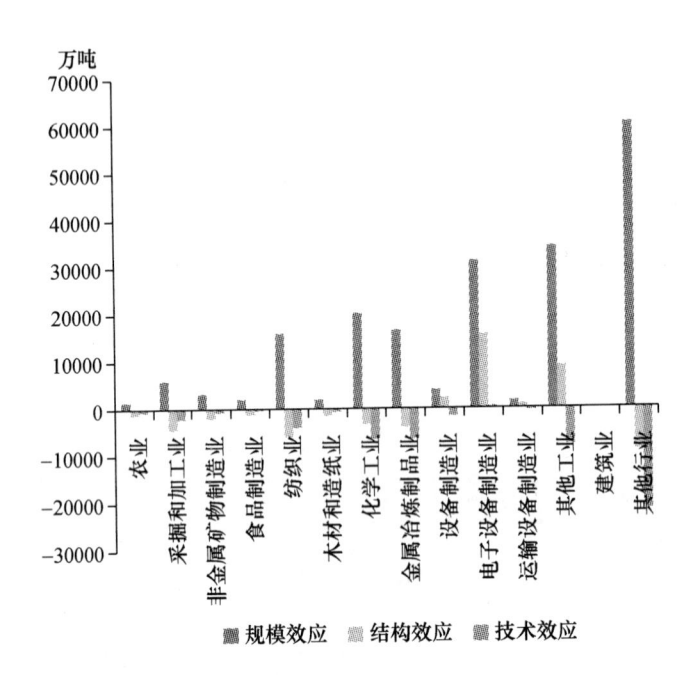

图 6-19　1997—2009 年中国出口隐含二氧化碳变化分解结果

注：在层次三的具体测算过程中，所有关于中国出口隐含碳的测算均使用 14 个行业的合并方法，为了便于理解，可以将层次一和层次二的"通用、专用设备制造业"+"仪器仪表及文化办公用机械制造业"的相关数据合计结果与层次三"设备制造业"的相关数据进行比较。

出口隐含碳按照排放量超过 1 万万吨的行业排序包括：其他行业 198916.67 万吨、其他工业 34233.32 万吨、电子设备制造业 31232.65 万吨、化学工业 20167.94 万吨、金属冶炼制品业 16565.81 万吨、纺织业 15959.32 万吨，上述 6 个行业的规模效应占整体规模效应的 89.82%；而其余 8 个行业的规模效应的合计刚超过规模效应总量的 10%。所以，就规模效应对出口隐含碳的影响而言，这 6 个行业出口规模的变化是造成中国 2009 年比 1997 年出口隐含碳增长的主要原因。

第二，技术效应。在图 6-19 中除电子设备制造业外，其余 13 个行业的技术效应都为负值，即这些行业的技术进步对本行业出口隐含碳排放量变化具有递减作用。其中，其他行业的贡献最为突出，贡献了技术效应递减总量的41.5%；说明以服务业为代表的第三产业技术进步所带来的二氧化碳减排对整体出口隐含碳的技术效应发挥重要的作用，今后如何采取进一步的措施使第三产业的二氧化碳排放量减少将是隐含碳减排的主要切入点。对于电子设备制造业来说，2009年比1997年由于技术效应的变动带来428.59万吨隐含碳的增加量，说明该行业整体技术水平的变化与其他行业相比是处在技术退步或恶化的状况，需要通过有力的措施来加速该行业的技术升级和改造，使该行业技术水平的变化能够与国民经济体系中的其他行业的技术改进相适应。

第三，结构效应。图6-19中的各行业根据结构效应的变化对出口隐含碳的影响可以分为两部分：第一部分包括农业、采掘和加工业、非金属矿物制造业、食品制造业、纺织业、木材和造纸业、化学工业、金属冶炼制品业、其他行业，这些行业的结构效应对出口隐含碳的影响为负，说明上述行业的结构性调整对二氧化碳减排具有积极作用。第二部分包括设备制造业、电子设备制造业、运输设备制造业、其他工业、建筑业，这些行业对出口隐含碳的作用与前者相比正好相反，其结构效应的测算结果增加了出口隐含碳的规模。由此可以得出这样的结论：第二部分5个行业的结构调整还有继续优化的空间，在发挥其对出口隐含碳的减排作用上还有巨大潜力。

（二）分阶段三种效应的变化

根据WIOD数据提供的中国投入产出表具有连续性的特点，所以本书使用对数LMDI方法对1997—2009年的各年度的环比数据进行了分解，具体包括1997—1998年、1998—1999年、1999—2000年、2000—2001年、2001—2002年、2002—2003年、2003—2004年、2004—2005年、2005—2006年、2006—2007年、2007—2008年、2008—2009年共12个阶段，以期发现三种效应在整个观察期内的变化。

在图6-20中，从规模效应的角度来看，除2008—2009年的变化外，从2001年起一直到2007年，每年环比的结果都显示中国出口隐含碳的规模每年度都比上一年度呈现增长的趋势；即随着中国出口

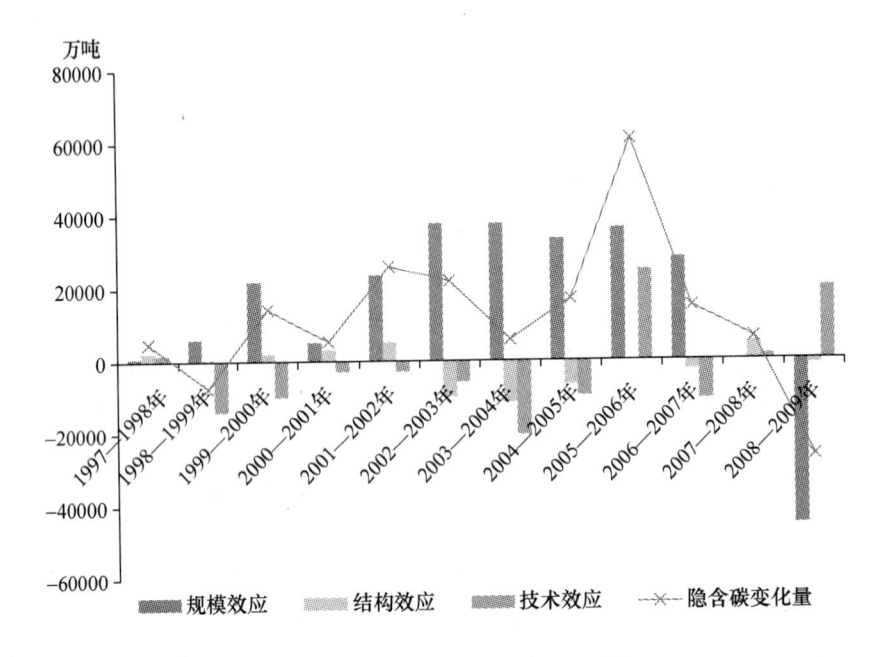

图 6-20 不同阶段三种效应的变化情况

的不断增长由其贸易规模扩大带来的隐含碳排放量必然会随之增长。其中增速最快的时期出现在 2002—2003 年，由规模效应带来的出口隐含碳增加了 37680.69 万吨。2008 年比 2007 年的规模效应虽然要多 18.56 万吨，但已经开始出现下降的趋势；而 2008 年与 2009 年的规模效应相比第一次出现了下降，由贸易规模的下降带来规模效应的下降达到 45285.13 万吨，这正是造成 2009 年比 2008 年出口贸易隐含碳总量下降的根本原因。对于 2007—2009 年规模效应的最好解释就是从 2008 年起世界经济的调整对中国的出口造成了非常不利的影响，也由此导致了出口总量和出口隐含碳总量的双双下降。从技术效应的角度来看，从 1997—2007 年，每年都比前一年度由技术效应而引起出口隐含碳的减少，其中减幅最大的是 2003—2004 年，由技术效应带来 20447.44 万吨出口隐含碳的下降。但从 2008 年起这一趋势被逆转，表现为由技术效应带来了出口隐含碳排放量的增长，其中 2007—2008 年由技术效应带来 1352.09 万吨的出口隐含碳的增加，而 2008—2009 年的这一数值已经提高到 20054.49 万吨。这种由技术效应带来出口隐含碳排放量的逆转说明在外部经济调整的背景下,中国出口部门的技术水平反而出现恶化的趋势,企业为了确保经济效益使用了更多的已经收回成本的落后技术而非加大对新技术的投入。从结构效应的角度来说情况则与技术效应相反。在前期的1997—2002年,结构效应对出口隐含碳总量起到的是增加的作用;而从2003年起,结构效应对出口隐含碳总量开始发挥递减的作用。这说明,中国的整体产业结构和贸易结构的调整已经开始对隐含碳减排发挥一定的积极作用,中国外贸结构性调整政策已经见到了实效。

(三) 每种效应的行业变化

图6-21描述了各出口行业在不同阶段规模效应变化的情况。从图6-21中可以看出,除2009年比2008年的规模效应出现下降外,从1997年开始到2007年,中国14个行业的出口贸易总量的扩大都会带动规模效应的提高,从而推动中国出口隐含碳水平的提高。其他行业、其他工业、电子设备制造业、金属冶炼制品业、化学工业、纺

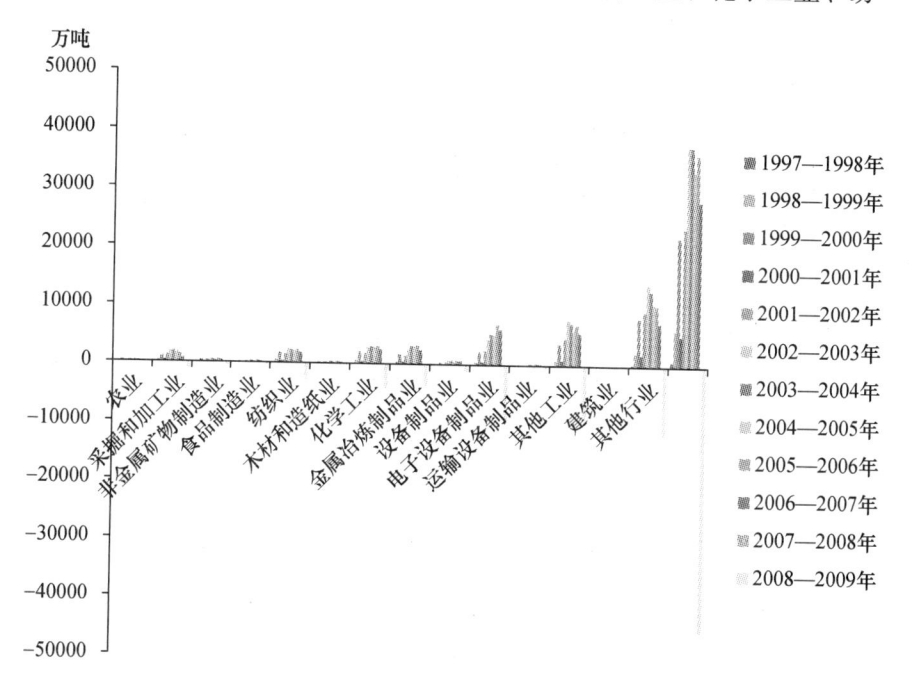

图6-21 各行业不同阶段规模效应的变化

织业、采掘和加工业贡献了增加的规模效应的主要部分，其年均增长量都在1000万吨以上，其中其他行业的表现最为突出，年均规模效应的变化达到了7000万吨的水平，说明中国以服务业为代表的第三产业在出口贸易和隐含碳排放的总量中发挥了非常重要的作用，也是今后减排的主要目标。这些行业作为中国传统的出口贸易优势部门，随贸易量的增长也排放了更多的隐含二氧化碳。2008—2009年出现变化的原因主要是基于外部环境的变化，对此在前文中已经多次提出就不再进行解释了。

图6-22描述了各出口行业在不同阶段技术效应变化的情况。从图6-22中可以看出，1997—2005年，中国14个行业的技术效应以负值为主，说明在此阶段内整体技术水平的变化是有利于实现出口隐含碳的减排目标。但从2006年起，技术效应对各行业的影响开始出现反转。2006年与2005年相比更多的行业表现为技术效应出现正值，而2007年与2006年相比多数行业的技术效应又有所下降；2008年与2007年相比和2009年与2008年相比，多数行业都表现为技术效应对出口隐含碳总量的增加发挥了推动作用。在2008年与2009年的比较中，电子设备制造业和其他行业出口隐含碳分解后的技术效应分别增加了7811.71万吨和7842.96万吨，共占2008年、2009年增加的技术效应的38.96%和39.11%，说明这两个行业正的技术效应是导致2008—2009年度中国整体出口隐含碳分解后技术效应为正值的主要原因。这种结果也说明在电子设备制造业和其他行业中的技术变化对隐含碳减排目标的实现是极为不利的，今后要在这两个行业中加大节能与减排技术的推广、深化与其他相关行业的有机联系，实现电子设备制造业和其他行业整体出口隐含碳水平的下降。

图6-23描述了各出口行业在不同阶段结构效应变化的情况。从图6-23中可以看出，根据WIOD数据测算出的中国14个行业的结构变化可以大致分为两类：

第一类，具有反复波动结构效应的行业。这些行业包括采掘和加工业、非金属矿物制造业、化学工业、金属冶炼制品业、电子设备制造业、运输设备制造业、其他工业、其他行业，它们的共同点是观察期内结构效应变化频繁，正值和负值出现没有规律，完全无法从变化

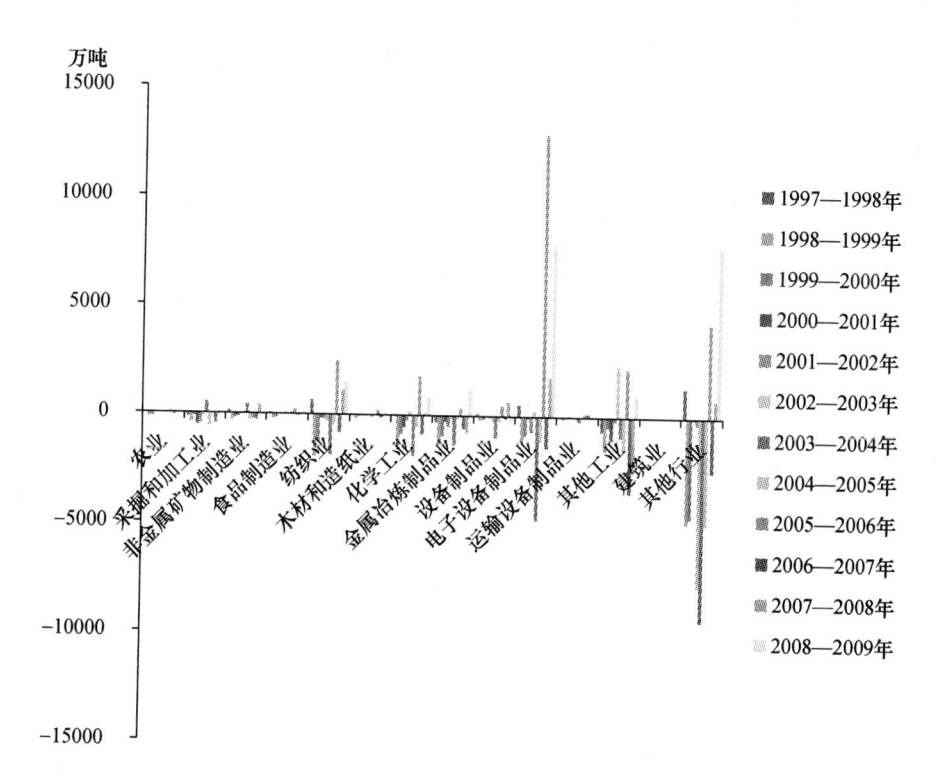

图 6-22　各行业不同阶段技术效应的变化

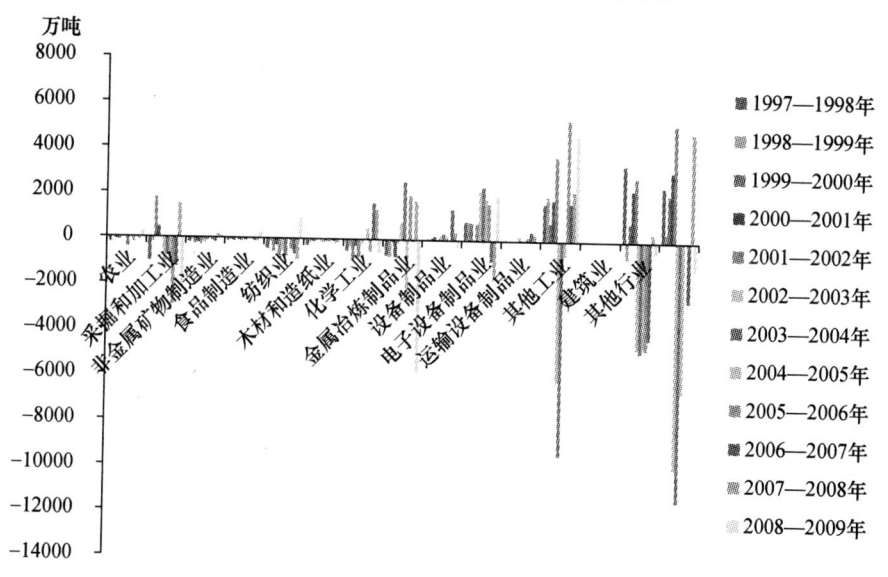

图 6-23　各行业不同阶段结构效应的变化

过程中总结出可靠的结论。

第二类，具有相对一致性结构效应变化特点的行业。这些行业中又有所区别，其中农业、食品制造业、纺织业、木材和造纸业的结构效应整体呈现负值，说明这些行业生产和贸易的结构性调整推动了本部分隐含碳排放量的减少，相关经验值得借鉴和学习；而设备制造业和建筑业的情况正好相反，其结构效应的变化在整个期间内都是正值，说明这两个行业的生产和贸易的结构性调整加速了本行业出口隐含碳总量的增长，需要对这两个行业的增长趋势予以关注并找到转变其技术效应结果的方法。

三 两种分解结果比较

上文按照对数 LMDI 方法，对采用两种不同数据来源和测算方法得到的中国出口隐含碳结果进行了分解，下面对这两种结果进行一个简要的比较。

（一）两种总量结果的比较

第一，从规模效应的总量来看，使用两种方法得到的结果在1997—2009年都表现为全部行业的规模效应为正值，说明出口贸易的增长提高了中国出口隐含碳的排放水平。以下行业使用两种方法测算得到的结果以规模效应表示其增长量都超过1亿吨：其他行业、金属冶炼制品业，化学工业，纺织业，电气、通信、计算机及其他电子设备制造业。其中其他工业是规模效应最大的行业。

第二，从技术效应的总量来看，除层次三中的电子设备制造业外，其余行业在两种方法测算得到的技术效应都为负值，说明技术改进对中国的出口隐含碳总量具有积极的抑制作用。

第三，从结构效应的总量来看，食品制造业、纺织业、木材和造纸业、农业、采掘和加工业、非金属矿物制品业、木材和造纸业、其他行业在两种方法中测得的结果都为负值，说明这些行业的结构调整有利于隐含碳减排。但对化学工业、金属冶炼制品业来说情况比较特殊，这两个行业在层次三的结果中是结构效应为负的行业，而在层次二中的结果为正。其余行业在两种方法中的结构效应都统一为正。

第四，从分阶段的比较来看，两种方法的规模效应在1997—2006

年都是正值，而技术效应都是负值，并同时在 2007—2009 年阶段出现逆转。这些都说明不同方法在这两种效应的分析上结论一致。但对于结构效应来说情况比较复杂。2007—2009 年数据使用两种方法得到的机构效应都是负值，但在 1997—2001 年，层次二方法得到结构效应是负值，对出口隐含碳具有减排的作用；而层次三方法得到的结果为正值，反而增加了出口隐含碳的规模。

（二）两种行业结果的比较

第一，从规模效应的角度来看，除 2009 年比 2008 年的规模效应出现下降外，从 1997 年开始到 2007 年中国各行业的出口贸易总量的扩大都会带动规模效应的提高，同时都带来了出口隐含碳总量的增长。其他行业、其他工业、电子设备制造业、金属冶炼制品业、化学工业、纺织业、采掘和加工业的年均规模效应增长量都在 1000 万吨以上，构成了出口隐含碳结果分解后规模效应的绝大部分。

第二，从技术效应的角度来看，在各阶段内技术效应都对各行业出口隐含碳总量发挥了递减的积极作用。其他行业，采掘和加工业，纺织业，化学工业，金属冶炼制品业，通用、专用设备制造业都是技术效应作用显著的行业，其中，其他行业在出口隐含碳总量减少的过程中发挥了最为明显的作用。

第三，从结构效应的角度来看，这个效应的测算结果是层次二与层次三结果差异最大的领域。在层次二的测算中，采掘和加工业与电气、通信、计算机及其他电子设备制造业的结果都表现为始终保持一种趋势；但在层次三的结果中，这两个行业的结构效应的变化波动明显，没有任何规律。而层次三中结构效应具有相对稳定发展趋势的是农业、食品制造业、纺织业、木材和造纸业、设备制造业、建筑业，虽然最后两个行业的发展趋势与其他行业相反。对于这种情况可能的解释是由两种方法所使用的中国投入产出表来源的差异造成的。

（三）对比较的小结

通过两种不同方法对贸易隐含碳分解结果的比较，有以下几点主要结论：

第一，规模效应是造成中国出口隐含碳总量增长的主要原因。中国各行业的出口贸易总量的扩大不仅会带来规模效应的提高,而且会推动出口隐含碳总量的增长。其他行业、其他工业、电子设备制造业、金属冶炼制品业、化学工业、纺织业、采掘和加工业构成了出口隐含碳结果分解后规模效应的绝大部分。

第二,技术效应对中国各行业出口隐含碳总量的减少发挥了积极作用。其他行业,采掘和加工业,纺织业,、化学工业,金属冶炼制品业,通用、专用设备制造业都是技术效应作用显著的行业,其中其他行业在出口隐含碳总量减少的过程中发挥了最为明显的作用。

第三,结构效应的测算结果是两种方法中差别最大。相同的行业在层次二和层次三中会出现相反的结论,对此可能的解释是由于两种方法所使用的中国投入产出表来源的差异造成的。

第七章　基于隐含能与隐含碳研究的中国对外贸易调整

综合第四章、第五章、第六章研究的结论可以看出，出口贸易在给中国带来巨大经济利益的同时也对环境产生了深远的影响。不论从隐含能还是从隐含碳的角度来看，最终出口与进口差额为正的结果都意味着参与国际贸易给中国带来更多的能源消耗和二氧化碳排放。如何客观地分析和对待这种净值的正顺差是本章将要讨论的重点。通过第五章和第六章的分析可知，一方面使用 WIOD 数据得到的测算结果从 2006 年起高于使用中国数据测算得到的结果，另一方面 WIOD 数据的时效性较差，所以下文的分析以层次二使用中国数据测算得到的结果为基础。

第一节　隐含能测算结果对中国贸易的影响与调整

中国的贸易隐含能是对中国在参与国际贸易时出口商品中所耗费的全部能源的合计，包括该商品所有生产环节中的各种能源消耗。应该如何看待第五章测算得到的最终隐含能结果？这种结果对中国今后继续参与国际贸易将会产生什么样的影响？这些问题将是本节需要回答的主要问题。

一　对测算结果的基本判断

第五章测算得到的结果显示，从贸易隐含能的总量看，1997—2013 年中国的贸易隐含能出口大于隐含能进口，即中国的贸易隐含能净值为顺差，这就意味着中国在国际贸易中处于能源"净输出"的地位。本书对中国贸易隐含能这种结果的基本判断是：隐含能的"均衡"应该是中国分析隐含能问题的根本出发点，即中国隐含能净值为顺差是不符合中国长期利益的，应该以实现贸易隐含能的净出口平衡为目标。从国际经济学基本常识的角度来说，实现"进口与出口的平衡"是一国对待国际贸易、国际金融活动的基本准则。这一准则同样适用于对中国隐含能的分析，即要追求出口隐含能与进口隐含能的平衡，实现贸易隐含能的差额为零的目标。具体来说，对进口隐含能而言，应该采取以提高进口隐含能水平为目标的措施；对出口隐含能而言，要采取各种降低出口商品中隐含能的措施。只有通过这种对进口和出口的共同努力，才能够实现中国贸易隐含能的"进出口平衡"。对于中国贸易隐含能的"平衡"可以通过以下方面得到实现。

二 进口隐含能与扩大能源密集型产品进口

第一，通过对图7-1中国能源生产、消费和差额的描述可以看出，一方面从1992年起中国的能源消耗水平就开始超过国内的能源生产水平，中国从能源出口顺差国转变为能源进口逆差国；另一方面中国能源消费水平与生产水平的差距不断扩大，具体表现为能源净消费额快速增长，从1992年的1914万吨标准煤扩大到2014年的66000万吨标准煤，22年间能源缺口扩大了34倍，而这种生产对能源消费的缺口则只能通过能源进口来得到弥补，这就从侧面证明中国经济发展对外部能源的依赖性已经越来越强。换句话讲，中国今后的经济发展对来自外部能源的依赖只会继续得到加强。

第二，通过图7-1中对中国出口隐含能的相关数据可以看出，一方面从中国出口隐含能的比例来看，从1997年起虽然中国的能源生产已经不能满足中国经济对能源消费的需要，中国每年需要大量从国外进口各种能源，但实际上这些能源消费中相当大的一部分比例是用来满足出口商品生产过程对能源的消耗。这种结论可以从图7-1中的数据看出，即虽然用于出口所消耗的隐含能水平在中国能源消耗总量中的比例从20世纪末的1/3下降到近年来1/5的水平，但由出口带来的能源消耗对中国能源消耗总量所发挥的影响却是真实存在的。另一方面从中国出口隐含能的规模来看，中国出口隐含能的水平从1997年起就要比中国能源消费的缺口大，这说明中国的出口所耗费的能源不仅是造成能源进口的主要原因，而且对国内的能源生产也产生了巨大的压力。因为从1992年起中国能源消费大于能源生产的背景下，能源消费的缺口已经意味着需要由能源进口来满足，而现在测算得出的出口隐含能水平远远大于中国能源生产和消费的缺口，这就说明当进口的差额还不能够满足出口对能源消耗的需求时会对国内经济发展所需的正常能源消耗造成挤压，使生产国内最终消费的所需能源水平下降。证明中国的国内消费者也不得不为满足出口的能源消耗需要而做出减少对国内产品需要的选择。

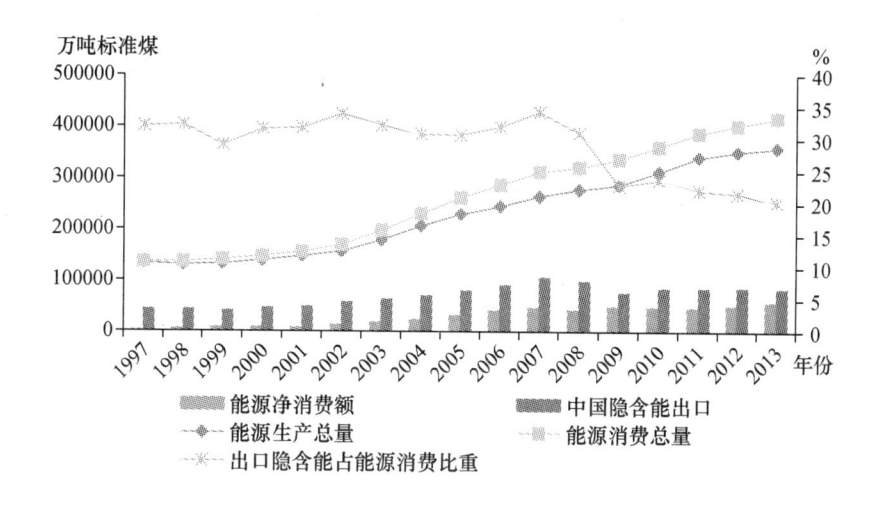

图7-1　中国能源生产、消费与差额

资料来源：《中国统计年鉴》（2015）表9-1、表9-2。

综合上面的分析可以发现，在中国能源生产已经不能满足能源消费、需要依赖外部能源进口的前提下，中国贸易隐含能出现净顺差的局面对中国是十分不利的。这种不利可以概括为两个方面：一是为生产出口商品而大量消耗本国资源，对国内商品生产和环境造成沉重压力；二是不利于中国国际收支经常账户巨额顺差的消除。考虑到中国对进口能源依赖的背景，综合上述内容，本书针对能源的进口提出以下建议：要积极扩大对能源密集型商品的进口以确保中国经济发展的需要。一方面要努力扩大对以具体能源形式——例如，煤炭、石油、天然气等初次能源的进口，另一方面还要扩大对能源密集型商品——即包含较高贸易隐含能商品的进口。通过这两方面的措施，不仅可以确保中国经济发展对日益扩大的能源需求的缺口，而且可以减少中国国内能源储备的消耗，同时还在实现保护环境目标的同时实现国际收支经常账户顺差向平衡方面的转变。政府要出台具体的措施，积极鼓励从外部进口各种能源和能源密集型商品，特别是鼓励国民对来自国外的高能耗商品的消费。考虑到中国长期维持的国际收支顺差和巨额外汇储备所带来的压力，扩大能源以及能源密集型商品的进口是完全可以实现的。

三 进口隐含能与能源供应安全

要实现扩大贸易隐含能进口、缩小贸易隐含能顺差的目标，主要手段之一就是要扩大直接能源产品的进口。关于能源进口对中国经济的重要性无须多言，这里主要强调与能源进口相关的两方面能源供应安全问题。

第一，要适当调整进口能源的地区来源。中国进口的能源虽然来自世界各地，但主要进口来源地相对集中。以石油进口为例，图7-2描述了中国2014年进口石油的来源情况。从图7-2中我们可以看出，中国石油的进口主要来源于约占进口石油总量一半（47%）的中东地区和1/8（13%）的苏联地区（其中主要来源于俄罗斯）；其他地区的石油进口比例相对较少，其中从欧洲和大洋洲进口的石油比例都不超过1%。从这种进口的地区来源就可以看出中国的石油进口过度集中，非常不利于确保能源供应安全。中东国家的持续动荡、马六甲海峡的通航安全、俄罗斯对华石油管道的设计和建设等各种情况都已经充分证明了能源进口如果过度集中于特定地区时就可能出现风险。因此，在提出扩大能源进口时第一个应该注意的问题就是要适当调整进口能源的地区来源。从图7-2中可以看出，今后西非、北非和中南美洲将是中国实现以石油为代表的能源进口量快速增加的主要新兴目标地区。特别是在近年来，中非经贸关系已经取得巨大发展的前提下，如何更好地开拓中南美洲的能源市场，通过加大对这一地区的能源投资和建设来实现能源供应安全将是需要进一步研究、分析和解决的问题。

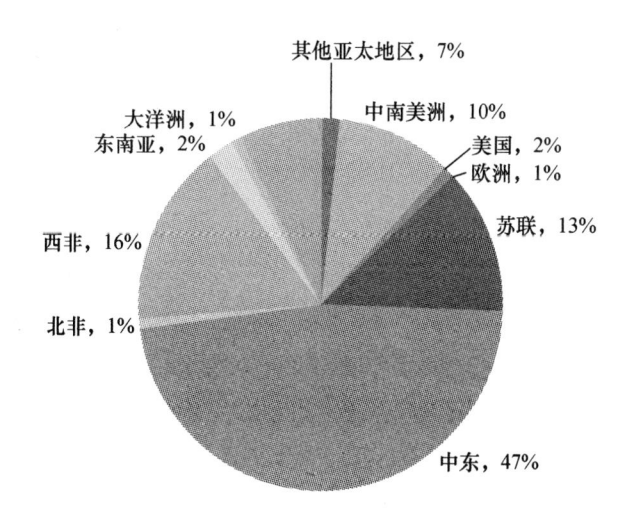

图 7-2　中国 2014 年石油进口来源国家和地区

资料来源：《BP2015 世界能源回顾》。

第二，要合理优化具体进口能源结构。图 7-3 对中国 2002—2013 年主要能源进口数量的情况进行了描述。从图 7-3 中可以看出，从进口量来看，中国能源进口规模最大的是石油和煤炭，天然气和电力的进口量非常小。2013 年天然气和电力的进口量分别为 525 万吨和 75 亿千瓦时，与石油和煤炭分别为 33603 万吨和 32675 万吨的进口量存在明显的差距。从进口增速来看，煤炭进口由于 2009 年全球性煤炭价格的下跌而增长最为明显。以煤炭的亚洲市场为例，2008 年的价格为 148.06 美元，而 2009 年下降到 78.81 美元，其他国家即煤炭价格指数如西北欧市场价格、美国 CAPP 煤炭现货价格指数、日本炼焦煤 CIF 进口价格、日本动力煤 CIF 进口价格虽然具体数值存在差异，但都具有类似明显的下降情况。其他能源形式的变化相对平稳。参考中国"富煤、贫油、少气"的实际情况并结合上述两方面的分析可以看出，今后中国在具体能源进口结构上应该进行以下调整：一是适度控制煤炭的进口规模，同时还要提高对优质无烟煤在煤炭进口总量中的比例；二是要努力提高对天然气和电力的进口，特别是要充分利用来自发展中国家的天然气资源，扩大对非洲和南美洲国家的能源贸易。

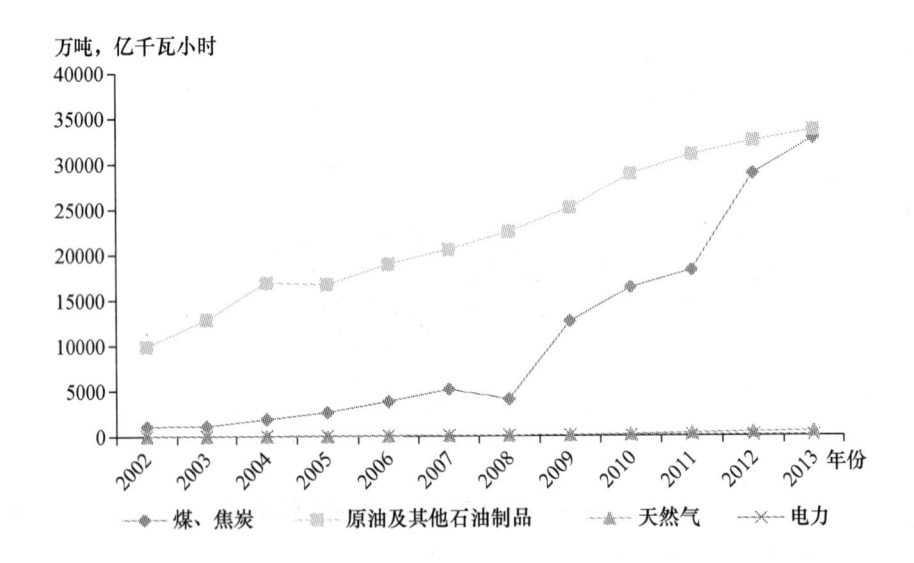

图 7-3　中国主要能源进口数量

注：原油及其他石油制品包括原油、汽油、煤油、柴油、燃料油、液化石油气、其他石油制品，单位万吨；电力的单位为亿千瓦小时。

资料来源：《中国统计年鉴》(2015) 表 1-8。

四　出口隐含能与能源使用效率改进

贸易隐含能的测算结果对中国参与国际贸易的调整，除上文中提到有关进口隐含能对进口贸易的调整外还应当包括出口隐含能对出口贸易的调整。出口隐含能对中国出口贸易的调整应该处理好以下几个方面的关系。

第一，要明确出口隐含能与贸易规模之间存在着正相关的关系。近年来，虽然出口贸易在 GDP 中所占的比重有所下降，中国的外贸依存度已经从 2006 年最高水平的 65.17% 下降到 2013 年的 45.38%。但其绝对值的规模依然非常巨大。中国庞大的出口规模必然会带来对能源的巨大消耗。因此从能源消耗的数量来看，伴随着出口的增长必然也会带来更多的能源消耗。这个结论已经被本书第五章和第六章的内容从不同角度予以验证，即贸易的规模效益是带来隐含能消耗与隐含碳排放的主要原因。在今后相当长的时期内，希望通过服务业或第三产业的发展和加速内需来代替或弱化出口贸易所担负的推动中国经济增长作用的努力是难以在短期内见效的，所以可以预见的是由中国出口贸易带来的能源消耗还将会在相当高的水平上长期维持。

第二，提高能源使用效率是从根本上降低出口隐含能的措施。从能源消耗的总量来看，提高能源使用效率对降低出口隐含能水平发挥了关键性作用，表7-1可以为这个结论提供佐证。在1980—2013年的时间里，不论各阶段使用哪个具体年度作为基准年度来修正其他年度的数据，中国整体经济中平均万元能源消耗水平都呈现下降的趋势，这说明中国的能源使用效率和经济效应都有明显的改进。尽管如此，中国的单位能耗水平依然与发达经济体之间存在显著的差距。例如中国2013年的单位GDP能耗是0.715万吨标准煤/亿元，而日本的单位

表7-1　　　　　　　平均每万元国内生产总值能源消费量

单位：吨标准煤/万元

1980年可比价		1990年可比价		2000年可比价		2005年可比价		2010年可比价	
1980	13.196	1990	5.322	2000	1.473	2005	1.406	2010	0.882
1981	12.366	1991	5.125	2001	1.439	2006	1.369	2011	0.863
1982	11.839	1992	4.719	2002	1.439	2007	1.302	2012	0.834
1983	11.363	1993	4.400	2003	1.52	2008	1.223	2013	0.803
1984	10.592	1994	4.117	2004	1.613	2009	1.173	—	—
1985	10.096	1995	3.967	2005	1.644	2010	1.138	—	—
1986	9.780	1996	3.692	—	—	—	—	—	—
1987	9.391	1997	3.396	—	—	—	—	—	—
1988	9.059	1998	3.156	—	—	—	—	—	—
1989	9.074	1999	3.027	—	—	—	—	—	—
1990	8.898	2000	2.890	—	—	—	—	—	—

资料来源：《中国统计年鉴》（2015）表9-16。

GDP 能耗仅为 0.221 万吨标准煤/亿元，还不到中国能耗水平的 1/3。这组数据的比较说明中国进一步提高能源使用效率、降低能源消耗水平的潜力依然巨大。对此提出的具体建议是：一方面要积极推动先进成熟技术在不同行业内部的全面使用，从而提高生产过程中的能源使用效率；另一方面还要加强对来自发达国家先进技术的吸收和改造，使之能够更好地服务于中国经济发展的需要。同时政府还要加大对节能技术的政策引导和资金扶持，鼓励个人和企业主动研发和推广各种节能技术与措施。通过将市场与具体企业或个人的经济利益和节能降耗真正联系起来，才能将能源使用效率的改进从来自政府的外部刺激转化为经济体内在的自发动力，最终真正实现提高中国的能源使用效率、降低出口隐含能水平和推动经济可持续发展的目标。

五　对具体行业的影响与调整

虽然第五章从三个层次对中国的贸易隐含能进行了分析，但层次一和层次三的结果分别由于假设不规范和数据不完整而无法完整地反映中国贸易隐含能的情况，所以，本书在此处选择各方面相对较好的第五章层次二的测算结果为依据进行相应分析。下文中对隐含碳的分析也采用相同方法。

上文从国家宏观层面分析了贸易隐含能对中国对外贸易的影响和相应调整，下面就从微观行业的层面分析贸易隐含能对贸易的调整。

第一，出口隐含能对出口贸易的调整。根据第五章层次二测算的结果，中国 15 个行业在扣除进口中间产品对出口影响后的出口隐含能水平整体呈现不断增长的趋势，根据各行业出口隐含能增长速度的差异可以将这个行业大致分为三类：

第一类：隐含能出口高速增长行业，具体包括化学工业、金属冶炼制品业、其他行业。对于化学工业和金属冶炼加工业来说，由于其出口产品的本质依然是对石油、金属矿产品的加工，因此今后对该行业的调整应该放在如何进一步提高能源使用效率和降低能耗上。对于其他行业而言，考虑到其内部构成的具体次级行业全部都属于服务行业的实际情况，大力推动服务业和第三产业的发展正是中国近年来在产业结构调整上正在努力的方向，因此应当继续鼓励其他行业的出口。

第二类：隐含能出口中速增长行业，具体包括食品制造业，通用、专用设备制造业，电气、通信、计算机及其他电子设备制造业。对于这些行业而言，还有进一步改进能源使用效率的空间。

第三类：隐含能出口低速增长行业，具体包括农业、采掘和加工业、非金属矿物制品业、纺织业、木材和造纸业、交通运输设备制造业、仪器仪表及文化办公用机械制造业、其他工业、建筑业。在这些行业中纺织业出口总额对外贸的贡献巨大，但其出口隐含能的规模却相对较小，说明中国近年来在纺织业已经实现了较为成功的转型。其他行业包括传统重点出口部门应该学习和借鉴纺织业节能增效的成功经验，在如何进一步降低能源使用总量和提高能源使用效率上做出不懈的努力。

第二，进口隐含能对进口贸易的调整。由于第五章层次二将中国的总进口分解为来自发达国家和发展中国家两类分别计算，故下文也从这两个方面进行分析。

中国 15 个行业来自发达国家的隐含能进口状况可以大致分为三类：

第一类：隐含能进口快速增长的行业——其他行业。由于其他行业的次级行业均为服务型行业或从属于第三产业，而这些行业也正是中国与发达国家之间在经贸关系上联系最紧密的领域，因此中国对这些行业的隐含能进口数据实际上折射出中国在这些领域内对发达国家相关产品的巨额需求。对于这些行业的进口应该积极鼓励，这不仅可以提高中国国内服务业的水平，还可以节约大量为生产类似产品而对国内能源的消耗。

第二类：隐含能进口中速增长行业，具体包括采掘和加工业、化学工业、金属冶炼制品业、其他工业。这些行业也都是发达国家在生产技术上具有优势的行业，中国在大量进口相关产品的同时也必然会出现相应的隐含能进口的增长。但考虑到中国近年来经济快速发展对石油、矿产品进口需求的快速增长，加大这些行业的进口是应该积极鼓励的，同时也减少了国内生产对环境的压力。

第三类：隐含能进口低速增长行业，具体包括农业、非金属矿物制品业、食品制造业，纺织业、木材和造纸业，通用、专用设备制造业，交通运输设备制造业，电气、通信、计算机及其他电子设备制造业、仪器仪表及文化办公用机械制造业，建筑业。其中通用、专用设备制造业，电气、通信、计算机及其他电子设备制造业是发达国家对华出口的主要行业，通过扩大进口这些行业的产品，不仅可以充分利用发达国家在这些行业的技术优势和能耗优势，而且能够缓解中国的环境压力和变相进口生产类似产品所需的能源，更好地弥补中国能源生产和消费之间的缺口。

根据中国 15 个行业来自发展中国家的进口隐含能情况可以分为三类：

第一类：隐含能进口快速增长行业，具体包括采掘和加工业、其他行业、其他工业。其中采掘和加工业是发展中国家向中国出口的传统部门，而其他行业和其他工业隐含能进口的快速增长则反映了中国与发展中国家的经贸合作关系已经从传统的初级采掘业向更高层次的加工工业和服务业过渡，因此对于这些行业的进口应该予以鼓励。

第二类：隐含能进口快速减少行业，具体包括化学工业、金属冶炼制品业。

第三类：隐含能进口低速增长行业，具体包括农业，非金属矿物制品业，食品制造业，纺织业，木材和造纸业，通用、专用设备制造业、交通运输设备制造业、电气、通信、计算机及其他电子设备制造业、仪器仪表及文化办公用机械制造业，建筑业。

对于第二类和第三类行业而言，中国与其他发展中国家在生产力水平存在不同程度的差异，对于具体行业而言，是否要扩大或减少进口的依据只有两点：一是是否节约了国内生产过程的能源消耗和二氧化碳排放，二是是否会通过竞争压力促进国内相关产业的发展。只要符合这两个标准，扩大相关行业的进口对中国整体利益的维护和提高就会发挥积极的作用。

第二节 隐含碳测算结果对中国贸易的影响与调整

上文分析了贸易隐含能对中国进出口贸易的影响并给出了调整的建议，下面对贸易隐含碳对中国进出口的影响和调整予以分析。对于隐含碳来说，分析的基本出发点是：将扩大隐含碳进口与抑制隐含碳出口相结合，从而实现中国贸易隐含碳出口与进口平衡的目标。通过进口含碳商品可以实现对国内相关生产的减排是各国的共识，因此对中国应当鼓励进口含碳商品的意义和措施不再展开，下文重点分析与出口隐含碳有关的内容。

一 国际碳排放责任与中国的选择

虽然《京都议定书》对附件二中的发展中国家没有规定强制减排目标，但为了确定各国减排的具体措施和实施过程，IPCC组织编写了《2006年IPCC国家温室气体清单指南》。在指南中规定"国家清单包括在国家领土和该国拥有司法管辖权的近海海区发生温室气体排放和清除。"[①] 这就说明目前国际上在测算二氧化碳排放责任时使用的是基于"领土责任排放制"或"生产者责任制"，该责任制的出发点是由于生产者通过生产过程最终获益，所以生产者就应当为二氧化碳排放承担责任，所以明确责任大小的核心是测算该国国界内全部生产过程的二氧化碳排放责任。这种责任制的优点是计算对象仅限于一国国内企业，测算相对简单，数据易于处理。如果按照"生产者责任制"来核算中国的二氧化碳排放水平，则图7-4中黑色粗线所表示的就是按照"生产者责任制"测算得到的中国在国民经济生产过程中由于消耗各种能源和生产过程所造成的全部二氧化碳排放量。即按照2013年中国的二氧化碳排放量93.49亿吨的规模，中国应当承担相应

---

① 国家温室气体清单计划：《2006年IPCC国家温室气体清单指南》，日本全球环境战略研究所出版，IPCC 2006，第14页。

的减排责任。客观地分析后可以发现，中国生产的产品并没有全部被中国自己消费，而是有相当大的部分用于出口满足国外消费者的需求。既然如此，中国生产过程造成的二氧化碳排放量中相应比例的二氧化碳排放也应该由外国消费者来承担。这种由消费者对产品生产过程中造成的排放承担的责任就叫作"消费者责任制"，它是由 Munksgaard 和 Pedersen 于 2001 年首次提出的。这种基于生态足迹理念责任制的好处就是避免由于"生产者责任制"操作的不公平和"碳泄漏"的发生。按照"消费者责任制"的原理核算，图 7-4 中浅色线描述的就是应该由外国消费者所承担的中国出口隐含二氧化碳排放量，根据本书测算得到的结果显示，中国 2013 年由出口贸易引发的隐含二氧化碳排放量为 21.74 亿吨。"消费者责任制"虽然能够明确责任，减少了包括中国在内的发展中国家所担负的责任，但这种责任制也存在以下缺陷：一是要明确具体贸易对象所承担的"消费者责任制"份额是一件非常复杂的工作，测算工作相当困难；二是如果过度强调来自消费者的责任，则生产者就不再会有采取节能减排技术的动力；三是对于消费者而言，如果没有相应的约束可能只会根据价格的高低而不是二氧化碳排放量的大小来选择消费品的来源。通过对 7-4 的观察可以看出，代表"生产者责任制"的二氧化碳排放量意味着中国要承担过高的责任，而按照"消费者责任制"的隐含二氧化碳排放量让发达国家承担责任也不现实；同时图 7-4 中柱状图反映的中国贸易隐含二氧化碳排放量在中国二氧化碳的排放量中所占比例虽然从 2007 年最高水平的 41.37% 下降到 2013 年的 23.25%，但是，对于中国来说约 1/4 的二氧化碳排放量是由出口导致的。

有鉴于此，在兼顾生产者与消费者利益的基础上，"共同承担责任制"对中国而言就是最佳的选择。这种责任制最早是由 Bastianoni 等（2004）在讨论不同方法应该对温室气体的排放承担何种责任时提出的，即可以在生产者和消费者之间找到一个折中的办法，由双方共同来为温室气体的排放承担责任。随后 Andrew 和 Forgie（2008）对新西兰的研究验证了"共同承担责任制"能够更好地体现公平的原则，而且也易于被贸易的双方接受。因此，对于中国来说，"共同承担

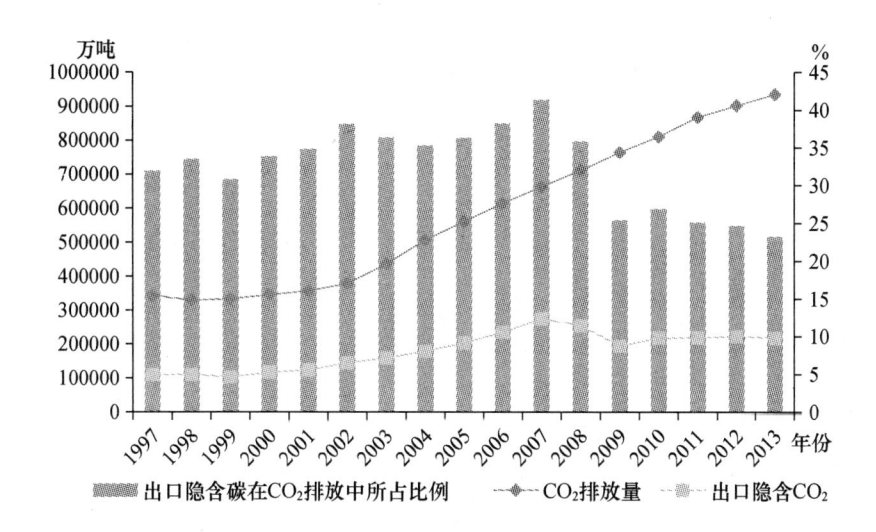

图 7-4 中国的二氧化碳和出口隐含二氧化碳排放状况

资料来源：《新中国五十年统计资料汇编》《中国统计年鉴》（2015）和本书测算所得。

责任制"是我们必须坚持的温室气体责任分担原则，它既是中国履行国际气候和环境应尽义务的体现，也是中国维护本国合理经济发展、能源消耗与相应二氧化碳排放权利的保证。就本书测算的结果来看，在图 7-4 的两条曲线之间如何确定一个合理的分配比例将是今后对于"共同承担责任制"研究的重点。

二 隐含碳分解结果对中国贸易的影响与调整

第六章将出口隐含碳分解为规模效应、技术效应和结构效应三部分，下面就从这三种效应的整体以及分行业对贸易的影响和相应调整进行说明。

第一，由各行业出口贸易水平的持续增长引发长期的正规模效应。其中规模效应最为突出的是其他行业，其源自规模效应的出口隐含碳的增长占同期由规模效应引发的隐含碳总量的1/5，但其在出口额总量中所占比重还不到1/10。中国以服务业为代表的第三产业对国际贸易的贡献远远小于其对出口贸易隐含碳排放增量中所占比重，说明中国服务性行业和其他第三产业在隐含碳减排上还有巨大潜力。今后应该加强对服务业和第三产业二氧化碳减排的关注和投入。同时还要对通用、专用设备制造业，电气、通信、计算机及其他电子设备制造业，建筑业给予重点关注，虽然出口规模的扩大会带来出口隐含碳水平的增加，但其余的行业在出口增长的同时所增加的隐含碳排放量相对较少，说明规模效应实际使这些行业隐含碳排放的增速相对放慢了。而这三个行业的隐含碳增速却超过出口贸易量的增速，说明这三个行业的规模效应进一步加速这些行业出口隐含碳排放水平的提高，因此要对这三个行业如何实现减排目标的真正实现予以更多的关注。尤其对于通用、专用设备制造业和电气、通信、计算机及其他电子设备制造业来说，作为中国在国际市场具有传统竞争优势的行业，要将出口获得的价值得益加速转变为对节能和减排技术的投入，以便更好地应对国际市场上对产品温室气体排放问题越来越多的关注，从而继续保持在国际市场激烈竞争中的有利地位。

第二，中国整体经济发展中的技术改进对出口隐含碳总量发挥了巨大的递减作用，即技术效应为负。因此今后进一步推动技术改造、提高能源使用效率、降低能耗、大力推广减排技术会对减少隐含碳排放具有积极的作用。其中，技术效应对隐含碳总量减排的作用最为明显的行业是采掘和加工业，其他行业，金属冶炼制品业，化学工业，纺织业，通用、专用设备制造业。对这些行业由于技术升级和改造带来的二氧化碳减排成果不仅要继续保持，而且还要延续已经采取的严格减排和环境管控措施。但在技术效应整体作用有利于减排的大背景下，对技术效应表现为正值的非金属矿物制品业和建筑业要重点关注，要对这些行业的碳排放问题做进一步的研究，特别是如何将生产技术的改进、原材料投入的配合和生产流程的优化等各方面的内容结合起来，最终实现这两个部门借助技术效应带来的隐含碳减排目标的实现。

第三，结构效应对中国各行业的出口隐含碳的影响比较分散。对于食品制造业、纺织业、农业、采掘和加工业、非金属矿物制品业、木材和造纸业、其他行业来说，结构效应发挥了减少隐含碳排放的作用。其中，采掘和加工业的结构效应对隐含碳排放的影响长期为负值，说明该行业内部产业结构的优化对于隐含碳总量减排的作用是持续和稳定的，在一定程度上验证了中国近年来在该行业中所采取的诸多减排措施见到了实效。对于剩余的行业来说，结构效应却使出口隐含碳的总量趋于增长，其中，需要关注的行业是电气、通信、计算机及其他电子设备制造业，该行业在所有阶段中结构效应的测算结果都为正值，说明该行业内部现行产业结构和组织方式是不利于隐含碳总量减排目标实现的，因此需要对这个行业现有的产业结构调整思路和具体措施重新进行检验和调整。

三 对出口行业的影响与调整

上文从出口隐含碳的责任分配机制和分解结果两方面对中国出口贸易的影响和相应调整进行了分析，下面就从微观行业的角度分析出口隐含碳测算结果对中国出口贸易的具体影响和调整。

从第六章对出口隐含碳的分析中可以看出，出口隐含碳完全排放系数是观察具体行业隐含碳排放量变化和进行相应调整的关键。按照中国各行业出口隐含碳完全排放系数的变化来看，首先，对仪器仪表及文化办公用机械制造业和建筑业这种完全排放系数下降不明显的行业，今后政府要积极推动企业加强对其技术投入和改造，使之能够在保持既定贸易规模的基础上降低隐含碳的排放量。其次，对于金属冶炼制品业、采掘和加工业、其他工业、化学工业、非金属矿物制品业和其他行业来说，要保持已经取得的完全排放系数快速下降的成果，总结节能减排的成功经验，政府可以通过出台奖励措施的形式鼓励这些行业继续保持在碳排放上的优势。最后，对于剩余的行业来说完全排放系数的下降还有很大的空间，一方面这些行业要主动学习出口隐含碳完全排放系数快速下降行业的成功经验，改进技术和工艺流程，实现行业内部减排的目标；另一方面政府也要通过政策扶持、环境市场建设、法律制度的完善和财政货币政策的引导来帮助这些行业加快实现完全排放系数下降的目标。

第八章 结论与展望

下面对全书的主要观点和内容进行总结，提出创新点和研究中存在的不足之处，并对今后继续研究的方向予以展望。

第一节 主要观点与结论

国际贸易在中国经济发展的过程中起到了举足轻重的作用，但近年来伴随着对外贸易和经济的发展，一系列环境问题日益凸显，已经开始对中国经济的长期可持续发展和人民的生活品质产生负面的影响。但是在全球化进程日益加快的背景下，一方面中国必须要积极参与国际经济合作，借助出口推动中国经济的快速发展和进口节约中国的能源消耗和实现环境保护；另一方面又要面对来自国际社会对中国扩大能源进口和二氧化碳排放的职责和承担应尽的国际气候与环境义务。因此，如何协调好环境与贸易之间的关系就成为一个关键性的问题。而要科学、高效地解决这个问题，首先要明确的是中国的对外贸易到底对世界环境产生了什么影响，即中国的对外贸易在进出口过程中到底消耗了多少能源？又排放了多少二氧化碳？因此本书将科学、准确地确定中国与对外贸易相关的能源与二氧化碳排放量水平以及如何进行相应的调整作为研究的中心。

西方学者对环境与贸易关系研究的第一次浪潮出现在20世纪70年代，早期的相关文献将研究的目标主要集中于贸易的得益或最佳贸易和环境政策的选择上，由于研究技术和数据的制约，早期研究在许多方面提出的问题远比答案更多。尽管如此，还是可以根据这些早期研究成果构建一个关于贸易与环境政策目标的广泛框架。20世纪90年代以来对环境政策的关注又成为经济问题的研究热点,其中,最为重要的文献主要集中于检验有关贸易和经济增长的假设是如何影响环境产出的。主要是验证反映环境与经济发展之间关系的EKC曲线是否存在和贸易是否会带来对落后地区和发展中国家环境更大污染的污染天堂假说和向底线赛跑假说是否成立展开的。就西方学者的研究结果来看,对于EKC曲线的验证来说,由于经济增长的源泉、收入效应、阈值效应、收入增加的减少等负面的原因,现实经济中对EKC的检验结果并不统一。同样,由于污染天堂假说的成立必须满足诸如:严厉的环境政策会使污染产业的成本增加进而使这些产业被迫减少投资,受到影响的产业会向环境规制相对松懈的国家转移生产过程,环境规制较弱的国家能够给转移到本国的这些企业提供相应的配套技术、资本和劳动者,转移而来企业的生产成本会出现下降等一系列严格的假设,因此,污染天堂假说和向底线赛跑假说也就受到许多学者的质疑。

中国学者对贸易与环境关系的研究起步较晚,基本上开始于20世纪90年代初,早期国内对于贸易与环境问题的研究主要处在了解与向国内引入的阶段,成果多以介绍国外研究成果及对国内状况进行定性分析为主。就中国对环境库兹涅茨曲线的检验结果来看,EKC在中国是基本成立的。由于中国经济还处于上升阶段,人均收入水平还没有达到能够对环境产生正面影响的水平,所以中国经济还处在EKC曲线拐点的左侧。国内对污染天堂假说和向底线赛跑假说的验证虽然在具体数据结果上还存在一定差异,但基本上都认可这两个假说,在中国也得到了验证,即对外贸易在促进中国经济发展的同时,对中国的环境的确产生了一定的不利影响,这种影响主要以东西部地区差异或具体产业形式表现出来。在早期研究成果为基础的背景下,借鉴第四章对中国有关隐含问题研究已经取得成果的总结,本书通过研究主要得出以下结论。

一 IO方法对进口中间产品和数据匹配的处理更为准确

随着对贸易过程中真实能源消耗和二氧化碳排放问题的关注,隐含能和隐含碳成为贸易与环境问题研究的重点。在具体研究过程中，从研究方法来说，虽然有基于投入产出技术的 IO 表方法、LCA 方法和其他计量方法可供选择，但由于隐含问题的研究是对整个生产过程的分析，需要对全部生产环节的能耗和二氧化碳排放进行测算，所以只有投入产出表能够承担这种责任。因此如何选择准确的 IO 表数据来源和对进口中间产品进行合理处理就成为选择 IO 方法关键性的问题。

第一，从 IO 方法对数据来源的要求看，经过本书的归纳，总结出在具体测算中必须要满足以下条件：首先，要对不同年度 IO 表的行业进行整合，从而消除在不同 IO 表中行业分类的差异；其次，要解决 IO 表与贸易数据的配合问题，根据不同 IO 表具体行业分类对贸易数据进行整合，使之与 IO 表中各行业相吻合；再次，要解决 IO 表中行业与能源数据中行业的匹配问题，特别是要根据 IO 表的要求对能源数据进行重新合并；最后，还要解决使用 IO 表方法时对不同年度数据的价格、汇率和技术进行调整的问题。以往的文献中往往没有能够全部解决这些问题，而本书则对这些问题如何解决都给出了明确的建议并在后文的测算中予以实践。

第二，从对进口中间产品的具体处理过程来看，由于对中国进口来源国相关中间品数据和 IO 表数据收集与处理的困难，目前国内处理的方法主要有采取"按固定比例进行分配"、自行编制非竞争型 IO 表和直接使用国际来源非竞争型 IO 表三种方法。本书在"按固定比例进行分配"的基础上对该方法的具体运用进行了一定的调整，将中国的进口来源国分为发达国家和发展中国家两类，发达国家包括 OECD 的成员国，在具体测算时使用日本的相关系数作为替代；发展中国家是除此之外的世界其他国家，使用中国的相关系数作为替代。通过这种方法使对中国进口隐含能的测算更为准确，一定程度上消除了现有方法在测算时存在的误差。

通过本书的努力，使得在利用 IO 表方法测算隐含问题时可能遇到的种种问题都有了全面的分析和总结，并根据具体情况做出了调整，为后续的研究提供了一个更为准确的方法。

二 设计新的隐含能核算框架并对不同测算结果进行比较

本书给中国隐含问题的测算设计了一个全新的包含三个层次的框架，通过这个框架对中国的隐含能与隐含碳进行了全面的测算和不同结果之间的对比。通过测算后发现：

第一，根据层次一要求，在测算中国贸易隐含能时，出口隐含能使用的中间产品全部由本国生产的假设，计算进口隐含能时假设进口国技术水平与中国一致。结果发现，中国自1997年以来外贸出口中的隐含能总量不断增加。中国进口商品中隐含能水平也呈现持续上涨的趋势，但进口隐含能的增速比出口更快。最终的贸易隐含能结果为中国贸易隐含能的净值整体为逆差，并且呈现缺口不断扩大的趋势。以层次一测算的进口隐含能数据为基础，虽然在结果上"高估"了进口隐含能和"低估"了隐含能净值，但可以帮助认识中国参与对外贸易的潜在最大得益和实现对自身能源的节省和环境的最大限度保护。

第二，根据层次二要求，在计算出口隐含能时采用"按固定比例进行分配"假设对来自进口的中间产品进行处理，使测算中使用的中间产品为扣除进口中间品后剩余的国产中间产品；在测算进口隐含能时，将全部进口根据来源国经济发展水平的差异，划分为发达国家和发展中国家两类，分别使用日本和中国的投入产出表数据、能耗数据代替，结果发现中国出口隐含能持续维持在85000万吨标准煤的水平。考虑到中国的出口贸易在2010—2013年的贸易额已经远超世界性经济波动前最好水平2007年的贸易规模，说明中国的各行业出口隐含能水平已经摆脱了对出口贸易规模的紧密依赖。中国的隐含能进口总量是由来自发达国家的隐含能进口和来自发展中国家的隐含能进口两部分组成。对于来自发达国家的进口隐含能来说，其隐含能水平虽然有波动但整体呈现上升趋势，并且在1997—2013年占据中国进口隐含能总量80%左右的比例。对于来自发展中国家的进口隐含能来说，不仅整体呈现低速增长的趋势，而且占中国进口隐含能总量的比例从1997年不足10%上升到2013年20%的水平。考虑到中国与广大发展中国家的进口贸易量占中国进口总量的一半，并进一步剔除中国从发展中国家进口的石油、矿产品等高能商品，中国实际在与发展中国家的贸易往来中是处于能源净输出的不利地位。中国对外贸易隐含能净值的变化则不仅主要依赖于出口隐含能并整体呈现增长的趋势，而且中国贸易隐含能净值的水平始终保持顺差的局面。从具体行业贸易隐含能测算的结果来说，中国传统意义上的优势出口行业，例如纺织业和制造业，不仅在国际收支项目的核算过程中贡献了大量的贸易顺差，而且在隐含能贸易的过程中也是处于顺差的地位。

第三，根据层次三要求，在测算中全面使用由 WIOD 公布的相关投入产出表数据、贸易数据、能源消耗数据和相应的各行业产出数据。测算出的中国隐含能出口状况整体呈现递增的趋势；就整体发展趋势而言，层次三的计算结果与前面两个层次的趋势基本一致。中国隐含能进口规模整体依旧保持增长的趋势，并且由于测算进口与出口时都使用的是 WIOD 提供的连续 IO 表，所以测算得到的中国出口隐含能与进口隐含能都表现为相同的增长和波动趋势。就具体行业隐含能贸易差额的测算结果来看，中国传统优势出口部门如纺织业、制造业都是制造隐含能大额"净输出"的行业，对隐含能贸易逆差贡献最大的是采掘和加工业，还要对金属冶炼制品业和木材和造纸业等能够带来隐含能贸易逆差的行业给予高度关注。

第四，对比三个层次的计算结果后发现，就出口隐含能来说，层次一得出的结果最大，虽然由于其在测算出口时的假设使出口隐含能水平被"高估"，但仍然可以将其看作是中国出口隐含能的最高边界。对于层次二和层次三结果的比较来说，两种层次隐含能变化都表现出随时间变化不断增长的趋势；就层次二与层次三出口隐含能的绝对值来看，从 2006 年起，使用层次三测算得到的结果开始大于层次二测算的结果，这意味着今后使用国际数据得到中国贸易隐含能数据会高于中国数据测算的结果。考虑到层次三的结果几乎是在全面使用由 WIOD 提供的公开国际数据的基础上得出的，这个结论也间接证明了本书所采取的层次二的计算方法得出的中国出口隐含能的数据具有相当大程度的合理性。对于三个层次测算的进口隐含能而言，同样是层次一得出的结果最大，层次二和层次三进口隐含能变化趋势与层次一接近，同样变现为随时间变化不断增长的趋势。就层次二与层次三进口隐含能的绝对值来看，结果的差异比两者在出口隐含能结果上的差异要大。对于中国贸易隐含能净值的结果来说，三种方法的结论存在根本性的差异。层次一测算中国的贸易隐含能净值表现为逆差，并且这种逆差的绝对数值还呈现逐年扩大的趋势。层次二和层次三得出的中国贸易隐含能净值虽然变化趋势相同，且都呈现出贸易隐含能顺差的局面；但层次三得出的贸易隐含能净值结果变化的幅度较小，其波动性要小于层次二净值的结果。对此可能的解释是由于层次三的测算中使用的是由 WIOD 提供的连续中国投入产出表，而层次二的测算中所使用的中国投入产出表不仅数量少，而且还用已公布年度的 IO 表数据代替邻近年度的 IO 表数据，所以造成层次二测算结果比层次三的结果具有了更大的波动性。

三　将生产过程二氧化碳排放纳入出口隐含碳测算中

2004 年出版的《中华人民共和国气候变化初始信息通报》中指出，能源活动和工业生产过程是中国排放二氧化碳的主要来源，其中能源活动清单中指出矿物燃料燃烧是导致二氧化碳排放的主要原因；工业生产过程清单的排放源则主要来自水泥、石灰、钢铁、电石生产过程的二氧化碳排放。因此，为了更准确地测算贸易隐含碳排放水平，除了测算能源消耗过程中的二氧化碳排放，还需要对工业生产过程中碳排放量予以测算。中国 2013 年的钢铁产量（含生铁、粗钢、钢材）为 821990 千吨，约占世界总产能的一半；而中国自 1985 年以来水泥产量就一直位居世界第一位，因此有必要考虑钢铁和水泥在生产过程中排放二氧化碳对中国隐含碳的影响。而石灰和电石生产的相关数据不全，所以，无法测算其在生产过程中的二氧化碳排放。就中国出口钢铁和水泥所应当承担的生产过程二氧化碳排放水平而言，钢铁不仅数量更大而且增长较为明显，从 1997 年的 3069.96 万吨提高到 2013 年的 23165.9 万吨。相对而言，水泥应该承担的生产过程二氧化碳排放量总额较小且变动幅度较为平缓，从 1997 年的 1694.94 万吨仅提高到 2013 年的 2109.97 万吨。通过将钢铁和水泥生产过程中的二氧化碳排放量计入中国出口隐含碳的测算，使得最终的结果更为全面、准确和可靠。

四 中国贸易隐含碳以"净输出"的形式持续增长

在隐含碳的测算和分解过程中,由于层次一在出口和进口测算时采用的假设存在明显缺陷,所以,不再对其进行测算和分解;书中关于中国贸易隐含碳结果的测算主要借助来自层次二和层次三的数据。通过测算后发现:

（一）层次二计算贸易隐含碳数据的结果

从中国出口隐含碳的总量来说,1997—2013 年,中国的出口隐含碳水平从 109759.63 万吨增加到 217387.07 万吨。其中由出口钢铁和水泥在生产过程中造成的二氧化碳排放量在中国出口隐含碳总量中所占比例从 1997 年的 1.17% 提高到 2013 年的 3.13%。中国出口隐含碳的整体变化趋势仍然与中国出口隐含能的趋势高度一致。这个发现说明,生产过程的二氧化碳排放量对中国整体出口隐含碳的影响较小。从中国进口隐含碳的总量来说,中国的进口隐含碳水平最终结果的趋势变化也与中国进口隐含能的趋势高度一致。但与出口隐含碳相比,中国的进口隐含碳的变动幅度较小。从隐含碳净值的变化来看,中国处于贸易隐含碳的顺差地位。从贸易隐含碳顺差的变化趋势来看,中国的贸易隐含碳差额的变化从 2005 年起出现了一个快速的发展过程,除 2013 年外,其余年度隐含碳顺差都突破了 6 亿吨二氧化碳的水平,其中,2007 年隐含碳的顺差水平甚至达到了 115687.63 万吨的历史最高值。从各行业隐含碳排放量的绝对值来看,中国 15 个行业大致分为三类:

第一类：隐含碳出口高速增长行业。具体包括化学工业、金属冶炼制品业、其他行业。

第二类：隐含能出口中速增长行业。具体包括食品制造业、通用、专用设备制造业、电气、通信、计算机及其他电子设备制造业。

第三类：隐含能出口低速增长行业。具体包括农业、采掘和加工业、非金属矿物制品业、纺织业、木材和造纸业、交通运输设备制造业、仪器仪表及文化办公用机械制造业、其他工业、建筑业。

从中国各行业出口二氧化碳完全排放系数变化的规律来看可以发现,首先,除仪器仪表及文化办公用机械制造业和建筑业下降趋势不明显外，中国其他行业的二氧化碳排放水平都呈现明显下降的趋势。其次，各行业出口隐含碳完全排放系数的下降速度不一致。其中有6个行业的年均降幅超过10%的水平，这6个行业按照年均降幅由高到低排列为金属冶炼制品业、采掘和加工业、其他工业、化学工业、非金属矿物制品业和其他行业，其余行业的年均降幅都在10%以下，特别对于仪器仪表及文化办公用机械制造业和建筑业来说，其年均降幅分别仅为0.3%和0.34%。

(二) 层次三计算贸易隐含碳数据的结果

从出口隐含碳来说，根据 WIOD 公布数据测算的中国出口隐含碳总量，从1997年的92809.55万吨提高到2009年的235937.4万吨，整体保持持续上涨的趋势，并且与出口隐含能数据的变化趋势保持一致。从进口隐含碳的角度来说，中国进口隐含碳总量从1997年的55918.29万吨提高到2009年的163960.52万吨，且中国进口隐含碳与第七章层次三测算的进口隐含能结果的趋势保持一致。从层次三测算中国贸易隐含碳净值的结果来看，中国不仅处于贸易隐含碳的顺差地位，而且顺差水平的变化相对平稳。从各行业隐含碳排放量的绝对值来看，中国14个行业大致分为三类：

第一类：出口隐含能高速增长行业。具体包括其他行业、电子设备制造业、其他工业。

第二类：出口隐含能快速增长行业。具体包括化工产品业、金属冶炼制品业、纺织业。

第三类：出口隐含能低速增长行业。具体包括农业、采掘和加工业、非金属矿物制造业、食品制造业、木材和造纸业、设备制造业、运输设备制造业、建筑业。

从中国各行业出口二氧化碳完全排放系数变化的规律中可以发现以下特点：首先，在根据 WIOD 数据测算的中国14个行业隐含碳出口中，只有电子设备制造业的完全排放系数是提高的，其余13个行业二氧化碳排放水平都具有下降的趋势。其次，各行业出口隐含碳完全排放系数的下降速度不一致。其中其他工业和其他行业的年均降幅超过10%的水平；其余行业的年均降幅都在10%以下。其余行业的降幅都较低,建筑业其年均降幅分别仅为 0.37%。

(三) 对两种不同方法得出的贸易隐含碳比较

可以看出:首先,从贸易隐含碳的出口、进口和差额的总量来看,两种方法的结果差别不明显,且发展趋势近似;而造成结果差异的主要原因在于数据来源和处理手段。其次,从行业分析结果来看,其他工业、其他行业、交通运输设备制造业(对应层次三中为运输设备制造业)、食品制造业、建筑业在两种测算方法下出口隐含碳排放系数变动的结果接近,对最终测算结果的影响较小。金属冶炼制品业、非金属矿物制造业、化学工业(对应层次三中为化工产品业)、采掘和加工业、木材和造纸业、设备制造业(对应层次二的通用、专用设备制造业和仪器仪表及文化办公用机械制造业)、纺织业、农业在不同方法下测得的出口隐含碳排放系数的变动存在明显差异,就会使在分析这些行业的出口隐含碳排放量时要慎重对待。最后,电子设备制造业(对应层次二中电气、通信、计算机及其他电子设备制造业)出口隐含碳完全排放系数的结果在两种方法中截然相反。

五 规模效应与技术效应对中国出口隐含碳减排的副作用

(一) 层次二出口隐含碳分解的结果

从三种效应的总量变化来看,对出口隐含碳总量增长贡献最为明显的是出口贸易的规模效应,具体表现为所有行业从1997—2013年的规模效应都表现为增长。规模效应增长量最大的是其他行业。技术效应对所有行业都是负效应。其中技术效应对隐含碳总量的减排作用超过1万万吨的行业依次是:其他行业,减排21952.02万吨;金属冶炼制品业,减排21562.10万吨;化学工业,减排20055.76万吨;纺织业,减排17310.2万吨;通用、专用设备制造业,减排10756.02万吨。结构效应对中国各行业的出口隐含碳的影响比较分散,对于食品制造业、纺织业、木材和造纸业农业、采掘和加工业、非金属矿物制品业、木材和造纸业、其他行业来说,结构效应发挥了减少隐含碳排放的作用;但对于剩余的行业来说,结构效应却使其出口隐含碳的总量趋于增长。从各出口行业规模效应变化来看,多数行业出口增长和减排目标同时实现;但是,对于通用、专用设备制造业,电气、通信、计算机及其他电子设备制造业、建筑业来说情况正好相反。从各出口行业技术效应变化来看，采掘和加工业、纺织业、化学工业、金属冶炼制品业、通用、专用设备制造业、其他行业的技术效应在每个阶段对出口隐含碳的减排作用都在1000万吨以上。从各出口行业结构效应变化来看，中国各行业出口隐含碳分解后的结构效应是三种效应中变动最为混乱的，其中无法总结出具有一致性规律的特点。但在结构效应的分析中有两个特殊行业需要关注。一个是采掘和加工业，该行业在所有阶段中结构效应的测算结果都为负值，说明在该行业内部产业结构的变化对于隐含碳总量减排的作用是持续和稳定的。另一个需要关注的行业是电气、通信、计算机及其他电子设备制造业，该行业所有阶段中结构效应的测算结果都为正值。

（二）层次三出口隐含碳分解的结果

从三种效应的总量变化来看，14个行业都有正的规模效应存在，其中出口隐含碳按照排放量超过1万万吨的行业排序包括：其他行业198916.67万吨、其他工业34233.32万吨、电子设备制造业31232.65万吨、化工产品20167.94万吨、金属冶炼制品业16565.81万吨、纺织业15959.32万吨，上述6个行业的规模效应占整体规模效应的89.82%；而其余8个行业的规模效应的合计刚超过规模效应总量的10%。除电子设备制造业2009年比1997年由于技术效应的变动带来428.59万吨隐含碳的增加量外，其余13个行业的技术效应都为负值。其中，其他行业的贡献最为突出，贡献了技术效应递减总量的41.5%。各行业根据结构效应的变化对出口隐含碳的影响可以分为两部分：第一部分包括农业、采掘和加工业、非金属矿物制造业、食品制造业、纺织业、木材和造纸业、化工产品、金属冶炼制品业、其他行业，这些行业的结构效应对出口隐含碳的影响为负。第二部分包括设备制造业、电子设备制造业、运输设备制造业、其他工业、建筑业，这些行业的结构效应增加了出口隐含碳的规模。从每种效应的行业变化来看，中国14个行业的出口贸易总量的扩大都会带来规模效应的提高，从而推动中国出口隐含碳水平的提高。其他行业、其他工业、电子设备制造业、金属冶炼制品业、化工产品、纺织业、采掘和加工业贡献了增加的规模效应的主要部分，其年均增长量都在1000万吨以上，其中，其他行业的表现最为突出，年均规模效应的变化达到了7000万吨的水平。中国14个行业的技术效应以负值为主，其中，电子设备制造业和其他行业中的技术变化对隐含碳减排目标的实现是最为不利的。

中国14个行业的结构变化可以大致分为两类：第一类，具有反复波动结构效应的行业。包括采掘和加工业、非金属矿物制造业、化工产品、金属冶炼制品业、电子设备制造业、运输设备制造业、其他工业、其他行业，它们的共同点是观察期内结构效应变化频繁，正值和负值出现没有规律。第二类，具有相对一致性结构效应变化特点的行业。其中农业、食品制造业、纺织业、木材和造纸业的结构效应整体呈现负值，说明这些行业生产和贸易的结构性调整推动了本部分隐含碳排放量的减少；而设备制造业和建筑业的情况正好相反，其结构效应的变化在整个期间内都是正值。

（三）对两种不同出口隐含碳分解结果的比较

从规模效应的角度来看，使用两种方法得到的结果在全部行业的规模效应为正值，说明贸易规模的扩大是推动隐含碳排放量增加的正面因素。其他行业、金属冶炼制品业，化学工业、纺织业，电气、通信、计算机及其他电子设备制造业使用两种方法测算得到的结果以规模效应表示其增长量都超过1亿吨。其中其他行业是规模效应最大的行业。从技术效应的角度来看，除层次三中的电子设备制造业外，技术效应都对各行业出口隐含碳总量发挥了递减的积极作用。其他行业、采掘和加工业、纺织业、化学工业、金属冶炼制品业、通用、专用设备制造业都是技术效应作用显著的行业，其中，其他行业在出口隐含碳总量减少的过程中发挥了最为明显的作用。从结构效应的角度来说，食品制造业、纺织业、木材和造纸业、农业、采掘和加工业、非金属矿物制品业、木材和造纸业、其他行业在两种方法中测得的结构都为负值；但对化工产品、金属冶炼制品业来说情况比较特殊，这两个行业在层次三的结果中是结构效应为负的行业，而在层次二中的结果为正的行业，其余行业在两种方法中的结构效应都统一为正。

六 基于隐含能与隐含碳分析的中国外贸调整建议

（一）对于贸易隐含能的调整建议

实现能源"进口与出口的平衡"，实现贸易隐含能的差额为零是今后分析隐含能与隐含碳问题的基本出发点。对进口隐含能而言，要积极扩大对能源密集型商品的进口以确保中国经济发展的需要。一方面要努力扩大对以具体能源形式——例如煤炭、石油、天然气等初次能源的进口；另一方面还要扩大对能源密集型商品即包含较高贸易隐含能商品的进口。同时政府要出台具体措施，积极鼓励从外部进口各种能源和能源密集型商品，特别是鼓励国民对来自国外的高能耗商品的消费。要实现扩大贸易隐含能进口、缩小贸易隐含能顺差的目标，主要手段之一就是要扩大直接能源产品的进口。同时对于能源进口还要注意能源安全问题。一是要适当调整进口能源的地区来源，今后要扩大对西非、北非和中南美洲地区的能源进口；二是要合理优化具体进口能源结构。今后中国一方面要适度控制煤炭的进口规模，同时还要提高对优质无烟煤在煤炭进口总量中的比例，另一方面还要努力提高对天然气和电力的进口，特别是要充分利用来自发展中国家的天然气资源，扩大对非洲和南美洲国家的能源贸易。对出口隐含能而言，提高能源使用效率是从根本上降低出口隐含能的措施。具体建议：一方面要积极推动先进成熟技术在不同行业内部的全面使用，从而提高生产过程中的能源使用效率；另一方面还要加强对来自发达国家先进技术的吸收和改造，使之能够更好地服务于中国经济发展的需要。同时政府还要加大对节能技术的政策引导和资金扶持，鼓励个人和企业主动研发和推广各种节能技术与措施。从出口隐含能的角度讲，对所有行业今后的调整应该放在如何进一步提高能源使用效率和降低能耗上。从进口隐含能的角度讲，对与发达国家间的服务行业、采掘和加工业、化学工业、金属冶炼制品业、其他工业。这些行业的进口是应该积极鼓励的，同时也减少了国内生产对环境的压力。对于来自发展中国家的进口隐含能而言，采掘和加工业、其他行业、其他工业的进口应该予以鼓励。

(二) 对于贸易隐含碳的调整建议

在兼顾生产者与消费者利益的基础上，"共同承担责任制"对中国而言就是最佳的选择。对于规模效应最为突出的是其他行业、通用、专用设备制造业，电气、通信、计算机及其他电子设备制造业、建筑业给予重点关注，作为中国在国际市场具有传统竞争优势的行业，要将出口获得的价值得益加速转变为对节能和减排技术的投入，以便更好地应对国际市场上对产品温室气体排放问题越来越多的关注，从而继续保持在国际市场激烈竞争中的有利地位。今后进一步推动技术改造、提高能源使用效率、降低能耗、大力推广减排技术会对减少隐含碳排放具有积极的作用。其中，技术效应对隐含碳总量减排的作用最为明显的行业是采掘和加工业、其他行业、金属冶炼制品业、化学工业、纺织业、通用、专用设备制造业。继续发挥结构效应对于食品制造业、纺织业、农业、采掘和加工业、非金属矿物制品业、木材和造纸业、其他行业的减排作用。对于电气、通信、计算机及其他电子设备制造业现有的产业结构调整思路和具体措施重新进行检验和调整。从中国各行业出口隐含碳完全排放系数的变化来看，首先对仪器仪表及文化办公用机械制造业和建筑业这种完全排放系数下降不明显的行业，今后政府要积极推动并帮助企业加强对其技术投入和改造。对于金属冶炼制品业、采掘和加工业、其他工业、化学工业、非金属矿物制品业和其他行业来说，要保持已经取得的完全排放系数快速下降的成果，政府可以通过出台奖励措施的形式鼓励这些行业继续保持在碳排放上的优势。其次，对于剩余的行业来说完全排放系数的下降还有很大的空间，一方面这些行业要主动学习出口隐含碳完全排放系数快速下降行业的成功经验，改进技术和工艺流程，实现行业内部减排的目标；另一方面政府也要通过政策扶持、环境市场建设、法律制度的完善和财政货币政策的引导来帮助这些行业加快实现完全排放系数下降的目标。

第二节 主要创新点

通过与其他学者已有研究成果的对比，本书主要在以下方面有所创新：

一 尝试构建一个较为全面的隐含问题测算框架

本书在总结已有隐含问题研究框架的基础上，根据测算隐含问题所需的 IO 表、贸易数据和能源数据的来源，以及对进口中间品处理方法的差异构建了一个包含有三个层次的中国隐含能测算框架。在这个框架中，层次一在测算进出口时全部使用来自中国的 IO 表、贸易数据和能源数据，并在测算出口隐含能时，假设中国出口中使用的中间产品全部由本国生产，即在整个生产过程所使用的中间品投入中没有任何进口产品出现和对最终结果产生影响，且进口国技术水平与中国一致。因为在层次一中假设来自国外的进口产品是对中国自己生产该产品的"替代"，因此也可以理解为该方法是对由中国自己生产该产品时所消耗的能源的"节省"。虽然层次一对进口隐含能测算结果与实际情况相比存在"高估"的问题，但却可以在一定程度上描述进口对中国在经济发展、能源消费和环境保护上的积极作用。层次二在测算出口隐含能时，假设中国出口中使用的部分中间产品由本国生产，其余来自进口；具体中国出口品中使用的进口中间产品在中间品投入中所占的比例根据"按固定比例进行分配"假设进行确定。而在测算进口隐含能时，将中国来自世界的进口划分为两个部分：对来自发达国家的进口隐含能测算使用日本的投入产出表及相关能耗系数替代；对来自其他发展中国家的进口隐含能测算使用中国的投入产出表和相关能耗系数替代。层次三在测算中国贸易隐含能时，所使用的数据全部来自 WIOD 公布的相关投入产出表、贸易和能源消耗数据。在层次三计算中国进口隐含能时，同样假设此时中国的进口是对中国能源消耗的"节省"或"替代"，因此，在计算进口隐含能时使用根据 WIOD 的 EA 数据库测算得出的中国直接能耗系数 e_{WIOD} 和根据 WIOD

提供的中国 NIOT 表得出的完全需求系数 $(I-A_{CNIOT})^{-1}$。通过这个包含三个测算层次的框架，基本解决了不同测算方法得到的中国隐含能结果和彼此之间进行比较的问题，特别是对源于国内数据和源于国际数据的比较尤为便利。

二　在测算中国进口隐含能时改进了具体测算方法

以往的文献在测算中国进口隐含能时为了避免由于进口来源国相关数据不足的缺陷，往往采取用某个或几个主要贸易伙伴国来代替所有进口来源国的方法。常见的单一贸易伙伴国经常在美国和日本中选择一个来替代，而多个贸易伙伴国经常选取中国的前五位或前十位的贸易伙伴国来替代。但是，本书通过对数据的研究发现，以 OECD 的 34 个成员国为代表的发达国家在中国进口总额中所占比例近年来呈持续下降的趋势，而来自发展中国家的进口比例则已经上升到 50% 以上的水平。据此，本书在测算中国的进口隐含能时，将中国的进口分解为来自发达国家和来自发展中国家两部分，并选择能源使用效率最高的日本作为发达国家的代表，选取中国作为发展中国家的代表。通过这种方法一方面解决了使用单一替代国或几个替代国不能全面反映中国进口隐含能来源国存在差异的问题，另一方面还可以借此对中国的进口根据不同的来源展开进一步的分析，使测算的结果能够在分析中国与发达国家或发展中国家的不同情况时灵活运用。并且还为分析和解决中国与发达国家和发展中国家的隐含碳问题以及其他贸易和环境问题提供了新的思路。

三　对不同来源的中国隐含能与隐含碳测算结果进行全面比较

在现有的文献中，主要采取单一的数据来源并以此为基础展开相应的分析。特别是近年来随着以 WIOD 为代表的国际来源数据的不断出现与完善，越来越多的学者在具体测算时倾向于使用这些国际来源的数据。虽然这些国际数据在时间序列连续性、提供非竞争型中间产品具体数据以及多区域投入产出数据上存在明显优势，但是这些国际数据存在一个根本的缺陷：这些数据都是在中国官方提供的不连续年度 IO 表的基础上由国外研究者自行推算得出的，其数据的真实性和可靠性同样存在疑问。当然，如果直接使用由中国提供的相关数据也不能满足数据的时间序列连续性、对进口中间产品竞争型与非竞争型的划分以及从单区域向多区域投入产出表转换的要求，但中国数据的优势在于数据未经过处理和变形，相对更加真实和可靠。因此在本书中，对两种数据来源的隐含能与隐含碳都进行了测算，并尝试通过对其从进出口总量、进出口差额和具体行业的角度进行对比，来发现和揭示两种方法的区别与共同之处。结果发现，两种方法测算得到的隐含能与隐含碳的发展趋势相同，数据结果相差不大，具体行业的发展趋势与结论也近似，这说明，使用国内来源数据与国际来源数据都能够对中国的贸易隐含问题进行科学的研究和分析。但使用国际数据得到的结果在2006年以后会高于使用国内数据得到的结果。这种对两种方法的结论进行比较的思路为全面分析中国的贸易隐含能与隐含碳问题提供了一种新的视角。

四 在隐含能与隐含碳之间建立起简单、直接的联系

以往的研究中往往对隐含能与隐含碳各自进行研究并分别予以讨论。但本书通过研究发现，当将中国各出口行业的能源消耗统一用标准煤表示时，其出口隐含碳的大小就是出口隐含能转化为二氧化碳排放量与生产过程二氧化碳排放量的合计。考虑到中国钢铁和水泥与贸易相关的生产过程二氧化碳排放在中国出口隐含碳排放量中仅占3.1%的水平，所以，中国的贸易隐含碳水平几乎就是中国贸易隐含能与其二氧化碳排放系数的乘积，隐含碳的水平直接受隐含能水平大小的影响。在这种结论的背景下，如果要了解中国的贸易隐含碳水平，只需要测算出中国的贸易隐含能水平就可以得出一个基本接近真实情况的结论。因此，本书在测算贸易隐含碳时，在贸易隐含能二氧化碳排放量的基础上，直接增加钢铁和水泥生产过程二氧化碳排放量就得出了要测算的中国贸易隐含碳的最终结果。换言之，通过在隐含能与隐含碳之间建立起这种简单、直接的联系，为只需要简单掌握两者之间关系的研究提供了一种便捷的方法。

第三节 研究不足与展望

由于笔者学术能力有限,本书还存在以下不足,有待改进和深入研究。

一 对隐含能与隐含碳问题的研究还不够全面

本书的研究重点是隐含能与隐含碳,但在商品贸易过程中还会伴随着其他的污染,诸如二氧化硫、水污染等,对这些领域的研究目前还处在发展阶段,如何将其与贸易隐含能与隐含碳问题有机地结合起来将是今后的一个发展方向。

二 对进口隐含能与隐含碳问题的研究有待深化与简化

在本书的测算过程中将隐含碳分解的重点放在出口隐含碳上,因为通过分解可以为中国各行业今后在出口贸易中的调整给出具体的建议。但由于进口隐含碳的测算需要借助包括进口国 IO 表在内的一系列数据,数据的获得与具体处理方法还有许多问题没有很好地解决,所以,本书没有对各行业进口隐含碳进行分解。因此,今后不仅要继续深化对进口隐含碳的研究,而且要在进口隐含碳测算方法简单化、数据处理便捷化的方向上继续努力。

三 没有考虑具体能源结构变化的影响

在本书的测算过程中将所有行业的能源消耗数据统一转换为标准煤,这样做的好处是易于处理和理解的,但也使具体能源消耗过程中对不同能源类型的消费结构和相应特点的分析存在缺失。因此,今后如何既保持能源消费结构的特点,又能够使测算的过程不至于过分复杂也是需要继续研究的问题。

四 没有使用 MRIO 测算中国的贸易隐含能与隐含碳问题

本书测算中使用的全部是中国 IO 表,该表有国内和国际两种来源;但其根本都是反映一国投入产出状况的 SRIO。近年来国际研究中已经开始出现使用 MRIO 的文献,虽然 MRIO 将进口品划分为最终消费和中间消费两部门的优势十分突出,但由于一方面 MRIO 的编制要求非常精确的数据和复杂的编制操作，使目前能够得到和使用的区域间投入产出表较少；另一方面由于 MRIO 需要对数据进行定期的更新和整理，两方面的原因就使 MRIO 的实际运用受到严重的制约。因此，今后在研究过程中如何借助 MRIO 对中国的贸易隐含能与隐含碳问题进行更加精确的分析将是相关研究的发展方向。

五 对服务业的分析不够深入

在本书的测算过程中，将具备贸易统计数据的所有服务行业统一合并为"其他行业"，这样做的好处在于使数据的处理难度下降，便于测算和分析；但缺点在于没有能够对服务行业内部各具体行业的情况进行有针对性的深入分析。因此，今后还需要继续探讨如何通过细分服务行业，能够对各具体服务性行业的隐含能与隐含碳问题做进一步的研究。

附 录

附表 4-1　　各种能源折标准煤参考系数

能源名称	平均低位发热量	折标准煤系数
原煤	20908 千焦/（5000 千卡）/千克	0.7143 千克标准煤/千克
洗精煤	26344 千焦/（6300 千卡）/千克	0.9000 千克标准煤/千克
其他洗煤		
洗中煤	8363 千焦/（2000 千卡）/千克	0.2857 千克标准煤/千克
煤泥	8363—12545 千焦/（2000—3000 千卡）/千克	0.2857—0.4286 千克标准煤/千克
焦煤	28435 千焦/（6800 千克）/千克	0.9714 千克标准煤/千克
原油	41816 千焦/（10000 千卡）/千克	1.4286 千克标准煤/千克
燃料油	41816 千焦/（10000 千卡）/千克	1.4286 千克标准煤/千克
汽油	43070 千焦/（10300 千卡）/千克	1.4714 千克标准煤/千克
煤油	43070 千焦/（10300 千卡）/千克	1.4714 千克标准煤/千克
柴油	42652 千焦/（10200 千卡）/千克	1.4571 千克标准煤/千克
液化石油气	50179 千焦/（12000 千卡）/千克	1.7143 千克标准煤/千克
炼厂干气	45998 千焦/（11000 千卡）/千克	1.5714 千克标准煤/千克
天然气	38931 千焦/（9310 千卡）/立方米	1.3300 千克标准煤/立方米
焦炉煤气	16726—17981 千焦/（4000—4300 千卡）/立方米	0.5714—0.6143 千克标准煤/立方米
其他煤气		
发生炉煤气	5227 千焦/（1250 千卡）/立方米	0.1786 千克标准煤/立方米
重油催化裂解煤气	19235 千焦/（4600 千卡）/立方米	0.6571 千克标准煤/立方米
重油热裂解煤气	35544 千焦/（8500 千卡）/立方米	1.2143 千克标准煤/立方米
焦炭制气	16308 千焦/（3900 千卡）/立方米	0.5571 千克标准煤/立方米
压力气化煤气	15054 千焦/（3600 千卡）/立方米	0.5143 千克标准煤/立方米
水煤气	10454 千焦/（2500 千卡）/立方米	0.3571 千克标准煤/立方米
煤焦油	33453 千焦/（8000 千卡）/千克	1.1429 千克标准煤/千克

续表

能源名称	平均低位发热量	折标准煤系数
粗苯	41816 千焦/（10000 千卡）/千克	1.4286 千克标准煤/千克
热力（当量）		0.03412 千克标准煤/百万焦耳
		(0.14286 千克标准煤/1000 千卡)
电力（当量）	3600 千焦/（860 千卡）/千瓦小时	0.1229 千克标准煤/千瓦小时
（等价）	按当年火电发电标准煤耗计算	
生物质能		
人粪	18817 千焦/（4500 千卡）/千克	0.643 千克标准煤/千克
牛粪	13799 千焦/（3300 千卡）/千克	0.471 千克标准煤/千克
猪粪	12545 千焦/（3000 千卡）/千克	0.429 千克标准煤/千克
羊、驴、马、骡、骡粪	15472 千焦/（3700 千卡）/千克	0.529 千克标准煤/千克
鸡粪	18817 千焦/（4500 千卡）/千克	0.643 千克标准煤/千克
大豆秆、棉花秆	15890 千焦/（3800 千卡）/千克	0.543 千克标准煤/千克
稻秆	12545 千焦/（3000 千卡）/千克	0.429 千克标准煤/千克
麦秆	14635 千焦/（3500 千卡）/千克	0.500 千克标准煤/千克
玉米秆	15472 千焦/（3700 千卡）/千克	0.529 千克标准煤/千克
杂草	13799 千焦/（3300 千卡）/千克	0.471 千克标准煤/千克
树叶	14635 千焦/（3500 千卡）/千克	0.500 千克标准煤/千克
薪柴	16726 千焦/（4000 千卡）/千克	0.571 千克标准煤/千克
沼气	20908 千焦/（5000 千卡）/立方米	0.714 千克标准煤/立方米

资料来源：中华人民共和国国家标准《综合能耗计算通则（GB/T 2589—2008)》，中华人民共和国国家技术检验监督局、中国国家标准化管理委员会发布，2008 年 6 月 1 日实施。

附表 5-1　　　　　　中国 IO 表行业合并处理方法

序号	合并后行业	IO 表中行业
1	农林牧渔业	农林牧渔业
2	挖掘业	煤炭、石油、天然气开采及炼焦业，金属矿采选业
3	食品制造业	食品制造及烟草加工业
4	纺织品	纺织业、纺织服装鞋帽皮革羽绒及其制品业
5	木材和造纸业	木材加工及家具制造业、造纸印刷及文教体育用品制造业
6	化工产品	化学工业
7	非金属矿物制品业	非金属矿物制品业、非金属矿及其他矿采选业
8	金属冶炼制品业	金属冶炼制品业

续表

序号	合并后行业	IO 表中行业
9	通用、专用设备制造业	通用、专用设备制造业
10	交通运输设备制造业	交通运输设备制造业
11	电子设备制造业	电气、通信、计算机及其他电子设备制造业
12	仪器仪表及文化办公用机械制造业	仪器仪表及文化办公用机械制造业
13	其他工业	工艺品及其他制造业
14	建筑业	建筑业
15	其他行业	其他行业

附表 5-2　　对行业合并中各行业名称变化的说明

IO 表中行业名称	说明
农林牧渔业	1997 年、2002 年投入产出表中称为"农业"
纺织服装鞋帽皮革羽绒及其制品业	在 2002 年 IO 表中称为"服装皮革羽绒及其制品业",在 1997 年 IO 表中为"服装皮革羽绒及其他纤维制品制造业"
石油加工、炼焦及核燃料加工业	在 1997 年 IO 表中称为"石油加工及炼焦业"
通用、专用设备制造业	1997 年 IO 表中称为"机械工业"
工艺品及其他制造业	在 2002 年 IO 表中称为"其他制造业",在 1997 年 IO 表中是"机械设备修理业"和"机械设备修理业"的合计
其他行业	2002 年、2007 年、2010 年 IO 表中包括:废品废料,电力、热力的生产和供应业,燃气生产和供应业,水的生产和供应业,建筑业,交通运输及仓储业,邮政业,信息传输、计算机服务和软件业,批发和零售业,住宿和餐饮业,金融业,房地产业,租赁和商务服务业,研究与试验发展业,综合技术服务业,水利、环境和公共设施管理业,居民服务和其他服务业,教育,卫生、社会保障和社会福利业,文化、体育和娱乐业,公共管理和社会组织 1997 年 IO 表包含:电力及蒸汽热水生产和供应业、煤气生产和供应业、自来水的生产和供应业、货物运输及仓储业、邮电业、商业、饮食业、旅客运输业、金融保险业、房地产业、社会服务业、卫生体育和社会福利业、教育文化艺术及广播电影电视业、科学研究事业、综合技术服务业、行政机关及其他行业

附表 5-3　　中日两国 IO 表各行业合并后对照

	统一后行业	中国行业	日本行业
1	农业	农林牧渔业	农林水产业
2	采掘和加工业	煤炭、石油、天然气开采及炼焦业，金属矿采选业	挖掘、石油、石炭制品
3	非金属矿物制品业	非金属矿及其他矿采选业、非金属矿物制品业	土壤和石头陶瓷产品
4	食品制造业	食品制造及烟草加工业	食品和饮料
5	纺织业	纺织业、纺织服装鞋帽皮革羽绒及其制品业	纺织品
6	木材和造纸业	木材加工及家具制造业、造纸印刷及文教体育用品制造业	木浆纸及其制品业
7	化工产品	化学工业	化工产品
8	金属冶炼制品业	金属冶炼制品业	钢铁、有色金属、金属制品
9	设备制造业	通用、专用设备制造业	机械、电动机械
10	运输设备制造业	交通运输设备制造业	交通运输设备
11	电子设备制造业	电气、通信、计算机及其他电子设备制造业	通信设备、电子元件
12	精密机械制造业	仪器仪表及文化办公用机械制造业	精密机械
13	其他工业	其他工业	其他工业产品制造业、电力煤气和供热、废水处理
14	建筑业	建筑业	建设
15	其他行业	废品废料，电力、热力的生产和供应业，燃气生产和供应业，水的生产和供应业，建筑业，交通运输及仓储业，邮政业，信息传输、计算机服务和软件业，批发和零售业，住宿和餐饮业，金融业，房地产业，租赁和商务服务业，研究与试验发展业，综合技术服务业，水利、环境和公共设施管理业，居民服务和其他服务业，教育、卫生、社会保障和社会福利业，文化、体育和娱乐业，公共管理和社会组织	商业，金融、保险，房地产，运输，信息和通信，公共行政，教育，研究，医疗，保健、社会保障，护理，其他公共服务，商务服务，个人服务，办公用品，未知分类

附表 5-4　　　　　　　　WIOD 行业合并对照

	合并后行业	WIOD 表中原行业
1	农业	农林牧副渔业
2	采掘和加工业	采掘和矿石、焦炭、精炼石油和核燃料
3	非金属矿物制造业	其他非金属矿物
4	食品制造业	食品、饮料和烟草
5	纺织业	纺织产品、皮革和鞋类
6	木材和造纸业	木材和软木制品，纸浆、纸张、印刷和出版
7	化工产品	化学品及化学制品、橡胶和塑料
8	金属冶炼制品业	基本金属和金属
9	设备制造业	机械制造业
11	电子设备制造业	电气和光学设备
10	运输设备制造业	运输设备
12	其他工业	其他制造业，电力、天然气和供水
13	建筑业	建设
14	其他行业	销售、维修和修理汽车和摩托车、零售燃料，批发贸易及零售贸易、除汽车及摩托车外，零售业、除机动车及摩托车外，修理家用物品，酒店和餐馆，内陆运输，水运、航空运输，其他辅助运输活动、旅行社的活动 邮电通信，金融中介，房地产活动，租赁和其他商务活动的租用，公共行政与国防、社会保障，教育类，健康和社会工作，其他社区、社会及个人服务，就业人员私人家庭

附表 5-5　　　　IO 表行业与能源数据中相关行业对照关系

序号	IO 表行业	能源行业
1	农林牧渔业	农、林、牧、渔、水利业
2	煤炭、石油、天然气开采及炼焦业，金属矿采选业	采掘业，煤炭开采和洗选业，石油和天然气开采业，石油加工、炼焦及核燃料加工业，黑色金属矿采选业，有色金属矿采选业
3	非金属矿及其他矿采选业、非金属矿物制品业	非金属矿采选业、其他采矿业、非金属矿物制品业

续表

序号	IO 表行业	能源行业
4	食品制造及烟草加工业	农副食品加工业、食品制造业、饮料制造业、烟草制品业
5	纺织业、纺织服装鞋帽皮革羽绒及其制品业	纺织业，纺织服装、鞋、帽制造业，皮革、毛皮、羽毛（绒）及其制品业
6	木材加工及家具制造业、造纸印刷及文教体育用品制造业	木材加工及木、竹、藤、棕、草制品业，家具制造业，造纸及纸制品业，印刷业和记录媒介的复制，文教体育用品制造业
7	化学工业	化学原料及化学制品制造业、医药制造业、化学纤维制造业、橡胶制品业、塑料制品业
8	金属冶炼制品业	黑色金属冶炼及压延加工业、有色金属冶炼及压延加工业、金属制品业
9	通用、专用设备制造业	通用设备制造业、专用设备制造业
10	交通运输设备制造业	交通运输设备制造业
11	电气、通信、计算机及其他电子设备制造业	电气机械及器材制造业，通信设备、计算机及其他电子设备制造业
12	仪器仪表及文化办公用机械制造业	仪器仪表及文化、办公用机械制造业
13	其他工业	工艺品及其他制造业，废弃资源和废旧材料回收加工业，电力、煤气及水生产和供应业，电力、热力的生产和供应业，燃气生产和供应业，水的生产和供应业
14	建筑业	建筑业
15	其他行业	交通运输、仓储和邮政业，信息传输、计算机服务和软件业，批发和零售业，住宿和餐饮业，金融业，房地产业，租赁和商务服务业，研究与试验发展业，综合技术服务业，水利、环境和公共设施管理业，居民服务和其他服务业，教育、卫生、社会保障和社会福利业，文化、体育和娱乐业，公共管理和社会组织

附表 5-6　　投入产出表与海关 HS 编码行业合并对照

序号	IO 表行业	海关 HS 编码商品分类
1	农林牧渔业	第一类活动物；动物产品；第二类植物产品
2	煤炭开采和洗选业，石油和天然气开采业，石油加工及炼焦业，金属矿采选业	第五类 27 章矿物燃料、矿物油及其蒸馏产品；沥青物质；矿物蜡；第五类 26 章矿砂、矿渣及矿灰
3	非金属矿及其他矿采选业、非金属矿物制品业	第五类 25 章盐；硫；泥土及石料；石膏料、石灰及水泥。第十三类石料、石膏、水泥、石棉、云母及类似材料的制品；陶瓷产品；玻璃及其制品
4	食品制造及烟草加工业	第三类动、植物油、脂及其分解产品；精制的食用油脂；动、植物蜡。第四类食品；饮料、酒及醋；烟草及烟草代用品的制品
5	纺织业、纺织服装鞋帽皮革羽绒及其制品业	第十一类纺织原料及纺织制品。第八类生皮、皮革、毛皮及其制品；鞍具及挽具；旅行用品、手提包及类似品；动物肠线（蚕胶丝除外）制品。第十二类鞋、帽、伞、杖、鞭及其零件；已加工的羽毛及其制品；人造花；人发制品
6	木材加工及家具制造业、造纸印刷及文教体育用品制造业	第九类木及木制品；木炭；软木及软木制品；稻草、秸秆、针茅或其他编结材料制品；篮筐及柳条编织品。第二十类 94 章家具；寝具、褥垫、弹簧床垫、软坐垫及类似的填充制品；未列名灯具及照明装置；发光标志、发光名牌及类似品；活动房屋。第十类木浆及其他纤维状纤维素浆；纸及纸板的废碎品；纸、纸板及其制品。第二十类 95 章玩具、游戏品、运动用品及其零件、附件
7	化学工业	第六类化学工业及其相关工业的产品；第七类塑料及其制品、橡胶及其制品
8	金属冶炼及压延加工业+金属制品业	第十五类贱金属及其制品
9	通用、专用设备制造业	第十六类 84 章核反应堆、锅炉、机器、机械器具及其零件

续表

序号	IO 表行业	海关 HS 编码商品分类
10	交通运输设备制造业	第十七类车辆、航空器、船舶及有关运输设备
11	电气机械及器材制造业，通信设备、计算机及其他电子设备制造业	第十六类85章电机、电气设备及其零件；录音机及放声机、电视图像、声音的录制和重放设备及其零件、附件
12	仪器仪表及文化办公用机械制造业	第十八类光学、照相、电影、计量、检验、医疗或外科用仪器及设备，精密仪器及设备；钟表；乐器；上述物品的零件、附件
13	其他工业	第十四类天然或养殖珍珠、宝石或半宝石、贵金属、包贵金属及其制品；仿首饰；硬币。第十九类武器、弹药及其零件、附件。第二十类96章杂项制品。第二十一类艺术品、收藏品及古物。第二十二类特殊交易品及未分类商品
14	建筑业	数据来自历年中国"国际收支平衡表"中的"建筑服务"
15	其他行业	具体内容见附表 5-7

附表 5-7　　其他行业中具体行业构成与数据来源

其他行业	国际收支平衡表	国际旅游外汇收入与构成统计
运输邮电业	运输、通信服务	邮电通信、长途交通、室内交通
商业饮食业	—	住宿、餐饮、商品销售、娱乐
其他社会服务业	保险服务，金融服务，计算机和信息服务，专有权使用费和特许费，咨询、广告、宣传、电影音像，其他商业服务业，别处未提及的政府服务	游览、其他服务

说明：附表 5-7 中以运输邮电业为例。运输邮电业包括运输、通信服务、邮电通信、长途交通、室内交通。其中运输、通信服务的具体数据来自历年中国"国际收支平衡表"；邮电通信，长途交通，室内交通的具体数据来自历年中国"国际旅游外汇收入与构成统计"。"—"表示商业饮食业没有来自"国际收支平衡表"的数据。

附表 5-8　　层次二与层次三行业名称对照

层次二行业名称	层次三行业名称
系列1—农业	系列1—农业
系列2—采掘和加工业	系列2—采掘和加工业
系列3—非金属矿物制品业	系列3—非金属矿物制品业
系列4—食品制造业	系列4—食品制造业
系列5—纺织业	系列5—纺织业
系列6—木材和造纸业	系列6—木材和造纸业
系列7—化学工业	系列7—化工产品
系列8—金属冶炼制品业	系列8—金属冶炼制品业
系列9—通用、专用设备制造业	系列9—设备制造业
系列12—仪器仪表及文化办公用机械制造业	
系列11—电气、通信、计算机及其他电子设备制造业	系列10—电子设备制造业
系列10—交通运输设备制造业	系列11—运输设备制造业
系列13—其他工业	系列12—其他工业
系列14—建筑业	系列13—建筑业
系列15—其他行业	系列14—其他行业

参考文献

[1] Ackerman, F., Ishikawa, M. and Suga, M., "The Carbon Content of Japan – US Trade", *Energy Policy*, Vol. 35, No. 9, 2007, p. 4455.

[2] Adolfo Carballo Penela, Carlos Sebastián Villasante, "Applying Physical Input – Output Tables of Energy to Estimate the Energy Ecological Footprint (EEF) of Galicia (NW Spain)", *Energy Policy*, Vol. 36, No. 3, 2008, p. 1148.

[3] Ahmad, N., Wyckoff, A. W., "Carbon Dioxide Emissions Embodied in International Trade of Goods", OECD Publications, working – papers, 2003.

[4] Aichele, R., Felbermayr, G., "Kyoto and the Carbon Content of Trade", FZID Discussion Papers, University of Hohenheim, Center for Research on Innovation and Services FZID, 2010.

[5] Ana Alises José Manuel Vassallo, "Rison of Road Freight Transport Trends in Europe, Coupling and Decoupling Factors from an Input – Output Structural Decomposition Analysis, Transportation Research Part A", *Policy and Practice*, No. 82, 2015, p. 141.

[6] Ang, B. W., "The LMDI Approach to Decomposition Analysis: a Practical Guide", *Energy Policy*, Vol. 33, No. 7, 2005, p. 867.

[7] Ang, B. W., "Decomposition Analysis for Policymaking in Energy: Which is the Preferred Method?", *Energy Policy*, Vol. 32, No. 9, 2004, p. 1131.

[8] Ang, B. W., Huang, H. C., Mu, A. R., "Properties and Linka-

ges of Some Index Decomposition Analysis Methods", *Energy Policy*, Vol. 37, No. 11, 2009, p. 4624.

[9] Ang, B. W., Liu, F. L., Chew, E. P., "Perfect Decomposition Techniques in Energy and Environmental Analysis", *Energy Policy*, Vol. 31, No. 14, 2003, p. 1561.

[10] Ang, B. W., Zhang, F. Q., "A Survey of Index Decomposition Analysis in Energy and Environmental Studies", *Energy*, Vol. 25, No. 12, 2000, p. 1149.

[11] Antweiler, W., "Pollution Terms of Trade", *Economic Systems Research*, No. 8, 1996, p. 361.

[12] Arrow Kenneth, B. Bolin, R. Costanza et al., "Economic Growth, Carrying Capacity, and the Environment", *Ecological Economics*, Vol. 15, No. 2, 1995, p. 91.

[13] Atici, C., "Carbon Emissions, Trade Liberalization, and the Japan – ASEAN Interaction: A Group – wise Examination", *Journal of the Japanese and International Economies*, No. 26, 2012, p. 167.

[14] Baldwin, R., Lopez Gonzalez, "Supply – chain Trade: A Portrait of Global Patterns and Several Testable Hypotheses", *NBER working paper*, 2013.

[15] Beekman, W., "Economic Growth and the Environment: Whose Growth? Whose Environment?", *World Development*, Vol. 20, No. 4, 1992, p. 481.

[16] Beghin, J., Potier, M., "Effects of Trade Liberalization on the Environment in the Manufacturing Sector", *World Economic*, Vol. 20, No. 4, 1997. p. 435.

[17] Bin Su, Ang, B. W., "Multi – region Input – Output Analysis of CO_2 Emissions Embodied in Trade: The Feedback Effects", *Ecological Economics*, No. 71, 2011, p. 42.

[18] Bin Su, Ang, B. W., "Structural Decomposition Analysis Applied to Energy and Emissions: Some Methodological Developments ",

Energy Economics, No. 34, 2012, p. 177.

[19] Bin Su, Ang, B. W., "Input – Output Analysis of CO_2 Emissions Embodied in Trade: Competitive Versus Non – competitive Imports", *Energy Policy*, No. 5, 2013, p. 83.

[20] Bin Su, Ang, B. W., "Input – Output Analysis of CO_2 Emissions Embodied in Trade: A Multi – region Model for China", *Applied Energy*, No. 114, 2014, p. 377.

[21] Bin Su, H. C. Huang et al., "Input – Output Analysis of CO_2 Emissions Embodied in Trade: The Effects of Sector Aggregation", *Energy Economics*, Vol. 32, No. 1, 2010, p. 166.

[22] Blengini, G., A., Brizio, E. et al., "LCA of Bioenergy Chains in Piedmont (Italy): A Case Study to Support Public Decision Makers Towards Sustainability", *Resources, Conservation and Recycling*, No. 5, 2011, p. 36.

[23] Bordigoni, M., Hita, A., Blanc, Le G., "Role of Embodied Energy in the European Manufacturing Industry: Application to Short – term Impacts of a Carbon Tax", *Energy Policy*, No. 43, 2012, p. 335.

[24] Brian, R., Copeland, M., Scott Taylor, "North – South Trade and the Environment", *Quart J Econ*, Vol. 109, No. 3, 1994, p. 755.

[25] Brown, M. T., Herendeen, R. A., "Embodied Energy Analysis and Emergy Analysis: A Comparative View", *Ecological Economics*, Vol. 19, No. 3, 1996, p. 219.

[26] Chang, Y. F., Lin, S. J., "Structural Decomposition of Industrial CO_2 Emission in Taiwan: an Input – Output Approach", *Energy Policy*, No. 26, 1998, p. 5.

[27] Chen, Z., Chen, G., "Embodied Carbon Dioxide Emission at Supranational Scale: A Coalition Analysis for G7, BRIC, and the Rest of the World", *Energy Policy*, Vol. 39, No. 5, 2011, p. 2899.

[28] Cropper, M., C. Griffith, "The Interaction of Population Growth

and Environmental Quality", *American Economic Association Papers and Proceedings*, Vol. 84, No. 12, 1994, p. 250.

[29] Dong, Y., Ishikawa, M., Liu, X., Wang C., "An Analysis of the Driving Forces of CO_2 Emissions Embodied in Japan – China Trade", *Energy Policy*, Vol. 38, No. 11, 2010, p. 6784.

[30] Ederington, J., A. Levinson, J. Minier, "Footloose and Pollution Free", *The Review of Economics and Statistics*, No. 87, 2005, p. 92.

[31] Esty, D., Geradin, D., "Market Access, Competitiveness, and Harmonization: Environmental Protection in Regional Trade Agreements", *The Harvard Environmental Law Review*, No. 21, 1997, p. 265.

[32] Fan, Y., Liang, Q. M. et al., "A Model for China's Energy Requirements and CO_2 Emissions Analysis", *Environmental Modeling and Software*, Vol. 22, No. 3, 2007, p. 378.

[33] Francesco Cherubini, Sergio Ulgiati, "Crop Residues as Raw Materials for Bio refinery Systems – A LCA Case Study", *Applied Energy*, Vol. 87, No. 1, 2010, p. 47.

[34] Frankel, J. A., Rose, A. K., "Is Trade Good or Bad for the Environment? Sorting out the Causality", *Review Economic and Statistics*, No. 87, 2005, p. 85.

[35] Friedl, B., Getzner, M., "Determinants of CO_2 Emissions in a Small Open Economy", *Ecological Economics*, No. 45, 2003, p. 133.

[36] Fulvio Ardente Giorgio Beccali et al., "Life Cycle Assessment of a Solar Thermal Collector", *Renewable Energy*, Vol. 30, No. 7, 2005, p. 1031.

[37] Graciela Chichilnsky, "Economic Theory and the Global Environment", *Econ Theory*, No. 49, 2012, p. 217.

[38] Grossman, Gene M., Alan B. Krueger, "Environmental Impacts of

a North American Free Trade Agreement, in the U. S. - Mexico Free TradeAgreement", MIT Press. 1993. p. 13.

［39］ Guan, D. , Hubacek, K. et al. , "The Drivers of Chinese CO_2 Emissions from 1980 to 2030", *Global Environmental Change*, Vol. 18, No. 4, 2008, p. 626.

［40］ Guozhong Zheng, Youyin Jing et al. , "Application of Life Cycle Assessment (LCA) and Ethnics Theory for Building Energy Conservation Assessment", *Energy*, Vol. 3, No. 11, 2009, p. 1870.

［41］ Hasler, K. , Bröring, S. et al. , "Life Cycle Assessment (LCA) of Different Fertilizer Product Types", *European Journal of Agronomy*, No. 69, 2015, p. 1.

［42］ Helias A. Udo de Haes, Reinout Heijungs, "Life - cycle Assessment for Energy Analysis and Management", *Applied Energy*, Vol. 84, No. 7, 2007, p. 817.

［43］ Holz - Eakin, D. , Selden, T. M. , "Stoking the Fires? CO_2 Emissions and Economic growth", *Journal of Public Economics*, Vol. 57, No. 1, 1995, p. 85.

［44］ Hongguang Nie, René Kemp, "Why Did Energy Intensity Fluctuate During 2000 - 2009? A Combination of Index Decomposition Analysis and Structural Decomposition Analysis", *Energy for Sustainable Development*, Vol. 17, No. 5, 2013, p. 482.

［45］ Hongtao Liu, Youmin Xi et al. , "Energy Embodied in the International Trade of China: An Energy Input - Output Analysis", *Energy Policy*, Vol. 38, No. 8, 2010, p. 3957.

［46］ Huang, W. M. , Lee, G. et al. , "GHG Emissions, GDP Growth and the Kyoto Protocol: A Revisit of Environmental Kuznets Curve Hypothesis", *Energy Policy*, No. 36, 2008, p. 239.

［47］ Huibin Du, Jianghong Guo et al. , "CO_2 Emissions Embodied in China - US Trade: Input - Output Analysis Based on the Energy/dollar Ratio", *Energy Policy*, Vol. 39, No. 10, 2011, p. 5980.

[48] Jesper Munksgaard Klaus, Alsted Pedersen, "CO_2 Accounts for open Economies: Producer or Consumer Responsibility?", *Energy Policy*, Vol. 29, No. 4, 2001, p. 327.

[49] Jiahua Pan, Jonathan Phillps, Ying Chen, "China's Balance of Emissions Embodied in Trade: Approaches to Measurement and Allocating International Responsibility", *Oxford Review of Economic Policy*, No. 24, 2008, p. 354.

[50] Jiang, M. M., Chen, B., Zhou, S. Y., "Embodied Energy Account of Chinese Economy 2002", *Proscenia Environmental Sciences*, No. 4, 2011, p. 184.

[51] Jie Guo, Le-Le Zou, Yi-Ming Wei, "Impact of Inter-scrotal Trade on National and Global CO_2 Emissions: An Empirical Analysis of China and US", *Energy Policy*, Vol. 38, No. 3, 2010, p. 1389.

[52] Jin Xue, Finn Arler, Petter Nass, "Is the DE growth Debate Relevant to China?", *Environ Dev Sustain*, No. 14, 2012, p. 85.

[53] Johnson, R. C., "Five Facts about Value-added Exports and Implications for Macroeconomics and Trade Research", *Journal of Economic Perspectives*, No. 28, 2014, p. 119.

[54] Kahuthu, A., "Economic Growth and Environmental Degradation in a Global Context", *Environment, Development and Sustainability*, No. 8, 2006, p. 55.

[55] Kondo, Y., Moriguchi, Y., Shimizu, H., "CO_2 Emissions in Japan: Influences of Imports and Exports", *Applied Energy*, Vol. 59, No. 2, 1998, p. 163.

[56] Koopman, R., Z. Wang, S. J. Wei, "How Much of Chinese Exports Is Really Made in China? Assessing Foreign and Domestic Value-added in Gross Exports", *Journal of DevelopmentEconomics*, No. 99, 2012, p. 178.

[57] Landis Mackellar, F. Daniel, R. Vining, "Measuring Natural Resource Scarcity", *Social Indicators Research*, No. 21, 1989, p. 517.

[58] Lantz, V., Feng, Q., "Assessing Income, Population, and Technology Impacts on CO_2: Emissions in Canada, Where's the EKC?", *Ecological Economics*, No. 57, 2006, p. 229.

[59] Lauren Cutlip, Brian D. Fath, "Relationship between Carbon Emissions and Economic Development: Case Study of Six Counties", *Environ Dev Sustain*, No. 14, 2012, p. 433.

[60] Lenzen, M., "Primary Energy and Greenhouse Gases Embodied in Australian Final Consumption: an Input – Output Analysis", *Energy Policy*, Vol. 26, No. 6, 1998, p. 495.

[61] Lenzen, M., Pade, L. L., Munksgaard, J., "CO_2 Multipliers in Multi – region Input – Output Models", *Economic Systems Research*, Vol. 16, No. 4, 2004, p. 391.

[62] Levinson, A. M., S. Taylor, "Unmasking the Pollution Haven Effect", *International Economic Review*, No. 49, 2008, p. 223.

[63] Li, H., Zhang, P. D., He, C. Y. et al., "Evaluating the Effects of Embodied Energy in International Trade on Ecological Footprint in China", *Ecological Economics*, No. 62, 2007, p. 136.

[64] Lian Biao Cui, Pan Peng, Lei Zhu, "Embodied Energy, Export Policy Adjustment and China's Sustainable Development: A Multi – regional Input – Output Analysis", *Energy*, No. 82, 2015, p. 457.

[65] Liu, H., Xi, Y. et al., "Energy Embodied in the International Trade of China: an Energy Input – Output Analysis", *Energy Policy*, Vol. 38, No. 8, 2010, p. 3957.

[66] Liu, X., Ishikawa, M. et al., "Analyses of CO_2 Emissions Embodied in Japan – China Trade", *Energy Policy*, Vol. 38, No. 3, 2010, p. 1510.

[67] Lopez Ramon, "The Environment as a Factor of Production: The Effects of Economic Growth and Trade Liberalization", *Environ Econ Manage*, Vol. 27, No. 4, 1994, p. 163.

[68] Lucas, R. E. B., Wheeler, D., Hettige, H., "Economic Devel-

opment, Environmental Regulation, and the International Migration of Toxic Industrial Pollution: 1960 – 1988", World Bank, 1992.

[69] Machado, G., Schaeffer, R., Worrell, E., "Energy and Carbon Embodied in the International Trade of Brazil: An Input – Output Approach", *Ecological Economics*, Vol. 39, No. 3, 2001, p. 409.

[70] Maenpaa, I., Siikavirta, H., "Greenhouse Gases Embodied in the International Trade and Final Consumption of Finland: an Input – Output Analysis", *Energy Policy*, Vol. 35, No. 1, 2007, pp. 128 – 143.

[71] Mani, M., Wheeler, D., "In Search of Pollution Havens? Dirty Industry Migration in the World Economy", *The Journal of Environment & Development*, Vol. 7, No. 3, 1998, p. 215.

[72] Marcel P. Timmer, Erik Dietzenbacher et al., "An Illustrated User Guide to the World Input – Output Database: the Case of Global Automotive Production", *Review of International Economics*, No. 23, 2015, p. 575.

[73] Markusen, James R., "International Externalities and Optimal Tax Structures", *International Economics*, No. 5, 1975, p. 15.

[74] Martin Pehnt, "Life – cycle Assessment of Fu el Cell Stacks", *International Journal of Hydrogen Energy*, Vol. 26, No. 1, 2001, p. 1.

[75] Martin Wagner, "The Carbon Kuznets Curve: a Cloudy Picture Emitted by Bad Econometrics?", *Resources and Energy Economics*, No. 30, 2008, p. 388.

[76] Mateus Henrique Rocha, Rafael Silva Capaz et al., "Life Cycle Assessment (LCA) for Biofuels in Brazilian Conditions: A Meta – analysis", *Renewable and Sustainable Energy Reviews*, No. 34, 2014, p. 35.

[77] Minjun Shi, Guoxia Ma, Yong Shi, "How Much Real Cost Has China Paid for Its Economic Growth?", *Sustain Science*, No. 6,

2011, p. 135.

[78] Misato Sato, "Embodied Carbon in Trade: a Survey of the Empirical Literature", *Center for Climate Change Economics and Policy Working Paper*, No. 89, 2012.

[79] Mongelli, I., Tassielli, G., Notarnicola, B., "Global Warming Agreements, International Trade and Energy/Carbon Embodiments: an Input – Output Approach to the Italian Case", *Energy Policy*, Vol. 34, No. 1, 2006, p. 88.

[80] Nadim Ahmad, Andrew Wyckoff, "Carbon Dioxide Emissions Embodied in International Trade of Goods", OECD Publications, 2003, p. 17.

[81] Nordstrom Hakan, Scott Vaughan, "Trade and Environment", Special Studies 4, WTO, 1999.

[82] Ottaviano, G., J. P. Pessoa et al., "Bred it or Fix it? The Trade and Welfare Effects of Leaving the European Union", CEP Policy Analysis Papers 016, 2014.

[83] Panayotou, "Empirical Tests and Policy Analysis of Environmental Degradation at Different Stages of Economic Development", Working Paper WP238, Technology and Employment Programmed, International Labor Office, 1993.

[84] Peter, G. P., Herewith, E. G., "CO_2 Embodied in International Trade with Implications for Global Climate Policy", *Environmental Science & Technology*, No. 5, 2008, p. 1401.

[85] Peter, G. P., Herewith, E. G., "Pollution Embodied in Trade: The Norwegian Case", *Global Environmental Change*, Vol. 16, No. 4, 2006, p. 379.

[86] Peters, G. P., Minx, J. C. et al., "Growth in Emission Transfers Via International Trade from 1990 to 2008", *Proceedings of the National Academy of Science*, Vol. 108, No. 21, 2011, p. 8533.

[87] Pethig Rudiger, "Pollution, Welfare, and Environmental Policy in

the Theory of Comparative Advantage", *Environment Economic Manage*, No. 2, 1976, p. 160.

[88] Proops, J. L., Atkinson, G. et al., "International Trade and the Sustainability Footprint: a Practical Criterion for Its Assessment", *Ecological Economics*, No. 28, 1999, p. 75.

[89] Ranaioy Bhattacharyya., Tapas Ghoshal, "Economic Growth and CO_2 Emissions", *Environ Dev Sustain*, No. 12, 2010, p. 159.

[90] Ratnayake Ravi, "Do Stringent Environmental Regulations Reduce International Competitiveness? Evidence from an Inter – Industry Analysis", *International Journal of Economic and Business*, Vol. 5, No. 1, 1998, p. 77.

[91] Reinders, A. H., Vringer, K., Blok, K., "The Direct and Indirect Energy Requirement of Households in the European Union", *Energy Policy*, Vol. 31, No. 2, 2003, p. 139.

[92] Rhee, H. C., Chung, H. S., "Change in CO_2 Emissions and Its Transmissions Between Korean and Japan Using International Input – Output Analysis", *Ecological Economics*, Vol. 58, No. 4, 2006, p. 788.

[93] Robbie Andrew, Vicky Forgie, "A Three – perspective View of Greenhouse Gas Emission Responsibilities in New Zealand", *Ecological Economics*, Vol. 68, No. 1, 2008, p. 194.

[94] Roberts, J. T., Grimes, P. E., "Carbon Intensity and Economic Development 1962 – 91: a Brief Exploration of the Environmental Kuznets Curve", *World Development*, Vol. 25, No. 2, 1997, p. 191.

[95] Rutger Hoekstra, Jeroen, C. J. M., van den Bergh, "Comparing Structural Decomposition Analysis and Index", *Energy Economics*, Vol. 25, No. 1, 2003, p. 39.

[96] Saito, M., M. Ruta, J. Turunen, "Trade Interconnectedness: The World with Global Value Chains", IMF Policy Paper, 2013.

[97] Sanchez, C. J., Duarte, R., "CO$_2$ Emissions Embodied in International Trade: Evidence for Spain", *Energy Policy*, Vol. 32, No. 18, 2004, p. 1999.

[98] Sastre, C. M., GonzálezArechavala, Y., Santos, A. M., "Global Warming and Energy Yield Evaluation of Spanish Wheat Straw Electricity Generation – A LCA That Takes into Account Parameter Uncertainty and Variability", *Applied Energy*, Vol. 154, No. 1, 2015, p. 900.

[99] Schaeffer, R., De, S. A., "The Embodiment of Carbon Associated with Brazilian Imports and Export", *Energy Conversion and Management*, Vol. 37, No. 6, 1996, p. 955.

[100] Selden, T., Song, D., "Environmental Quality and Development: Is There a Kuznets Curve for Air Pollution Emissions?", *Journal of Environmental Economics and Management*, No. 27, 1994, p. 147.

[101] Shafik, N., S. Bandyoypadhyay, "Economic Growth and Environmental Quality: Time Series and Cross Country Evidence", *World Bank Policy Research Working Paper*, 904, 1992.

[102] Shahbaz, M., Tiwari, A. K., Nasir, M., "The Effects of Financial Development, Economic Growth, Coal Consumption and Trade Openness on CO$_2$ Emissions in South Africa", *Energy Policy*, No. 61, 2013, p. 1452.

[103] Shenggang Ren, Baolong Yuan et al., "The Impact of International Trade on China's Industrial Carbon Emissions Since Its Entry into WTO", *Energy Policy*, No. 69, 2014, p. 624.

[104] Shi Chen Xie, "The Driving Forces of China's Energy Use from 1992 to 2010: An Empirical Study of Input – Output and Structural Decomposition Analysis", *Energy Policy*, No. 73, 2014, p. 401.

[105] Shui, B., Harriss, R. C., "The Role of CO$_2$ Embodiment in US – China Trade", *Energy Policy*, No. 43, 2006, p. 4063.

[106] Simone Bastianoni, Federico Maria Pulselli. Enzo Tiezzi, "The Problem of Assigning Responsibility for Greenhouse Gas Emissions", *Ecological Economics*, Vol. 49, No. 3, 2004, p. 253.

[107] Soren Bo Nielsen, Lars Haağen Pedersen, Peter Birch Sorensen, "Environmental Policy, Pollution, Unemployment, and Endogenous Growth", *International Tax Public Finance*, No. 2, 1995, p. 185.

[108] Tang, X., Snowden S., Höök, M., "Analysis of Energy Embodied in The International Trade of UK", *Energy Policy*, No. 57, 2013, p. 418.

[109] Thi, A. T., Ishihara, K. N., "Analysis of Changing Hidden Energy Flow in Vietnam", *Energy Policy*, Vol. 34, No. 14, 2006, p. 1883.

[110] Thomas Sterner, Jeroen, C. J., Van Den Bergh, "Frontiers of Environmental and Resource Economics", *Environmental and Resource Economics*, Vol. 11, No. 3, 1998, p. 243.

[111] Thomas Wiedmann, "First Empirical Comparison of Energy Footprints Embodied in Trade – MRIO Versus PLUM", *Ecological Economics*, Vol. 68, No. 7, 2009, p. 1975.

[112] Tianyu Qi, Niven Winchester et al., "CO_2 Emission Embodied in China's Trade and Reduction Policy Assessment", http//finance – and – trade. htw – berlin. de. Working – papers, 2012.

[113] Timmer, M. P., B. Los et al., "Fragmentation, Incomes and Jobs. An Analysis of European Competitiveness", *Economic Policy*, Vol. 28, No. 76, 2013, p. 613.

[114] Tolmasquim, M. T., Machado, G., "Energy and Carbon Embodied in the International Trade of Brazil", *Mitigation and Adaptation Strategies for Global Change*, No. 8, 2003, p. 139.

[115] Tsigas Marinos, Zhi Wang, Mark Gehlhar, "How a Global Inter – Country Input – Output Table with Processing Trade Account can be constructed from GTAP Database", *Paper presented at the 15th An-*

nual Conference for Global Trade Analysis, 2012.

[116] Tukker, A., Poliakov, E. et al., "Towards a Global Multi-regional Environmentally Extended Input-Output Database", *Ecological Economics*, Vol. 68, No. 7, 2009, p. 1928.

[117] UsamaAl-mulali, "Factors Affecting CO_2 Emission in the MiddleEast a Panel Data Analysis", *Energy*, No. 44, 2012, p. 564.

[118] Vicent Alcántara. Rosa Duarte, "Comparison of Energy Intensities in European Union Countries. Results of a Structural Decomposition Analysis", *Energy Policy*, Vol. 32, No. 2, 2004, p. 177.

[119] Voster McGregor, N. R. Stehrer, G. de Vries, "Offshoring and the Skill Structure of Labor Demand", *Review of World Economics*, No. 149, 2013, p. 631.

[120] Wachsmann Ulrike, Wood Richard. et al., "Structural Decomposition of Energy Use in Brazil from 1970 to 1996", *Apply Energy*, Vol. 86, No. 4, 2009, p. 578.

[121] Walter Ingo, "The Pollution Content of American Trade", *Western Economy*, Vol. 11, No. 1, 1973, p. 61.

[122] Weber, C. L., "Measuring Structural Change and Energy Use Decomposition of the US Economy from 1997 to 2002", *Energy Policy*, Vol. 37, No. 4, 2009, p. 1561.

[123] Weber, C. L., Matthews, H. S., "Embodied Environmental Emissions in U. S. International Trade, 1997-2004", *Environmental Science & Technology*, Vol. 41, No. 14, 2007, p. 4875.

[124] Whan Sam Chung, Susumu Tohno. Sang Yul Shim, "An Estimation of Energy and GHG Emission Intensity Caused by Energy Consumption in Korea: An Energy IO Approach", *Applied Energy*, Vol. 86, No. 10, 2009, p. 1902.

[125] Wheeler, D., "Racing to the Bottom? Foreign Investment and Air Pollution in Developing Countries", *The Journal of Environment & Development*, No. 10, 2001, p. 225.

[126] Wiedmann, T., "A Review of Recent Multi – region Input – Output Models Used for Consumption – based Emission and Resource Accounting", *Ecological Economics*, Vol. 69, No. 2, 2009, p. 211.

[127] Wixted, B., N., Yamano, C. Webb, "Input – Output Analysis in an Increasingly Globalized World: Applications of OECD's Harmonized International Tables", OECD Science, Technology and Industry Working Papers, 2006.

[128] Wood, R., "Structural Decomposition Analysis of Australia's Greenhouse Gas Emissions", *Energy Policy*, Vol. 37, No. 10, 2009, p. 4943.

[129] Wyckoff, A. W., J. M. Roop, "The Embodiment of Carbon in Imports of Manufactured Products: Implications for International Agreements on Greenhouse Gas Emissions", *Energy Policy*, No. 22, 1994, p. 187.

[130] Xin Zhou, Xianbing Liu, Satoshi Kojima, "Carbon Emission Embodied in International Trade", http://www.iges.org.jp, working – papers, 2010.

[131] Xu Tang, Baosheng Zhang et al., "Net Oil Exports Embodied in China's International Trade: An Input – Output Analysis", *Energy*, Vol. 48, No. 2, 2012, p. 464.

[132] Xu Tang, Simon Snowden, Mikael Höök, "Analysis of Energy Embodied in the International Trade of UK", *Energy Policy*, No. 5, 2013, p. 418.

[133] Xu, X. P., "Do Stringent Environmental Regulations Reduce the International Competitiveness of Environmentally Sensitive Goods? A global Perspective", *World Development*, Vol. 27, No. 7, 1999, p. 1215.

[134] Yafei Wang, Hongyan Zhao et al., "Carbon Dioxide Emission Drivers for a Typical Metropolis Using Input – Output Structural Decomposition Analysis", *Energy Policy*, No. 58, 2013, p. 312.

[135] Yang Laike, CO$_2$ "Emissions Embodied in International Trade – A Comparison on BRIC Countries", http://finance – and – trade.htw – berlin.de.working – papers, 2012.

[136] Yang Ranran, Long Ruyin et al., "Calculation of Embodied Energy in Sino – USA trade: 1997 – 2011", *Energy Policy*, Vol.72, No.9, 2014, p.110.

[137] Yan Xu, Erik Dietzenbacher, "A Structural Decomposition Analysis of the Emissions Embodied in Trade", *Ecological Economics*, No.101, 2014, p.10.

[138] Yan Zhang, Hongmei Zheng et al., "Multi – regional Input – Output Model and Ecological Network Analysis for Regional Embodied Energy Accounting in China", *Energy Policy*, No.86, 2015, p.651.

[139] Yi FChang, Charles Lewis, Sue J. Lin, "Comprehensive Evaluation of Industrial CO$_2$ Emission (1989 – 2004) in Taiwan by Input – Output Structural Decomposition", *Energy Policy*, Vol.36, No.7, 2008, p.2471.

[140] Yongkai Jiang, Wenjia Cai et al., "An Index Decomposition Analysis of China's Interregional Embodied Carbon Flows", *Journal of Cleaner Production*, No.88, 2015, p.289.

[141] 蔡昉等:《经济发展方式转变与节能减排内在动力》,《经济研究》2008年第6期。

[142] 曹慧平、陈清萍:《环境要素约束下H－O模型的理论与实证检验》,《国际贸易问题》2011年第11期。

[143] 陈红蕾、陈秋峰:《我国贸易自由化环境效应的实证分析》,《国际贸易问题》2007年第7期。

[144] 陈华文、刘康兵:《经济增长与环境质量:关于环境库兹涅茨曲线的经验分析》,《复旦学报》(社会科学版)2004年第2期。

[145] 陈诗一:《中国碳排放强度的波动下降模式及经济解释》,《世界经济》2011年第4期。

[146] 陈首丽、马立平：《我国能源消费与经济增长效应的统计分析》，《管理世界》2010 年第 1 期。

[147] 陈雯、李强：《我国对外贸易的能源消耗分析——基于非竞争型投入产出法的研究》，《世界经济研究》2014 年第 4 期。

[148] 陈雯、李强：《增加值出口的能源消耗和污染气体排放——新贸易核算方法下的中美对比》，《吉林大学社会科学学报》2015 年第 1 期。

[149] 陈锡康、杨翠红：《投入产出技术》，科学出版社 2011 年版。

[150] 陈迎：《环境经济学与可持续发展问题研究综述》，《世界经济》2000 年第 3 期。

[151] 陈迎等：《中国外贸进出口商品中的内涵能源及其政策含义》，《经济研究》2008 年第 7 期。

[152] 陈红敏：《中国出口贸易中隐含能变化的影响因素——基于结构分解分析的研究》，《财贸研究》2009 年第 3 期。

[153] 陈红敏：《中国隐含能出口的就业效应分析》，《世界经济研究》2011 年第 5 期。

[154] 陈红敏：《包含工业生产过程碳排放的产业部门隐含碳研究》，《中国人口·资源与环境》2009 年第 3 期。

[155] 陈红敏：《中国对外贸易的能源环境影响》，复旦大学出版社 2011 年版。

[156] 陈宇峰、汤余平：《产业结构调整对缓解能源区域经济冲击的影响：以浙江省为例》，《国际贸易问题》2011 年第 6 期。

[157] 成卓、王旭刚：《国际贸易结构及对经济贡献的跨国比较——基于 OECD 非竞争型投入产出表的分析》，《技术经济与管理研究》2010 年第 1 期。

[158] 丛晓男等：《全球贸易隐含碳的核算及其地缘结构分析》，《财经研究》2013 年第 1 期。

[159] 崔连标等：《全球化背景下的国际贸易隐含能源研究》，《国际贸易问题》2014 年第 5 期。

[160] 戴小文：《中国隐含碳排放因素分解研究》，《财经科学》2013

年第 2 期。

[161] 戴翔：《中国出口贸易利益究竟有多大——基于附加值贸易的估算》，《当代经济科学》2015 年第 3 期。

[162] 党玉婷、万能：《贸易对环境影响的实证分析——以中国制造业为例》，《世界经济研究》2007 年第 4 期。

[163] 邓柏盛、宋德勇：《我国对外贸易、FDI 与环境污染之间关系的研究（1995—2005）》，《国际贸易问题》2008 年第 4 期。

[164] 邓荣荣、陈鸣：《中美贸易的隐含碳排放研究——基于 I-O SDA 模型的分析》，《管理评论》2014 年第 9 期。

[165] 邓荣荣、陈鸣：《中国对外贸易隐含碳排放研究（1997—2011）》，《上海经济研究》2014 年第 6 期。

[166] 刁鹏等：《辽宁省出口贸易与碳排放量关系的实证分析》，《对外经贸》2013 年第 5 期。

[167] 杜运苏：《我国对外贸易中隐含碳排放的研究新进展》，《国际商务》（对外经济贸易大学学报）2011 年第 5 期。

[168] 杜运苏、孙辉煌：《中国出口贸易隐含碳排放增长因素分析：基于 LMDI》，《世界经济研究》2012 年第 11 期。

[169] 董琨、白彬：《中国区域间产业转移的污染天堂效应检验》，《中国人口·资源与环境》2015 年第 2 期。

[170] 范金、万兴：《投入产出表和社会核算矩阵更新研究评述》，《数量经济技术经济研究》2007 年第 5 期。

[171] 傅京燕：《我国对外贸易中污染产业转移的实证分析——以制造业为例》，《财贸经济》2008 年第 5 期。

[172] 傅京燕、裴前丽：《中国对外贸易对碳排放量的影响及其驱动因素的实证分析》，《财贸经济》2012 年第 5 期。

[173] 傅京燕、张珊珊：《碳排放约束下我国外贸发展方式转变之研究——基于进出口隐含 CO_2 排放的视角》，《国际贸易问题》2011 年第 8 期。

[174] 傅京燕、周浩：《贸易开放、要素禀赋与环境质量：基于我国省区面板数据的研究》，《国际贸易问题》2010 年第 8 期。

[175] 符淼:《我国环境库兹涅茨曲线:形态、拐点和影响因素》,《数量经济技术经济研究》2008年第11期。

[176] 国家统计局国民经济核算司:《中国2007年投入产出表编制方法》,中国统计出版社2009年版。

[177] 顾阿伦等:《中国进出口贸易中的内涵能源及转移排放分析》,《清华大学学报》(自然科学版)2010年第9期。

[178] 独孤昌慧等:《中美工业进出口贸易隐含污染及影响因素研究——基于非竞争型世界投入产出表的分析》,《上海经济研究》2015年第7期。

[179] 郭朝先:《中国二氧化碳排放增长因素分析——基于SDA分解技术》,《中国工业经济》2010年第12期。

[180] 韩文科等:《中国进出口贸易产品的载能量及碳排放量分析》,中国计划出版社2009年版。

[181] 郝宇等:《中国能源消费和电力消费的环境库兹涅茨曲线:基于面板数据空间计量模型的分析》,《中国软科学》2014年第1期。

[182] 胡亮、潘厉:《国际贸易、外国直接投资、经济增长对环境质量的影响——基于环境库兹涅茨曲线研究的回顾与展望》,《国际贸易问题》2007年第10期。

[183] 黄宝荣等:《北京市分行业能源消耗及国内外贸易隐含能研究》,《中国环境科学》2012年第2期。

[184] 黄凌云、李星:《美国拟征收碳关税对我国经济的影响——基于GTAP模型的实证分析》,《国际贸易问题》2010年第11期。

[185] 黄敏:《中国消费碳排放的测度及影响因素研究》,《财贸经济》2012年第3期。

[186] 黄敏、刘剑锋:《外贸隐含碳排放变化的驱动因素研究——基于I-OSDA模型的分析》,《国际贸易问题》2011年第4期。

[187] 黄菁:《环境污染与工业结构:基于Divisia指数分解法的研究》,《统计研究》2009年第12期。

[188] 季春艺、杨红强：《国际贸易隐含碳排放的研究进展：文献述评》，《国际商务》（对外经济贸易大学学报）2011年第6期。

[189] 孔淑红、周甜甜：《我国出口贸易对环境污染的影响及对策》，《国际贸易问题》2012年第8期。

[190] 兰宜生、宁学敏：《我国出口扩大与能源消耗的一项实证研究》，《财贸经济》2010年第1期。

[191] 李斌：《论社会总资源优化配置——经济、社会、生态协调发展探讨》，《经济研究》1990年第9期。

[192] 李刚：《基于可持续发展的国家物质流分析》，《中国工业经济》2004年第11期。

[193] 李慧明、卜欣欣：《环境与经济如何双赢——环境库兹涅茨曲线引发的思考》，《南开学报》2003年第1期。

[194] 李静、方伟：《长三角对外贸易增长的能源环境代价研究》，《财贸经济》2011年第5期。

[195] 李金昌、项莹：《中国制造业出口增值份额及其国别（地区）来源——基于SNA-08框架下〈世界投入产出表〉的测度与分析》，《中国工业经济》2014年第8期。

[196] 李锴、齐绍洲：《贸易开放、经济增长与中国二氧化碳排放》，《经济研究》2011年第11期。

[197] 李坤望、陈玮：《我国进出口贸易中的能源含量分析》，《世界经济研究》2008年第2期。

[198] 廖明球：《投入产出及其扩展分析》，首都经济贸易大学出版社2009年版。

[199] 李树林、齐中英：《基于UV表的中国对外贸易中隐含碳分析》，《南开经济研究》2011年第3期。

[200] 李湘梅、姚智爽：《基于VAR模型的中国能源消费碳排放影响因素分析》，《生态经济》2014年第1期。

[201] 李小平、卢现祥：《国际贸易、污染产业转移和中国工业CO_2排放》，《经济研究》2010年第1期。

[202] 李昕：《用于贸易增加值核算的全球三大ICIO数据库比较》，

《经济统计学》(季刊) 2014 年第 1 期。

[203] 李新运等:《我国行业碳排放量测算及影响因素的结构分解分析》,《统计研究》2014 年第 1 期。

[204] 李艳梅、付加锋:《中国出口贸易中隐含碳排放增长的结构分解分析》,《中国人口·资源与环境》2010 年第 8 期。

[205] 厉以宁:《宏观经济运行中的环境保护问题》,《经济研究》1990 年第 9 期。

[206] 林伯强、蒋竺均:《中国二氧化碳的环境库兹涅茨曲线预测及影响因素分析》,《管理世界》2009 年第 4 期。

[207] 林伯强等:《节能和碳排放约束下的中国能源结构战略调整》,《中国社会科学》2010 年第 1 期。

[208] 刘俊伶、王克:《基于海关商品 HS 四位编码的中国贸易内涵碳计算》,《国际经贸探索》2014 年第 2 期。

[209] 刘俊伶等:《中国贸易隐含碳净出口的流向及原因分析》,《资源科学》2014 年第 5 期。

[210] 刘强等:《中国出口贸易中的载能量及碳排放量分析》,《中国工业经济》2008 年第 8 期。

[211] 刘瑞翔、王洪亮:《工业化后期中国出口商品中内涵能源变化的动因分析——基于世界投入产出表的数据》,《南京审计学院学报》2015 年第 3 期。

[212] 刘祥霞、黄兴年:《中国进出口贸易中的隐含能估算和环境分析——基于修正的投入产出法》,《统计与信息论坛》2015 年第 2 期。

[213] 刘祥霞等:《中国外贸生态环境分析与绿色贸易转型研究——基于隐含碳的实证研究》,《资源科学》2015 年第 2 期。

[214] 刘燕鹏:《中国进出口产品完全占用耕地资源研究》,《资源科学》2001 年第 2 期。

[215] 罗堃:《我国污染密集型工业品贸易的环境效应研究》,《国际贸易问题》2007 年第 10 期。

[216] 罗思平等:《中国国际贸易中隐含能的分析》,《清华大学学

报》(自然科学版) 2010 年第 3 期。

[217] 鲁海帆:《我国出口产品能耗、CO_2 排放及其对出口结构的影响》,《国际经贸探索》2011 年第 12 期。

[218] 卢晓彤等:《基于阈值面板模型的我国环境库兹涅茨曲线假说再检验》,《管理学报》2012 年第 11 期。

[219] 毛其淋、盛斌:《贸易自由化与中国制造业企业出口行为:"入世"是否促进了出口参与?》,《经济学》(季刊)2014 年第 2 期。

[220] 倪红福等:《贸易隐含 CO_2 测算及影响因素的结构分解分析》,《环境科学研究》2012 年第 1 期。

[221] 潘安:《中国双边贸易隐含污染研究——基于中日和中印贸易的对比》,《中南财经政法大学学报》2015 年第 2 期。

[222] 潘家华:《环境可持续性:市场调控原理及其政策含义》,《世界经济》1994 年第 12 期。

[223] 潘元鸽等:《中国地区间贸易隐含 CO_2 测算》,《统计研究》2013 年第 9 期。

[224] 庞军等:《基于 MRIO 模型的中美欧日贸易隐含碳特点对比分析》,《气候变化研究进展》2015 年第 3 期。

[225] 彭水军等:《中国生产侧和消费侧碳排放量测算及影响因素研究》,《经济研究》2015 年第 1 期。

[226] 平新乔:《产业内贸易理论与中美贸易关系》,《国际经济评论》2005 年第 5 期。

[227] 齐晔等:《中国进出口贸易中的隐含碳估算》,《中国人口·资源与环境》2008 年第 3 期。

[228] 齐舒畅等:《我国非竞争型投入产出表编制及其应用分析》,《统计研究》2008 年第 5 期。

[229] 齐志新、陈文颖:《结构调整还是技术进步?——改革开放后我国能源效率提高的因素分析》,《上海经济研究》2006 年第 6 期。

[230] 钱慕梅、李怀政:《中国东中西部出口贸易环境效应比较分

析——基于低碳发展的视角》,《国际贸易问题》2011 年第 6 期。

[231] 秦放鸣、师博:《中国能源强度变动的指数分解研究(1980—2007)》,《北京师范大学学报》(社会科学版)2010 年第 2 期。

[232] 石红莲、张子杰:《中国对美国出口产品隐含碳排放的实证分析》,《国际贸易问题》2011 年第 4 期。

[233] 盛斌:《中国对外贸易政策的政治经济分析》,上海三联书店 2002 年版。

[234] 沈利生:《我国对外贸易结构变化不利于节能降耗》,《管理世界》2007 年第 10 期。

[235] 沈利生、吴振宇:《外贸对经济增长贡献的定量分析》,《吉林大学社会科学学报》2004 年第 4 期。

[236] 沈源、毛传新:《加工贸易视角下中美工业贸易隐含碳研究:国别排放与全球效应》,《国际商务》(对外经济贸易大学学报)2011 年第 6 期。

[237] 师博:《中国能源强度变动的主导效应分析———项基于指数分解模型的实证研究》,《山西财经大学学报》2007 年第 12 期。

[238] 孙广生等:《效率提高、产出增长与能源消耗——基于工业行业的比较分析》,《经济学》(季刊)2012 年第 1 期。

[239] 宋德勇、卢忠宝:《中国碳排放影响因素分解及其周期性波动研究》,《中国人口·资源与环境》2009 年第 3 期。

[240] 孙赵勇、任保平:《能源消费影响因素分解方法的比较研究》,《资源科学》2013 年第 1 期。

[241] 涂正革:《中国的碳减排路径与战略选择——基于八大行业部门碳排放量的指数分解分析》,《中国社会科学》2012 年第 3 期。

[242] 王磊:《基于投入产出模型的天津市碳排放预测研究》,《生态经济》2014 年第 1 期。

[243] 王丽丽等:《中国国际贸易隐含碳 SDA 分析》,《资源科学》2012 年第 12 期。

[244] 王娜等:《基于能源消耗的我国国际贸易实证研究》,《国际贸易问题》2007 年第 8 期。

[245] 王菲、李娟:《中国对日本出口贸易中的隐含碳排放及结构分解分析》,《经济经纬》2012 年第 4 期。

[246] 王思强等:《基于 Excel 表的 RAS 方法在投入产出表调整中的应用》,《生产力研究》2009 年第 9 期。

[247] 王颖、马风涛:《出口贸易、国内能源含量与垂直专业化》,《国际贸易问题》2011 年第 10 期。

[248] 王媛等:《基于 LMDI 方法的中国国际贸易隐含碳分解》,《中国人口·资源与环境》2011 年第 2 期。

[249] 魏本勇等:《基于投入产出分析的中国国际贸易碳排放研究》,《北京师范大学学报》(自然科学版)2009 年第 4 期。

[250] 魏浩:《中国进口商品的国别结构及相互依赖程度研究》,《财贸经济》2014 年第 4 期。

[251] 隗斌贤等:《基于 IO–SDA 模型的浙江省外贸隐含碳影响因素分析》,《统计研究》2012 年第 1 期。

[252] 吴蕾、吴国蔚:《我国国际贸易中环境成本转移的实证分析》,《国际贸易问题》2007 年第 2 期。

[253] 吴巧生、成金华:《中国工业化中的能源消耗强度变动及因素分析——基于分解模型的实证分析》,《财经研究》2006 年第 6 期。

[254] 夏炎等:《中国能源强度变化原因及投入结构的作用》,《北京大学学报》(自然科学版)2010 年第 3 期。

[255] 夏友富:《论国际贸易与环境保护》,《世界经济》1996 年第 7 期。

[256] 谢来辉、陈迎:《碳泄漏问题评析》,《气候变化研究进展》2007 年第 4 期。

[257] 谢建国、姜珮珊:《中国进出口贸易隐含能源消耗的测算与分

解——基于投入产出模型的分析》《经济学》（季刊）2014 年第 4 期。

[258] 邢玉升、曹利战：《中国的能耗结构、能源贸易与碳减排任务》，《国际贸易问题》2013 年第 3 期。

[259] 许冬兰：《生态环境逆差与绿色贸易转型：基于隐含碳与隐含能估算》，《中国地质大学学报》（社会科学版）2012 年第 12 期。

[260] 许广月、宋德勇：《中国碳排放环境库兹涅茨曲线的实证研究——基于省域面板数据》，《中国工业经济》2010 年第 5 期。

[261] 许广月、宋德勇：《我国出口贸易、经济增长与碳排放关系的实证研究》，《国际贸易问题》2010 年第 1 期。

[262] 许健、肖丽：《RAS 法真实误差的实证研究》，《数学的实践与认识》2008 年第 15 期。

[263] 许源等：《中国农产品贸易隐含的 CO_2 评估——基于非竞争型投入产出模型》，《生态经济》2013 年第 8 期。

[264] 闫云凤：《国际贸易、碳溢出与我国外贸结构低碳转型——基于非竞争进口型投入产出模型的实证研究》，《会计与经济研究》2013 年第 3 期。

[265] 闫云凤、杨来科：《中国出口隐含碳增长的影响因素分析》，《中国人口·资源与环境》2010 年第 8 期。

[266] 闫云凤、赵忠秀：《中国对外贸易隐含碳的测度研究——基于碳排放责任界定的视角》，《国际贸易问题》2012 年第 1 期。

[267] 闫云凤等：《中欧贸易隐含碳及政策启示——基于投入产出模型的实证研究》，《财贸研究》2012 年第 2 期。

[268] 闫云凤等：《我国出口退税政策的减排效果评估——基于钢铁行业的经验分析》，《世界经济研究》2012 年第 4 期。

[269] 闫云凤等：《基于 MRIO 模型的中国对外贸易隐含碳及排放责任研究》，《世界经济研究》2013 年第 6 期。

[270] 杨会民等：《2002 年与 2007 年中国进出口贸易隐含碳研究》，《资源科学》2011 年第 8 期。

[271] 杨开忠等：《生态足迹分析理论与方法》，《地球科学进展》

2000 年第 6 期。

[272] 杨立强、马曼：《碳关税对我国出口贸易影响的 GTAP 模拟分析》，《上海财经大学学报》2011 年第 5 期。

[273] 杨顺顺：《中国工业部门碳排放转移评价及预测研究》，《中国工业经济》2015 年第 6 期。

[274] 杨子晖：《"经济增长"与"二氧化碳排放"关系的非线性研究：基于发展中国家的非线性 Granger 因果检验》，《世界经济》2010 年第 10 期。

[275] 姚愉芳等：《中国进出口贸易与经济、就业、能源关系及对策研究》，《数量经济技术经济研究》2008 年第 10 期。

[276] 叶晓佳等：《低碳经济发展中的碳排放驱动因素实证研究——以浙江省为例》，《经济理论与经济管理》2011 年第 4 期。

[277] 叶震：《投入产出数据更新方法及其在碳排放分析中的应用》，《统计与信息论坛》2012 年第 9 期。

[278] 尹伟华：《中国制造业参与全球价值链的程度与方式——基于世界投入产出表的分析》，《经济与管理研究》2015 年第 3 期。

[279] 尹显萍、程茗：《中美商品贸易中的内涵碳分析及其政策含义》，《中国工业经济》2010 年第 8 期。

[280] 尹显萍等：《中日商品贸易中内涵能源的分析及其政策含义》，《世界经济研究》2010 年第 7 期。

[281] 尹显萍、李茹君：《我国工业制成品对外贸易对环境的影响》，《国际贸易问题》2008 年第 2 期。

[282] 余晓泓、彭雨舸：《国际贸易中的隐含碳：文献综述》，《技术经济》2015 年第 1 期。

[283] 余晓泓、吴婷婷：《全球气候变化背景下中国工业部门对外贸易隐含碳测算分析》，《科技和产业》2015 年第 2 期。

[284] 袁建文编著：《投入产出分析实验教程》，上海人民出版社 2011 年版。

[285] 袁哲、马晓明：《生命周期法视角下的中国出口美国商品碳排放分析》，《商业时代》2012 年第 21 期。

[286] 张晨栋、宋德勇:《工业化进程中碳排放变化趋势研究——基于主要发达国家 1850—2005 年的经验启示》,《生态经济》2011 年第 10 期。

[287] 张芳:《针对加工贸易之非竞争型投入产出表的编制与应用分析》,《统计研究》2011 年第 8 期。

[288] 张婧:《中国出口贸易中隐含碳排放的影响因素分析》,《对外经贸》2013 年第 3 期。

[289] 张连众等:《贸易自由化对我国环境污染的影响分析》,《南开经济研究》2003 年第 3 期。

[290] 张友国:《中国贸易增长的能源环境代价》,《数量经济技术经济研究》2009 年第 1 期。

[291] 张友国:《中国贸易含碳量及其影响因素———基于(进口)非竞争型投入产出表的分析》,《经济学》(季刊)2010 年第 4 期。

[292] 张晓:《中国环境政策的总体评价》,《中国社会科学》1999 年第 3 期。

[293] 赵凯、佘洁楠:《低碳经济背景下出口贸易结构的转变研究——以江苏省为例》,《江苏商论》2012 年第 12 期。

[294] 赵细康等:《环境库兹涅茨曲线及在中国的检验》,《南开经济研究》2005 年第 3 期。

[295] 赵玉焕、王淞:《基于技术异质性的中日贸易隐含碳测算及分析》,《北京理工大学学报》(社会科学版)2014 年第 1 期。

[296] 赵玉焕、李洁超:《基于技术异质性的中美贸易隐含碳问题研究》,《中国人口·资源与环境》2013 年第 12 期。

[297] 赵玉焕、刘娅:《基于投入产出分析的俄罗斯对外贸易隐含碳研究》,《国际商务》(对外经济贸易大学学报)2015 年第 3 期。

[298] 赵忠秀等:《贸易隐含碳与污染天堂假说——环境库兹涅茨曲线成因的再解释》,《国际贸易问题》2013 年第 7 期。

[299] 郑昭阳、孟猛:《基于投入产出法对中国出口中价值含量的分析》,《南开经济研究》2011 年第 2 期。

[300] 周国富、朱倩:《出口隐含碳排放的产业分布及优化对策研究》,《统计研究》2014 年第 10 期。

[301] 周志田、杨多贵:《虚拟能——解析中国能源消费超常规增长的新视角》,《地球科学进展》2006 年第 3 期。

[302] 朱启荣:《我国出口贸易与工业污染、环境规制关系的实证分析》,《世界经济研究》2007 年第 8 期。

[303] 朱启荣:《中国出口贸易活动中的能源消耗问题研究》,《统计研究》2011 年第 5 期。

[304] 宗毅君:《中国制造业的出口增长边际与贸易条件——基于中国 1996—2009 年微观贸易数据的实证研究》,《产业经济研究》2012 年第 1 期。

[305] 邹庆等:《我国经济增长与环境协调发展研究——基于内生增长模型和 EKC 假说的分析》,《中央财经大学学报》2014 年第 9 期。